JAN DEMAS

Große Denker des Mittelalters

JAN DEMAS

Große Denker des Mittelalters

Ihr Werk – ihr Leben – ihre Welt

HERDER

FREIBURG · BASEL · WIEN

Meinem Vater gewidmet,
der mir die Tür zum Denken des Mittelalters geöffnet hat.

Inhalt

Prologus 7

1 Der fleißige Sammler 8
Isidor von Sevilla (um 560–636)

2 Der Lehrer Europas 27
Alkuin (735–804)

3 Der keltische Platon 47
Johannes Scotus Eriugena (um 810 – um 877)

4 Der Mediziner des Geistes 66
Ibn Sina, genannt Avicenna (um 980–1037)

5 Der fromme Dialektiker 82
Anselm von Canterbury (um 1033–1109)

6 Der leidenschaftliche Querdenker 100
Peter Abaelard (1079–1142)

7 Der asketische Charismatiker 118
Bernhard von Clairvaux (1090–1153)

8 Das dritte Auge 137
Hildegard von Bingen (1098–1179)

9 Der rabbinische Aufklärer 154
Mose ben Maimon, genannt Maimonides (1135–1204)

10 Der große Kommunikator 173
Albert von Lauingen, genannt Albertus Magnus (um 1200–1280)

11 Der rastlose Professor 192
Thomas von Aquin (um 1225–1274)

12 Der volkstümliche Intellektuelle 213
Eckhart von Hochheim, genannt Meister Eckhart (um 1260–1328)

13 Der kluge Theologe 230
Johannes Duns Scotus (um 1266–1308)

14 Der christliche Liberale 248
Wilhelm von Ockham (um 1285 – um 1349)

15 Der evangelikale Reformer 268
John Wyclif (um 1330–1384)

16 Der papsttreue Humanist 287
Nikolaus von Kues, auch Cusanus genannt (1401–1464)

Personenregister 309

Auswahlbibliographie 313

Bildnachweis 316

Hinweis und Dank 317

Der Autor 318

Prologus

Sie haben ein Buch über große Denker des Mittelalters aufgeschlagen – ganz schön mutig! Seit dem 11. September 2001 fließt das Wort „Mittelalter" jenen aus der Feder, die den „Rückfall" in eine „finstere Epoche" befürchten. Es sei denn, wir wehren uns im Zeichen der „Aufklärung" erfolgreich gegen die Wahnsinnigen da draußen. Sie ahnen vielleicht, dass solche Szenarien lediglich gängige Klischees bedienen. In Wahrheit hat jede Epoche, jede Kultur und jede Geisteshaltung ihre Stärken und Schwächen. Auch unsere. Auch das Mittelalter.

Dieses Buch lädt Sie ein auf eine Entdeckungsreise. Denn die Welt des Mittelalters ist vielfältig und macht Spaß. Nein, ich finde Kreuzzüge nicht lustig. Mich beeindruckt aber das Denken in großen Zusammenhängen, die Suche nach einer Ganzheit zwischen Himmel und Erde. Lernen Sie mittelalterliche Vor- und Querdenker kennen, die den gesamten Kosmos geistig durchdringen wollten und dabei zur Hochform aufgelaufen sind.

Das Mittelalter ist die spannendste Epoche der Geistesgeschichte. Hier fließt alles zusammen: griechische Philosophie, römische Tugenden, jüdisches Textverständnis, christliches Gottvertrauen, islamische Wissenschaft, keltische Mystik und manches mehr. Und in dieser Vielfalt fragen Menschen nach etwas, das bleibt und alles andere trägt. Man kann das „Metaphysik" nennen – oder einfach die Suche nach Gewissheit. Wenn Ihnen das so rückständig gar nicht vorkommt, dann lesen Sie doch einfach weiter!

Berlin, im Frühjahr 2008
Jan Demas

1 *Der fleißige Sammler*
Isidor von Sevilla (um 560–636)

EINE DÜSTERE ZEIT ging zu Ende, als Isidor um das Jahr 560 in der Küstenstadt Neu-Karthago – dem heutigen spanischen Cartagena – geboren wurde. Der Boden der iberischen Halbinsel war von Blut durchtränkt. Seit vor hundert Jahren zum letzten Mal ein römischer Kaiser die einst blühende Provinz des Imperium Romanum betreten hatte, waren Morden, Plündern und Brandschatzen an der Tagesordnung gewesen. Die „Barbaren" – Vandalen, Westgoten und Sueben – waren eingefallen und hatten nicht die Absicht erkennen lassen, sich wieder aus dem Staub zu machen. Für die trinkfesten, langhaarigen Rauschebärte aus dem kühlen Norden Europas war Hispanien mit seinem angenehmen Klima und seiner guten Küche genau der Ort, an dem sie in Rente gehen wollten. Und sie hatten die Einheimischen nicht groß gefragt, ob sie willkommen waren oder ob ihre Kinderstube in diesen zivilisierten Breiten irgendwie auffiel.

„Seit Jahren werden wir von den Schwertern der Goten und Vandalen niedergemäht wie ein reifes Saatfeld", klagte ein spanischer Dichter gegen Ende des 5. Jahrhunderts. „Unsere Generation erträgt das Äußerste an Leid." Und ein anonymer Autorenkollege, dessen Verse durch Zufall überliefert sind, ergänzte: „Alles liegt in Trümmern. Wer hundert Rinder besaß, hat jetzt nicht mehr als zwei. Wer hoch zu Pferde geritten ist, muss nun zu Fuß gehen. Felder und Städte haben ihr Gesicht verändert. Das Menschengeschlecht kommt durch Eisen, Feuer, Hunger und alle Arten von Unglücksfällen um. Der Friede ist von der Erde geflohen, das Ende der Zeiten ist angebrochen."

Solche Schilderungen könnten jedes moderne Negativklischee über das Mittelalter bedienen. Bloß ist hier gar nicht vom Mittelalter die Rede, sondern von den letzten Tagen der Antike. Isidor wird am Ende jener Zeit geboren, die als Periode der „Völkerwanderung“ in die Geschichtsbücher eingegangen ist. Nur wer diese Zeit versteht, kann ermessen, welche intellektuelle Leistung Isidor erbracht hat und warum kluge Köpfe fast ein Jahrtausend lang von ihm gezehrt haben. Und nur wer sich bewusst macht, welche sozialen und kulturellen Umwälzungen damals in Europa stattgefunden haben, gewinnt eine Vorstellung davon, warum seit dem 14. Jahrhundert überhaupt vom „Mittelalter“ als einer eigenen, von der Antike zu unterscheidenden Epoche gesprochen wird.

Völkerwanderung – das klingt für heutige Ohren harmlos, so nach „Völkerball“ und „Wandertag“, und war doch eine radikale, brutale, überwiegend chaotisch verlaufene Veränderung sozialer Strukturen und kultureller Denkmuster. Sie lässt sich allenfalls noch mit dem Dreißigjährigen Krieg im 17. Jahrhundert, den Napoleonischen Kriegen um 1800 oder dem Zweiten Weltkrieg vergleichen. Doch wahrscheinlich waren diese Ereignisse weniger einschneidend als jene Kettenreaktion, die gegen Ende des 4. Jahrhunderts durch den Einmarsch der Hunnen aus der zentralasiatischen Steppe ausgelöst wurde. Ein Volk machte dem anderen mit Waffengewalt den Siedlungsraum streitig – worauf das unterlegene Volk sein Glück woanders suchen musste, sich dort wiederum die Einheimischen vorknöpfte, und so weiter. So ging das zweihundert Jahre lang, bis in Europa nichts mehr war wie zuvor.

Die „Völker“ oder „Stämme“, die um ihren Platz an der Sonne kämpften, sollte man sich heutzutage nicht so vorstellen, wie es eine nationalistische Propaganda im 19. und 20. Jahrhundert ganzen Schülergenerationen eingebimst hat. Die Völker des Nordens waren genauso wenig wie die Griechen oder Römer reine Abstammungsgemeinschaften, bei denen ausschließlich das genetische Material über Zugehörigkeit oder Nichtzugehörigkeit entschieden hätte. Es waren vielmehr soziale Großgruppen, in die man sicherlich meistens hineingeboren wurde, aber in die der Einzelne auch eintreten und aus denen er wieder austreten konnte. Die Farbe der Haut, der Haare oder der Augen spielte dabei praktisch keine Rolle. Historiker bezeichnen Antike und Mittelalter deshalb manchmal als „prä-rassistisches" Zeitalter. Es gab zahllose Ungerechtigkeiten, aber die auf ethnischer Abstammung basierende Diskriminierung war nicht bekannt.

Nun könnten Sie fragen: Wenn bunte Haufen in ein ohnehin multiethnisches Römisches Reich eingedrungen sind – was hat das dann groß verändert? Wieso spricht man hier von einer Epochenzäsur? Tatsächlich werden die früher gängigen Formeln vom „Untergang" der antiken Welt oder der „Eroberung" des Römischen Reiches von heutigen Historikern als Übertreibungen angesehen. Ähnlich wie die „Globalisierung" im 21. Jahrhundert ein allmählicher Prozess ist, der auf verschiedenen Ebenen – von einigen sogar unbemerkt – abläuft, waren die Völkerwanderung und das Ende der Antike vielschichtige Verschiebungen politischer und kultureller Kraftfelder.

Um es deutlich zu sagen: Im geistig-kulturellen Sinne ist die Antike nie ausgestorben. Sie lebt fort an der Hofschule Karls des Großen, sie begegnet uns in den mächtigen Klöstern der ersten Jahrtausendwende ebenso wie an den jungen Universitäten des 13. Jahrhunderts, und sie wird mit dem italienischen Humanismus des Spätmittelalters schließlich zu einer zivilisatorischen Blaupause mit Ewigkeitsanspruch. An diesem zeitüberdauernden Ideal, das sich bis ins 20. Jahrhundert beispielsweise in antikisierenden Bauformen niederschlägt, hat Isidor von Sevilla wesentlichen Anteil.

Trotz aller Kontinuitäten lässt sich nach wie vor sinnvoll vom „Mittelalter" in Abgrenzung zu Antike und Neuzeit sprechen. Zwar nicht im Sinne tagesgenauer Anfangs- und Enddaten, aber doch auf einer abstrakten Ebene gemeinschaftlicher Orientierungssysteme, die über die Grenzen von Ländern und Regionen hinweg Verbindlichkeit besaßen. Als symbolisches Datum für das Ende der Antike und den Beginn des Mittelalters ist oft das Jahr 529 genannt worden. In diesem Jahr löste der oströmische

Kaiser Justinian I. in Athen die von Platon gegründete Akademie auf. Dem frommen Christen auf dem Kaiserthron war jener Ort suspekt, an dem Generationen von Philosophen auf der Grundlage des rationalen Erkenntnisvermögens geforscht und gelehrt hatten.

Die Schließung der platonischen Akademie steht symbolisch für den Verlust eines einheitlichen Bildungskanons, der eine kulturelle Klammer der Antike bildete. Die homerischen Epen, die attische Philosophie, die klassischen Formen in Architektur und Gebrauchsdesign – all das verband jahrhundertelang Menschen im gesamten Mittelmeerraum. Hinzu kam die griechische Sprache als Bildungs- und Handelssprache sowie überhaupt die Wertschätzung für alles Griechische bis in den Alltag hinein. Das religiöse Bekenntnis spielte in dieser Bildungstradition eine untergeordnete Rolle. In der späten Antike gab es Anhänger von Mysterienkulten und zahllosen esoterischen Sekten ebenso wie Juden und Christen oder auch säkulare „Staatsgläubige". Es einte sie ein kultureller und alltagsästhetischer Bezugsrahmen, der dann spätestens um 600 seine Verbindlichkeit verlor. Unzählige antike Schriftsteller und Philosophen gerieten nun in Vergessenheit und wurden erst Jahrhunderte später wiederentdeckt.

Ebenfalls im Jahr der Schließung der Akademie gründete Benedikt von Nursia im italienischen Montecassino ein Kloster, in dem die Ordensleute fortan nach einem von ihm selbst verfassten Regelwerk leben sollten. Das hiermit begründete abendländische Mönchtum sollte die wissenschaftliche und kulturelle Elite des Mittelalters werden. Waren die griechischen Philosophen der Antike in der Regel recht begütert und den angenehmen Seiten des Lebens – einschließlich schöner Frauen und hübscher Jungs – nicht abgeneigt gewesen, so unterwarfen sich die künftigen Intellektuellen den Grundsätzen der persönlichen Armut, der sexuellen Abstinenz und des strengen Gehorsams gegenüber dem Gott der Bibel – in der Interpretation seiner kirchlichen Stellvertreter. Ein asketisches, diesseitsskeptisches Christentum wurde so für die kommenden Jahrhunderte zu einem nahezu alternativlosen kulturellen Bezugsrahmen der meisten Europäer.

Gegen Ende der Völkerwanderungszeit hatte sich das Christentum in so gut wie allen dicht besiedelten Regionen Europas durchgesetzt. Das war nicht zuletzt irischen Wandermönchen zu verdanken, die gut zu Fuß waren und eine rastlose Missionierungsarbeit geleistet hatten. Nicht mehr Literatur, Kunst und Design, sondern der religiöse Glaube schmiedete nun die sozialen Großgruppen in Europa zu einer gefühlten Einheit zusammen. Aus den in die Bibel aufgenommenen religiösen Texten und den Beschlüssen der römischen Kirche wurde eine klar umrissene Weltanschauung, die bald niemand mehr infrage stellte – und auch nicht ungestraft hätte infrage stellen dürfen. Latein, die Zunge Roms, des spirituellen Zentrums der Christenheit, löste das Griechische als europaweite Sprache der politischen und kulturellen Eliten ab.

Staat und christliche Kirche waren bald untrennbar miteinander verflochten. Eine hierarchische Gesellschaft entstand, mit einem neuen Wirtschaftssystem, das auf Leibeigenschaft und Gehorsam beruhte. Die Menschen sahen sich selbst als Zeugen eines „christlichen Zeitalters" – lateinisch: „aetas christiana" – und begriffen ihre eigene Epoche erstmals als Abschnitt eines Zeitstrahls. Hatte die Antike eher zyklische Zeitvorstellungen gehabt, so war Geschichte nun „Heilsgeschichte" und wurde durchaus im modernen Sinn als Fortschritt – oder zumindest Fortschreiten – gedacht. Jesus Christus hatte durch seinen Tod am Kreuz der in Ungnade gefallenen Menschheit die Chance der Versöhnung mit Gott eröffnet und versprochen, eines Tages auf die Erde zurückzukommen. Dann würde er die Welt wieder zu einem lebenswerten Ort nach Gottes Vorstellung machen.

Theologisch verstand man sich also durchaus auch als ein „Mittelalter" im Sinne einer Übergangszeit bis zum „Jüngsten Tag", an dem Jesus Christus wiederkehren würde. Wie sollte man diese Zeit am besten nutzen? Vor allem, indem man durch Gebet und gute Werke seine Seele frei von Schaden hielt. Politische Utopien gediehen kaum, weil man glaubte, Gott habe jedem auf der Welt seinen festen Warteplatz zugewiesen. Wenn man die Bibel richtig verstanden hatte, lohnte es sich gar nicht, diese irdische Welt umzukrempeln. Wirtschaftliche Dynamik kam denn erst auf, als die Menschen ihren diesseitigen Tätigkeitsdrang nicht mehr zügeln konnten. Zunächst ging die Arbeitsteilung – und damit die Produktivität – im Vergleich zur Antike stark zurück.

Die geistige Elite sah sich vielerorts zu äußerer Passivität bestimmt und hatte deshalb viel Zeit zum Nachdenken. Es begann das intellektuelle Großprojekt des Mittelalters, das alle seine großen Denker eint: der Versuch, Gott und Kosmos, Welt und Mensch so umfassend und ganzheitlich zu durchdenken wie nie zuvor. Dabei sah sich jeder als von Gott unmittelbar abhängig, innerhalb eines objektiven Rahmens, in dessen Beschaffenheit er Einsicht gewinnen, dessen Koordinaten er aber nicht verschieben konnte – und auch nicht verschieben wollte. Dem entsprechend nahm das Denken stets bei einer als objektiv vorgestellten Wirklichkeit – nicht beim erkennenden Subjekt – seinen Ausgang. Das ist der wesentliche Unterschied zwischen mittelalterlichem und dem neuzeitlich-modernen Denken. Damals glaubte kein Mensch, die Welt in seinem Kopf neu erschaffen zu können.

Es ist dieses Mittelalter, auf dessen Boden Isidor mit beiden Beinen steht – als katholischer Priester, als Abt eines Klosters, schließlich als Erzbischof von Sevilla. Aber mit beiden Händen sammelt er alles ein, was er noch finden kann an Bildungsgütern der Antike, ordnet es, schreibt es auf und hält es somit den Europäern künftiger Jahrhunderte im Gedächtnis. Isidors Hauptwerk, seine 20-bändige „Etymologie", hat Ernst Robert Curtius, der große Literaturwissenschaftler des 20. Jahrhunderts, ehrfurchtsvoll als das „Grundbuch des ganzen Mittelalters" bezeichnet.

Schon Isidors Lebensmittelpunkt lag an einer symbolträchtigen Grenzlinie. Geboren wurden er und seine älteren Geschwister Leander und Florentina im oströmisch beherrschten „Carthago nova", der letzten Bastion des Kaisers auf der iberischen Halbinsel. Doch bald zog die vornehme christliche Familie um nach Sevilla, wo die herrschenden Goten sich mehr und mehr als Ordnungsmacht etablierten und für verlässliche politische Verhältnisse sorgten.

In den kommenden Jahrzehnten entwickelte sich Sevilla zum Anziehungspunkt für viele Menschen aus den nach wie vor unruhigen Gebieten des Mittelmeerraums. Im Zuge dieser Einwanderungswelle kamen auch zahlreiche Mönche – vor allem aus Nordafrika – in die Stadt und brachten ihre wertvollen Bücher mit. Sevilla, das seit seiner Gründung durch die Römer 500 Jahre zuvor eine spröde Verwaltungsstadt gewesen war, stieg so zu einem Zentrum der geistigen Erneuerung auf.

Isidor und seine Geschwister spielten dabei eine wichtige Rolle. Ihre Eltern starben, als Isidor noch ein Kind war, worauf der älteste Bruder Leander die Verantwortung für die übrigen Familienmitglieder übernehmen musste. Mit dem überaus komfortablen Erbe gründete Leander zwei Klöster – eines für Männer und eines für Frauen. Das Frauenkloster wurde Schwester Florentinas neues Zuhause, während die männlichen Geschwister in den Herrenkonvent einzogen. Dort wurde der bereits hochgebildete Leander zum Lehrer und Vaterersatz für den kleinen Isidor.

Leander liebte Bücher und wollte ihnen auch im Leben seiner Geschwister einen herausgehobenen Platz verschaffen. Mit durchschlagendem Erfolg, wie Isidors späterer Rang als erster Großschriftsteller des Mittelalters beweist. „Lies eifrig und bete häufig", schrieb Leander einmal an Florentina und gab damit eigene Lebensweisheit weiter. „Verteile deine Aufgaben so, dass du nach dem Lesen betest und nach dem Beten wieder zu einem Buch greifst. Ordne diese beiden Beschäftigungen, die von allen die hervorragendsten sind, so an, dass du dich niemals von einer der beiden trennst – sogar wenn du arbeitest oder isst –, damit die Anmut des Wortes deine Ohren nährt, während die Hände sich der Arbeit widmen."

Und welche Lektüre bevorzugte Leander? Wohl die frühen christlichen Theologen, die sogenannten Kirchenväter, darunter vor allem Augustinus, Ambrosius und Cyprian, sowie die klassischen römischen Schriftsteller. Sein Lieblingsphilosoph war Seneca, einer der Hauptvertreter der römischen Stoa. Und wenn man weiter in Leanders Brief an seine jüngere Schwester liest, dann klingt dieser Mann auch ganz wie ein Stoiker: „Ich rate dir, ein Gemüt zu haben, das immer gleich und einheitlich ist, ebenso unempfindlich gegen die Schläge des Schicksals wie für seine Gunstbezeugungen." Und der Kleriker fährt fort: „Wohlergehen in diesem Leben ist nicht mehr als ein flüchtiger, unfassbarer Dampf und Dunst."

Selbstdisziplin, Leidenschaftslosigkeit, Ruhe, Beständigkeit, Schicksalsergebenheit – das waren die Tugenden der heidnischen Stoiker im späten Rom. An Leanders Haltung kann man deutlich sehen, wie diese Werte in das mönchische Christentum eingesickert sind, bis sie eines Tages von vielen als ursprünglich christliche Haltungen wahrgenommen wurden. Doch es ist weniger der Geist Jesu als vor allem der Zeitgeist, der sich hier niederschlägt. Von einer Welt aus Chaos und Gewalt erwartete man nicht viel für die Zukunft. Da galt es vor allem, die Tage gut zu überstehen und sich auf seine inneren Stärken zu besinnen.

Sevilla war ein vergleichsweise angenehmer Ort, als Leander dort im Jahr 578 Bischof wurde und zeitgleich die Ausbildung seines jüngeren, nunmehr 18-jährigen Bruders Isidor für beendet erklärte. Doch die gewaltfreie Konfliktlösung, wie Jesus sie nach der Überlieferung in den Evangelien gefordert hatte, war auch hier bestenfalls Utopie. Bischof Leander und seine Geschwister wurden in einen Glaubenskrieg hineingezogen, der nur anfangs allein mit theologischen Argumenten, bald auch mit Feuer und Schwert geführt wurde. Am Ende drohte ein Bürgerkrieg. Es ging um die wahre Vorstellung von Gott – und das war nicht nur ein Thema für wenige Gelehrte, sondern hatte schon im 4. Jahrhundert die christlichen Gemeinden überall auf der Welt an den Rand der Spaltung gebracht.

Als Isidors Familie von Cartagena nach Sevilla umgezogen war, hatte sie einen kleinen Nachteil in Kauf nehmen müssen: Bei dem westgotischen Herrscherhaus des Königs Leowigild handelte es sich nicht um katholische Christen, sondern um Arianer. Sie hatten ein etwas anderes Gottesbild. Das hatte den religiösen Frieden zunächst nicht gestört. Doch dann wechselte einer der beiden Söhne Leowigilds, der in Sevilla residierende Prinz Hermenigild, zum Katholizismus, während sein Bruder Rekkared der Theologie des 336 gestorbenen Priesters Arius treu blieb. Der Familienkrach war perfekt, und wie es damals in Herrscherfamilien üblich war, beschimpfte man sich nicht nur wechselseitig, sondern hetzte auch seine Söldner aufeinander.

Eigentlich hatte das kirchliche Konzil von Nicäa im Jahr 325 schon einen Schlussstrich unter den „Arianischen Streit" ziehen wollen. Aber die Westgoten hielten noch lange an der Lehre des als Häretiker exkommunizierten Arius fest. Es ging dabei um gewichtige Fragen wie: Wer ist Gott Vater? Wer ist Jesus Christus? Und in welchem Verhältnis stehen beide zueinander? Schon die Fragestellungen zeigen, wie wichtig den Menschen damals metaphysische Themen waren. Nicht um Öl, Drogen oder Waffen wurde erbittert gekämpft, sondern um das Wesen Gottes.

Arius aus Alexandria hatte nun gemeint: Gott ist Gott ist Gott. Es kann nur einen geben. Nur Gott, der Vater, der alttestamentliche „Gott Abrahams, Isaaks und Jakobs" ist ein vollendetes göttliches Wesen und verfügt über die göttlichen Eigenschaften der Ewigkeit, Vollkommenheit und Unveränderlichkeit. So wie man sich Gott eben vorstellt – ist alles, weiß alles, kann alles. Und Jesus? Der existierte zwar schon als Wesenheit im Kosmos, bevor er auf die Erde kam, aber er war nicht wirklich Gott, sondern ein von Gott „aus dem Nichts" geschaffenes Wesen, das in der Mitte zwischen Welt und Gott, Zeitlichkeit und Ewigkeit angesiedelt ist. Jesus ist damit zwar vollkommener als die Menschen, aber auch nicht so vollkommen wie Gott.

Der Charme dieser Theologie bestand darin, dass sie dem

common sense weit entgegenkam. So war die Sache mit Jesus viel leichter zu verstehen. Die von den Anhängern des Bischofs von Rom in Nicäa mit knapper Not durchgepeitschte Lehre von der „Dreifaltigkeit" Gottes ist dagegen bis heute selbst für Theologen eine harte Nuss. Der Arianismus passte außerdem besser zur philosophischen und literarischen Tradition der Antike. In der hatte es nämlich schon immer drei Stufen der Vollkommenheit gegeben: erstens den Menschen, zweitens die Götter oder göttlichen Menschen als Mittler zwischen Diesseits und Jenseits, und drittens Gott, den „Demiurgen", den Schöpfer des Weltalls. So schien die Sache plausibel und stimmig. Kein Wunder, dass bis um das Jahr 600 herum ganze Völker Arianer blieben und uns die dahinterstehenden Vorstellungen in diversen Sekten eigentlich bis heute begegnen.

Aber die leichter verständliche Theorie ist nicht automatisch die bessere – sonst würde auch Newton jedes Gelehrtenduell gegen Heisenberg gewinnen. Und außerdem hatte auch die Lehre des Arius ihre Tücken. Wie soll ein Wesen „aus dem Nichts" geschaffen werden? Von nichts kommt nichts – das weiß doch schon der Volksmund. Und die Philosophen an den Universitäten des 13. Jahrhunderts haben darauf bestanden, dass „das Nichts" eigentlich nur Wortgeklingel ist. Eine reine Abstraktion, die bloß sprachliche Negation von etwas, das ist. Wo nichts ist, da ist nichts und da entsteht auch nichts.

Deshalb ist es vielleicht doch plausibler, dass Gott alles aus seinem eigenen Wesen heraus schafft. Wenn Gott allmächtig ist, dann kann er sich auch unbeschränkt reproduzieren – wie eine Software, die sich auch beliebig oft installieren lässt. Jesus ist dann sozusagen die Vollversion mit allen Administratorrechten. Und der Mensch, nun ja, ist eine abgespeckte Version, die aber für ein begrenztes Einsatzgebiet namens Erde absolut ausreichend ist. Vater, Sohn und das Programm, das zwischen ihnen abläuft, bilden also im Dreierpack die unerreichbare Spitze des Universums.

Für diese katholische Position, nach der Gott Vater und Jesus Christus wesensgleich und doch verschiedene Personen sind, traten Leander und Isidor von Sevilla vehement ein. Und sie machten sich damit bei den gotischen Machthabern zeitweise extrem unbeliebt. Leander musste 585 sogar für einige Zeit ins Exil gehen, als Sevilla vorübergehend wieder arianisch geworden war und ein katholischer Bischof nicht mehr geduldet wurde. Vier Jahre später, nach erbitterten Kämpfen, als der alte König Leowigild und sein aufmüpfiger Sohn Hermenigild das Zeitliche gesegnet hatten, trat der zweite Sohn und Thronfolger Rekkared überraschend zum katholischen Glauben über. Damit war dann für das Volk im westgotischen Reich der Arianismus gestorben. Leander konnte auf seinen Bischofssessel zurückkehren. Und Isidor wurde Chef der Männerabteilung innerhalb der klösterlichen Familienstiftung.

Wo Isidors Welt in Sevilla nun wieder in Ordnung ist, bleibt für Sie als Leser vielleicht eine Frage noch offen – nämlich die nach der Relevanz dieser ganzen theologischen Diskussion. Immerhin läuft sich die Theologie des Mittelalters mit dieser aus der späten Antike geerbten Frage erst langsam warm. Nach der Jahrtausendwende werden sich Generationen von Gelehrten mit spitzfindigeren Fragen herumschlagen – wie etwa der, inwiefern man von Gott und Mensch gleichermaßen aussagen kann, dass sie „sind". Dafür beispielsweise wird man dann den „analogen Seinsbegriff" entwickeln. Aber was soll das alles?

Letztlich, so denke ich, sind Menschen bei alledem auf der Suche nach etwas, worauf sie sich absolut verlassen können. Und eben konsequent in ihrem Denken. Und überaus temperamentvoll bei der Sache. Die antike Bildung gab Halt, aber keinen ausreichenden. Was von Jesus überliefert war, beantwortete Fragen, aber nicht alle. Das Mittelalter will es genau wissen. Es sucht das verlässliche Fundament für den Menschen, auf dessen Basis er sein Leben gestalten kann. Wenn ich zu Gott bete, mit wem genau habe ich es da zu tun? Was passiert mit meiner Seele nach dem Tod? Kann ich durch falsche Entscheidungen mein Glück endgültig verspielen? Alles das wollen Theologen und Philosophen wissen. Und dabei geht es durchaus – ja gerade – um den menschlichen Alltag.

Bitte ich Jesus im Gebet um Hilfe, habe ich mich dann an Gott gewandt? Oder ist Jesus eben nur Sohn – etwa in dem Sinne, wie man heute am Telefon einem Sohnemann sagt: „Gib mir mal deinen Papa, es gibt was Wichtiges zu besprechen." Wer aus dem Vertrauen auf Jesus heraus leben möchte, für den ist der Unterschied durchaus nicht trivial. Man betet schließlich besonders oft, wenn es um Leben und Tod geht – wie zu Isidors Zeiten ständig. Und dann sollte derjenige, zu dem man betet, auch als Helfer kompetent sein. Daran ändert nichts, dass sich die Diskussion auf der abstrakten Ebene verselbständigen und sich zum akademischen Theologenstreit auswachsen kann. Und wenn Menschen lieber mit Fäusten und Waffen als mit Argumenten streiten, bleibt die Relevanz der Streitfrage davon unberührt.

Als Isidor von Sevilla im Jahr 600 die Nachfolge seines verstorbenen Bruders Leander antritt, setzt er sich auf den Bischofssessel einer in jeder Hinsicht mittelalterlichen Stadt. Hier sind Kirche und Gesellschaft nicht mehr voneinander zu trennen. Isidor ist als geistliches Oberhaupt angesehenste Person der Stadtgemeinde. Er ist oberster Verantwortlicher für das Bildungssystem, letzte Instanz in allen ethischen Fragen und mit der Organisation sozialer Sicherheit – damals Armenfürsorge genannt – betraut. Und er ist durch seine Volkspredigten der populärste Redner in Sevilla, dessen rhetorisch geschliffenes Wort bis in die kleinste Hütte dringt.

Luxus war der ehemalige Abt nicht gewohnt. Schon in seinem Kloster hatte er auf einer Grasmatte auf dem Boden geschlafen, zusammen mit den anderen Mönchen in einem großen Schlafsaal. Essen gab es nur mittags, Geflügel und Fisch selten, Fleisch von Vierfüßern nie. Maximal ein Glas Wein am Tag – für damalige Verhältnisse fast nichts – hatte Isidor sich und den Seinen erlaubt. Auch als Bischof wird er Asket bleiben. Vom Lifestyle der Kirchenfürsten des hohen Mittelalters trennen ihn Jahrhunderte. „Arbeit, nicht Ehre" sei das Amt, sagte Isidor selbst. Demütig will er sein – aber gerade aus dieser freiwilligen Selbstbeschränkung des hochbegabten, gut aussehenden Mannes wird sich auch seine persönliche Autorität nähren.

Isidor hatte in seiner über drei Jahrzehnte dauernden Amtszeit als Bischof von Sevilla ein klares Programm. Es hieß: Bildung! Isidor war eine Sammlernatur, die das Wissen seiner Zeit ordnen und konservieren wollte. Den wirklich großen Denkern des Mittelalters bereitete er damit den Weg. Und er schrieb ihnen seine Botschaft ins Stammbuch: Bildung ist der Schlüssel zu allem. Wer sich nicht zunächst ausführlich mit dem beschäftigt hat, was andere schon vor ihm herausgefunden und durchdacht haben, der sollte seine eigene Meinung nicht so wichtig nehmen und den Ball flach halten.

Um Bildung buchstäblich handfest zu machen, produzierte Isidor Bücher. Dicke Bücher. Regalmeterweise dicke Bücher. Isidor schrieb das nicht alles allein, sondern beschäftigte einen Stab von „Redakteuren" aus den Klöstern der Umgebung. Das zu erwähnen, wird in späteren Heiligenlegenden gerne vergessen. Auch ist das wenigste wirklich neu, was Isidor und seine Mitarbeiter schreiben. Viele Inhalte sind sogar fast wörtlich aus antiken Quellen übernommen. Im Computerzeitalter wird man so etwas „copy and paste" nennen.

Auf das Internet wird zurückzukommen sein. Doch zunächst einmal mehr zu Isidors Büchern. „Hier schicke ich dir einige Dinge, um die du mich batest und die ich dir versprach", schreibt Isidor im Jahr 620 mit gehörigem Understatement, als er König Sisebuth eine erste Fassung der „Etymologie" zukommen lässt. Dieser Monarch sitzt seit acht Jahren auf dem Thron der Westgoten, ist ein guter Freund des Bischofs von Sevilla und unterstützt dessen Projekt einer großen Enzyklopädie nachdrücklich. Ein anderer Freund und Förderer, der Isidor immer wieder drängt, mit dem Lexikon weiterzumachen, ist Braulio. Er ist ein ehemaliger Schüler des Autors und wird später einmal Bischof von Saragossa sein.

Aber Isidor ziert sich, Vorabversionen seines großen Werks aus der Hand zu geben und für den Praxistest freizugeben. Wie alle großen Sammler wird er eigentlich nie fertig – und will es tief in seinem Inneren vielleicht auch gar nicht werden. Fast scheint es, als sei der Weg das Ziel. Immer gibt es irgendetwas zu überarbeiten, korrigieren oder ergänzen. Und dauernd tauchen Fundstücke aus der unüberschaubaren Literatur der Antike auf, die unbedingt noch eingearbeitet werden müssen.

„Warum zögerst du so lange, die Schätze zu verteilen, die nicht dir gehören, sondern Gott?", schreibt Braulio einmal an Isidor – er schreckt aus lauter Ungeduld vor der Moralkeule nicht zurück. Quengelnd fährt er fort: „Strecke endlich deine Hand aus, erbarme dich der Massen, damit die Not sie nicht vor Hunger umkommen lässt." Gemeint ist der Bildungsnotstand, hier ein körperliches Hungergefühl. Braulio legt noch einmal nach: „Du weißt, dass der Gläubiger" – gemeint ist Gott – „sich bald vorstellen und von dir Rechenschaft erbitten wird. Oder glaubst du, das Vermögen, das Gott dir gegeben hat, gehöre dir allein. Es gehört dir und uns allen! Gib, was du schuldest!" Das ist schon starker Tobak. Eine Kritik, die an dem von seinem Werk besessenen Isidor allerdings abperlte und herunterrutschte wie Sommerregen an einer Agave. Auch in Isidors Todesjahr 636 war das erste Lexikon der Menschheit keineswegs „fertig". Und ausgerechnet dem ungeduldigen Braulio fiel die Aufgabe zu, noch weitere 20 Jahre daran zu arbeiten.

Immerhin brachte Isidor schon zu Lebzeiten ein gutes Dutzend Bücher auf den Markt. Sie waren nicht Teil der Enzyklopädie, sondern eigenständige Veröffentlichungen. In diesen theologischen Werken lässt er mehr Persönliches durchscheinen als in seinem großen Lexikon. So nimmt er beispielsweise zum Streit über den wachsenden Reichtum der iberischen Kirche Stellung und sagt, die Kirche müsse reich sein, um den Armen helfen zu können. Dass er überhaupt auf Kritik aus dem Kirchenvolk einging, war für einen Bischof der damaligen Zeit keine Selbstverständlichkeit. Sein asketischer Lebensstil machte ihn zumindest in Fragen der sozialen Gerechtigkeit persönlich schwer angreifbar.

Insgesamt war Isidor aber auch in seinen kleineren Schriften ein eifriger Sammler und geschickter Redakteur, der aus frühchristlichen und griechisch-römischen Quellen wörtlich übernommene Zitate neu abmischte. Bei aller Faktenorientierung war er souverän genug, ohne Vorwarnung seine persönliche Meinung einzustreuen. Auf diese Weise entstand zum Beispiel ein Buch mit biographischen Angaben zu 64 Personen des Alten und 22 Personen des Neuen Testaments, vor allem zu David, Salomo, Jeremia, Maria und den zwölf Aposteln.

Was da über das Leben biblischer Figuren so im Umlauf war und von Isidor eingesammelt wurde, entspringt aus heutiger Sicht zwar oft nur der Phantasie, doch Isidors „historisch-kritische" Herangehensweise, die Bibel über die Lebensumstände der erwähnten Personen zu verstehen, erscheint überraschend modern. Isidors Hang zur Sammlung und Systematisierung zeigt sich auch in einem weiteren Buch, in dem er sämtliche kirchlichen Ämter und Stände – Bischöfe, Presbyter, Diakone, Mönche, Jungfrauen, Verheiratete – ausführlich charakterisiert und bewertet. Im aktuellen „Weltkatechismus" der katholischen Kirche findet sich dergleichen immer noch.

Doch nichts davon reichte an die „Etymologie" heran. Das Mammutprojekt. Die Jahrtausendaufgabe. Erst im 18. Jahrhundert sollte die „Encyclopédie" der französischen Aufklärer Denis Diderot und Jean d'Alembert zu einem vergleichbar universellen Wissensspeicher werden. Doch während die französischen Enzyklopädisten mit ihrem in antiklerikalem und antimonarchischem Geist geschriebenen Nachschlagewerk revolutionäre Ziele verfolgten, wollte Isidor ein Bildungsfundament legen, auf dem eine eben erst entstandene Ordnung sich festigen konnte.

Aber warum hieß das große Werk überhaupt „Etymologie" – lateinisch: „Etymologiae" (also eigentlich ein Wort im Plural), zu Deutsch: „Wortbedeutungen" – und nicht Enzyklopädie? Tatsächlich darf Isidor als einer der Erfinder der Systematisierung von Wissen nach Stichwörtern gelten. Dieses Prinzip ist heute völlig selbstverständlich. Deshalb gerät leicht in Vergessenheit, dass Leute irgendwann erst einmal darauf kommen mussten! Auch wenn manchen heutzutage nichts langweiliger vorkommt als akademische Begriffsdefinitionen – zunächst der Bedeutung von Stichwörtern auf den Grund zu gehen, bevor man über andere Dinge räsoniert, ist ein begrüßenswerter Ansatz. Schließlich entstehen eine Menge Missverständnisse schon allein durch einen ungeklärten Sprachgebrauch. Die Philosophie des 20. Jahrhunderts wird sogar ganz wesentlich von der Analyse der Sprache und ihres Gebrauchs zehren.

So weit ist Isidor noch nicht. Aber er trägt in seinen 20 Bänden alles zusammen, was er zu den wichtigsten Stichwörtern der antiken Bildung auftreiben kann. Allerdings nicht von A bis Z, wie ein moderner Brockhaus, sondern noch einmal nach Themen sortiert. So steht in den ersten Bänden der antike Kanon der „Freien Künste" im Vordergrund. Es folgen unter anderem ein Band über Medizin und ein Band zur Weltgeschichte. Das juristische Wissen der Zeit findet ebenso Eingang wie der Kenntnisstand der Antike auf dem Gebiet der Naturforschung oder der Landwirtschaft. Bekannte Städte und ihre bedeutenden Bauwerke sind genauso erfasst wie wichtige Straßen. Militärische Fragen finden sich neben den wichtigsten Zirkusspielen. Selbst Hauswirtschaftskunde fehlt nicht. Einen Schwerpunkt über gleich mehrere Bände bildet dann aber – kaum überraschend – das gesammelte theologische und kirchliche Wissen der Zeit.

In einer illuminierten Handschrift findet sich diese Szene mit Bischof Braulio und Isidor von Sevilla, der an seiner „Etymologie" arbeitet. Das Werk wurde ein voller Erfolg. Ohne Übertreibung kann man sagen, dass sein Lexikon neben der Bibel die zweite Hauptreferenz für die anderen großen Denker des Mittelalters wurde.

Neben den theologischen Teilen hat vor allen die Darstellung der „Sieben freien Künste" – lateinisch: „septem artes liberales" – das gesamte Mittelalter enorm beeinflusst. Es ist dieser Teil, der Ernst Robert Curtius vom Grundlagenwerk des Mittelalters sprechen ließ. Ohne diese Bücher hätten die Universitäten des 12. und 13. Jahrhunderts komplett anders ausgesehen. Was Isidor überlieferte, war ein Fächerkanon des wissenschaftlichen Grundstudiums, der sich in der späten Zeit des Hellenismus – also nach dem Zerfall des Reiches Alexanders des Großen – auf der Grundlage der klassischen griechischen Bildung etabliert hatte. Er beinhaltete drei sprachliche Fächer, das sogenannte „Trivium" aus Grammatik, Dialektik und Rhetorik sowie vier mathematisch-reale Fächer, das sogenannte „Quadrivium" aus Arithmetik, Geometrie, Musik (!) und Astronomie.

Die moderne Unterteilung in Geistes- und Naturwissenschaften ist hier zwar schon andeutungsweise sichtbar – auch wenn die Musik noch ganz unter dem Aspekt ihrer Gesetzmäßigkeiten betrachtet wird –, doch gehörte das Studium aller dieser „Künste" immer zusammen. Kein Klosterschüler oder späterer Student konnte sich sein Lieblingsfach aussuchen und die anderen dann vergessen. Es gab alle sieben immer nur im Paket. Und nur wer das alles durch hatte, durfte sich dann an den späteren mittelalterlichen Universitäten für eine der weiteren Fakultäten – Juristerei, Medizin oder Theologie – entscheiden.

Isidors „Etymologie" wurde ein voller Erfolg. Ohne Übertreibung kann man sagen, dass sein Lexikon neben der Bibel die zweite Hauptreferenz für die anderen großen Denker des Mittelalters wurde. Bei Isidor ließ sich nun mal alles Mögliche nachschlagen. Verbürgt ist, dass die Enzyklopädie schon kurz nach ihrer Fertigstellung um 650 unter irischen Mönchen in Gebrauch war. Und da die Iren die fleißigsten Missionare Europas waren, entfaltete Isidors Wissen bald überall im christlichen Abendland seine Wirkung.

Natürlich handelte es sich bei alledem nicht um das ganze Wissen der Antike. Das war so umfangreich – niemand hätte es komplett zusammentragen können. Aber der Ausschnitt war immerhin so groß, dass viele Menschen von hier aus weiterdenken konnten. Bewusst oder unbewusst nahm Isidor, der fleißige Sammler, auch ein großes Leitmotiv des mittelalterlichen Denkens vorweg – die Verschmelzung von biblischer Theologie und klassisch-antiker Philosophie. Und die Anwendung dieses Amalgams auf alle Lebensbereiche.

Ach ja, auf das Internet wollte ich noch einmal zurückkommen. So um das Jahr 2000 herum, als die New Economy florierte und alle möglichen Leute über die Bedeutung des weltweiten Datennetzes für die Gesellschaft der Zukunft philosophierten, bestürmte eine Reihe von Katholiken den damaligen Papst Johannes Paul II., Isidor von Sevilla zum „Schutzpatron des Internets" zu erklären. Im Jahr 2003 kursierte dann in den Medien, es habe aus dem Vatikan in dieser Angelegenheit zustimmende Signale gegeben. Die weitere Entwicklung habe ich nicht mehr verfolgt, doch der zunächst skurril anmutende Gedanke, Isidor postum zum Schirmherrn des Internets zu erklären, kann einen durchaus auf einen Zusammenhang hinweisen.

Genau wie Isidor leben wir heute in einer Zeit weltweiter, tiefgreifender Umwälzungen. Die Globalisierung ist keine neue Völkerwanderung, aber sie hat eine ähnlich destabilisierende Wirkung auf unsere alten Gewissheiten, etablierten Machtansprüche und bequemen Routinen. Aus welchem Geist wird die Welt morgen leben, wenn in ihr nichts mehr so sein wird wie jahrhundertelang gewohnt? Keiner weiß das. Aber das bestehende Wissen und die überlieferte Weisheit zusammenzutragen und allen zugänglich zu machen, ist sicherlich nicht der schlechteste Ansatz, um Antworten zu ermöglichen.

2 *Der Lehrer Europas*

Alkuin (735–804)

Parma, im März 781. In der reizvoll am Fuß des Apennins gelegenen Stadt begegnen sich zwei Männer. Der eine ist auf dem Weg nach Rom. Der andere kommt gerade aus Rom. Auf dem Weg nach Rom ist der mächtigste Analphabet Europas. In knapp 20 Jahren wird sich der Frankenkönig Karl in der Ewigen Stadt vom Papst persönlich zum Nachfolger der legendären römischen Kaiser krönen lassen. Und das auch noch zu Weihnachten! Schon zu Lebzeiten werden ihn die Europäer bald darauf „Karl den Großen" nennen. Bescheiden ist dieser Mann wirklich nicht. Aber er erreicht trotzdem – oder deshalb – seine Ziele. Bei seiner Rast an diesem Frühlingstag ist Karl immerhin schon König der ersten Großmacht in Europa nach der Völkerwanderung.

Der Monarch wurde um 742 vermutlich in der Nähe der Ardennenstadt Liège – deutsch: Lüttich – im späteren Belgien geboren. Sein Fränkisches Reich umfasst weite Teile der heutigen Länder Frankreich, Deutschland, „Benelux" und Italien. Das sind auch – na, welch ein Zufall! – die Gründungsmitglieder der Europäischen Union des 20. Jahrhunderts. Schon um 800 nimmt auf diesem Gebiet der Herrscherhäuser der Merowinger und späteren Karolinger ein neues Europa seinen Anfang. Es wird für Jahrhunderte ein von christlicher Glaubenspraxis geprägtes Europa auf dem kulturellen Fundament der griechisch-römischen Antike sein.

Seit der Frankenkönig Chlodwig um 500 mitsamt seinem Volk – das keine Wahl hatte – zum päpstlichen Glauben übergetreten ist, spielt die katholische Kirche beim Machterhalt des Frankenreichs eine Schlüsselrolle. Bischöfe und Äbte haben wichtige Verwaltungsaufgaben. Parma ist außerdem seit 774 eine fränkische Grafschaft. Damit ist die Region Teil eines Systems kleiner

Einheiten mit einem politisch Verantwortlichen an der Spitze. Das ist eine der vielen innovativen Ideen Karls.

Zurück zur Begegnung der beiden Männer. Der idealistische Machtmensch Karl trifft an der Straße nach Rom einen Mann des Geistes. Wie die meisten klugen Köpfe dieser Zeit kommt Alkuin von den britischen Inseln, genauer gesagt aus York. Seine adeligen Eltern schickten ihn schon als Kind auf die von Erzbischof Egbert gegründete Kathedralschule der Hauptstadt von Northumbria. Vielleicht hatte er mit klugen Sprüchen mehr geglänzt als beim Fußball. Jedenfalls war die Schule von York kein Provinzgymnasium, sondern nicht weniger als die berühmteste Bildungsanstalt Europas. Man vermutet, dass sich hier in der Zeit um 800 die größte Bibliothek des Abendlands befand. Und wenn dann nicht 866 die Wikinger eingefallen wären, deren Bierdurst bekanntlich größer war als ihr Bildungshunger – wer weiß, ob York nicht heute mindestens so bedeutend wäre wie das nach ihm benannte New York am Hudson River.

Als Alkuin in Parma Karl begegnet, ist er schon fast 15 Jahre lang Rektor der Eliteschule im Norden Englands. Sein Amtsvorgänger Aelbert hatte das Talent des jungen Alkuin erkannt und mit Unterstützung des örtlichen Bischofs seinen Musterschüler gefördert, wo er konnte. Mehrmals machten Aelbert und Alkuin die große Bildungstour durch Europa, so wie es sich für vornehme Engländer gehört, die heute noch mit ihrem Aston Martin von Burg zu Burg düsen. Als Aelbert Erzbischof von York wurde, war klar, wer die Hochschule von ihm übernehmen würde. Alkuin galt bald als charismatischer Lehrer, der mit seinem Wissen und seiner Persönlichkeit junge Studenten aus ganz Europa anzog. Nur ein „richtiger" Kleriker wollte Alkuin nie werden und begnügte sich zeitlebens mit der Diakonweihe. Damit erfüllte er vielleicht die kirchliche Mindestanforderung, um eine Führungsposition im Bildungssektor zu bekleiden.

Der gut ein Jahrzehnt jüngere Karl wiederum war ein erfolgsverwöhnter, durchaus skrupelloser Überflieger, der bisher alle seine politischen Vorstellungen durchgesetzt hatte. Er hatte bloß ein Problem: Seine Untertanen waren nicht besonders schlau. Und wie soll man eine Großmacht errichten, wenn man es nur mit Idioten zu tun hat? Wenn er ehrlich war, dann erkannte Karl, dass auch er selbst nicht gerade zu den Gebildeten zählte. Doch er hatte einen untrüglichen Machtinstinkt und sah in breiter Bildung – mehr als in bloßer militärischer Stärke – den Schlüssel zu einem Staat, der nachhaltig Bestand haben würde. Deshalb hatte er in seiner Lieblingsstadt Aachen eine Hofschule gegründet und angefangen, talentierte Akademiker von anderen europäischen Bildungseinrichtungen abzuwerben.

Karl und Alkuin waren sich auf Anhieb sympathisch. Mehr noch, sie begriffen schnell, dass sie gemeinsam ein unschlagbares Team sein könnten: Der eine hält den Laden zusammen, der andere kümmert sich um die Kultur. Der eine macht Politik, der andere entwickelt die Strategie dahinter. Der eine ist der Kämpfer, der andere ist der Denker. Am Ende der Unterredung machte Karl dem Gelehrten aus York ein Angebot: „Komm an meinen Hof nach Aachen!"

Alkuin würde dort zwar keine prestigeträchtige Schule mit einer so glänzenden Bibliothek vorfinden wie in York. Dafür lag aber im Frankenreich politischer und gesellschaftlicher Aufbruch in der Luft. Während England – von dem Leuchtturm York einmal abgesehen – schon etwas auf dem absteigenden Ast war. Unter den Angelsachsen flammten Bürgerkriege auf, und pessimistische Sekten fanden immer mehr Anhänger. Von Aachen aus würde Alkuin ein umfassendes staatliches Bildungsprogramm auflegen können und dabei weitgehend freie Hand haben. *Last but not least* konnte der mächtige Frankenkönig für die Bildung viel tiefer in die Tasche greifen, als es irgendjemand in Northumbria gekonnt hätte.

Alkuin willigte also ein. Der Gedanke, für einen Spitzenpolitiker zu arbeiten, der Bildung zum obersten Staatsziel erklärt hatte, elektrisierte ihn ebenso wie die Aussicht auf ein junges, internationales Forscherteam, das Karl – mit seinem Geld – gerade in Aachen zusammentrommelte. Karl wiederum war überzeugt, endlich sein perfektes Gegenstück gefunden zu haben. Dem klugen und weltgewandten Alkuin traute er zu, die künftige Elite des Reichs auszubilden und „sein" Aachen zu einem geistigen Zentrum zu machen, das sich mit den älteren Bildungsstätten Europas in jeder Disziplin würde messen können. Und nicht zuletzt wollte Karl auch selbst noch einiges von Alkuin lernen.

Alkuin packte kurz darauf die Umzugskisten und zog nach Aachen. Hier, an der germanisch-romanischen Kulturgrenze, können Sie heute noch etwas vom Glanz der Karolingerzeit erleben – sofern Sie sämtliche Bausünden der letzten Jahrzehnte in guter seelischer Verfassung passiert und den mittelalterlichen Stadtkern entdeckt haben. Der karolingische Teil des Doms mit dem Karlsthron, der Katschhof, die ältesten Teile des Rathauses mit den ehemaligen Audienzsälen Karls – alles das lässt erahnen, mit welchem Selbstbewusstsein der Frankenkönig und sein Gefolge hier residierten. Zwar hatten die mittelalterlichen Reiche noch keine Hauptstädte im modernen Sinn, sondern verschiedene Residenzen, in denen sich die Herrscher jeweils für eine gewisse Zeit im Jahr aufhielten. Aachen kam einer Hauptstadt des Frankenreichs jedoch ziemlich nahe, vor allem auf der ideellen Ebene.

Was hatte den Ausschlag für das verregnete Aachen mit seinen mäßigen landschaftlichen Reizen gegeben? Nach Ansicht vieler Historiker wohl die heißen Quellen mit bestem Heilwasser. Aachen war eine Wellness-Oase. Hier ließ sich das Nützliche – regieren und sich fortbilden – mit dem Angenehmen – relaxen und genießen – verbinden. Das fromme Christentum und das antikisierende Bildungspathos, das uns aus den karolingischen Quellen anweht, sollte nicht darüber hinwegtäuschen, dass die Elite des Frankenreichs durchaus zu leben verstand. Wie Karls Standortwahl eindrucksvoll beweist.

Wer um 800 so alles in Aachen lebte und arbeitete, kann man einem sogenannten Pfalzkapitular aus dem Jahr 820 entnehmen. Diese bereits von Karls Nachfolger erlassene Gemeindeordnung nennt alle örtlichen Personengruppen, die sie betrifft. Ganz oben auf der sozialen Leiter von „Aquis grani" – wie die Stadt lateinisch genannt wurde – standen die Gefolgsleute des Königs, seine hohen Beamten, seine Berater und Trainer. Die meisten davon waren Kleriker. Als „Hofkapelle" wird traditionell die Gesamtheit der Priester und Ordensleute auf der Gehaltsliste Karls des Großen bezeichnet. Laut Pfalzkapitular tummelten sich auch allerlei Bischöfe, Äbte und Grafen – zumindest zeitweise – an den heißen Quellen. Und damit es all den hohen Herren auch an nichts fehlte, gab es ein Heer von Bediensteten, die im lateinischen Text als „servi" bezeichnet werden.

Eine Menge Kaufleute und Handwerker, vor allem Weber, gab es in der Stadt. Sie sorgten für den gehobenen Konsum, und so gedieh – wie an vielen Residenzen Europas – allmählich bürgerliches Leben rund um den Hof. Ausdrücklich verzeichnet das Dokument, dass viele der ansässigen Händler Juden waren. Überhaupt gab es eine hohe Mobilität in Europa. Alle prosperierenden neuen Städte waren – nebenbei bemerkt – immer auch Einwanderergesellschaften. Selbst für die „Armen und Bettler", die im Schatten des glanzvollen Hofes leben, trifft die Gemeindeordnung noch Regelungen.

Den untersten Platz in der gesellschaftlichen Hierarchie weist sie dann aber den „Dirnen und Lustknaben" zu. Paradoxerweise ist ihre sexuelle Ausbeutung selbstverständlicher Teil des Alltagslebens, während gleichzeitig eine klerikale Doppelmoral diese Menschen sozial ausgrenzt. Im Umgang mit Sexualität war das Mittelalter wohl tatsächlich recht finster – wenn auch nicht wirklich schlimmer als das alte Rom, in dem sich die männliche Oberschicht ebenfalls an Früchten jeder Geschmacksrichtung delektierte und diese oft aus dem Ausland stammenden Frauen und Jungs gleichzeitig als soziale Restmenge behandelte.

Die Anlage der Stadt und die Architektur Aachens dürfen Sie sich ebenso vielfältig vorstellen wie die Bevölkerung. Im Mittelpunkt stand natürlich die achteckige Marienkirche – der heutige Dom –, die einmal Krönungskirche und wichtiges Wallfahrtsziel des Mittelalters werden sollte. Bis heute heißt Aachen im Französischen „Aix-la-Chapelle» – sozusagen die Quelle mit der Kapelle –, weil die Stadt eben für Leib und Seele Herausragendes zu bieten hatte. Das Gotteshaus war wie viele Sakralbauten des Mittelalters der Mutter Jesu geweiht, die in der täglichen Gebetspraxis eine große Rolle spielte. Die Menschen verehrten sie nicht als göttliches Wesen – wie Theologen anderer Religionen den Christen hin und wieder unterstellten –, sondern als Fürsprecherin bei Gott. Von dieser in die Ewigkeit entrückten Frau fühlten sich viele menschlich besser verstanden als von einem Gott, der aus ideologischen Gründen oft einseitig als strenger Strafrichter – und damit verlängerter Arm der weltlichen Herrscher – gezeichnet wurde.

Rund um die Kirche – das spirituelle Zentrum – legte Karl seine Regierungsbauten an und machte mit dieser Raumordnung symbolisch deutlich, dass Politik der Sinnenerfahrung nachgeordnet und dennoch auf diese bezogen ist. So bildete der Thronsaal im Norden ein schlichter ausgeführtes Gegenstück zur Kirche, war aber immer noch der wohl größte Saalbau des gesamten Mittelalters. Im Westen beherbergten doppelstöckige Bauten wahrscheinlich die königlichen Privaträume sowie die Räumlichkeiten für die Hofkapelle, für die Schreibstube, das Archiv und das Gericht. Hier wird auch Alkuin oft gesessen haben, vielleicht in einem Zimmer mit Blick auf die Kirche und die gesamte repräsentative Anlage. An deren Ostseite fanden sich dann noch jene Gebäude, die alles beherbergten, was eine funktionierende Residenz braucht, etwa Pferde, Speisen, Wein und Waffen.

Rings um diesen Mittelpunkt der Stadt, der sich in seiner Anlage – kaum überraschend – an antiken Vorbildern orientierte, fand sich nun alles, was Aachen zu einer echten Hauptstadt und einem lebenswerten Ort für die klügsten Köpfe der Zeit machte. Da gab es die Hofschule mit der Hofbibliothek. Da gab es die Behörden der hohen Beamten, wie die des Marschalls, des Kämmerers oder des Pfalzgrafen, die genau definierte administrative Aufgaben hatten. Da gab es Wohngebäude, weitere Kapellen, diverse Firmen und Handelshäuser – und nicht zuletzt jene von den heißen Quellen gespeisten Thermen, wegen denen man ja eigentlich hier war. Die unterschiedlichsten gastronomischen Angebote dürften das Badevergnügen bereichert haben.

In dieser Umgebung verbrachte Alkuin die 15 produktivsten Jahre seines Lebens, immer in enger Zusammenarbeit mit Karl, bis der Monarch den dann über 60-jährigen Gelehrten zum Leiter des Klosters St. Martin in Tours machte. In Aachen ließ es sich leben, hier konnte der Angelsachse seine geistigen Kräfte voll entfalten, fand ausreichend Erholung und traf jene jungen und begabten Männer aus bestem Hause, mit denen er regen Austausch hielt.

Die ersten Schüler Alkuins an der Hofschule wurden jedoch König Karl, seine Gemahlin Luitgard, seine Schwester Gisela sowie seine drei Söhne und drei Töchter. Man stelle sich einmal vor, heute würde der Vorsitzende der EU-Kommission den bekanntesten europäischen Geisteswissenschaftler als Dozenten nach Brüssel holen – und dann selber mit der ganzen Familie bei ihm die Schulbank drücken. Dazu sind heutige Politiker viel zu eitel – respektive einem zu großen Erwartungsdruck der Öffentlichkeit ausgesetzt. Sie sollen selbst alles wissen, alles können und gefälligst die Welt retten. Das Mittelalter hingegen sah sich – vom einfachen Klosterschüler bis zum König – als eine „lernende Gesellschaft". Schüler sein war keine Schande.

In der Realität wurde Alkuin immerhin der einflussreichste europäische Intellektuelle seiner Zeit. Den Wechsel nach Aachen bereute er nie. Er leitete eine Elite-Hochschule und Kaderschmiede, die in alle geistlichen und politischen Zentren des Frankenreichs ausstrahlte. Nicht nur adelige Studenten – vor allem aus Italien, Deutschland und Irland – kamen nach Aachen, sondern auch erfahrene Gelehrte aus den Klöstern des Reichs, die sich hier noch einmal den letzten Schliff holen wollten. Durch Alkuin hatte sich Karls Hoffnung bald erfüllt – seine Residenzstadt Aachen war der geistig-kulturelle Mittelpunkt Europas, das „zweite Rom", von der Stadt am Tiber nur noch in kirchlicher Hinsicht überragt.

„Lerne, um zu lehren" – lateinisch: „disce ut doceas" – war das Lebensmotto des leidenschaftlichen Pädagogen Alkuin, der zum Lehrer Europas wurde. Dazu passt, dass er weder als der scharfsinnigste Denker noch als der brillanteste Stilist des Mittelalters in die Geschichte eingegangen ist. Für beides – Scharfsinn und sprachliche Verfeinerung – war es auch viel zu früh. Zunächst einmal mussten in einer noch weitgehend mündlichen Kultur, deren Verschriftlichung erst in den Kinderschuhen steckte, die für ein geistiges Durchdringen der Welt nötigen Grundlagen geschaffen werden. Dafür vor allem steht Alkuin. Und es wird Sie kaum überraschen, dass sein Bildungsprogramm an das anknüpfte, was Isidor von Sevilla dem Mittelalter vermacht hatte: das Wissen und die Weisheit der Antike.

Alkuins kunstvoll zusammengestellte Lehrbücher der Dialektik, Rhetorik, Arithmetik oder Astronomie greifen unverkennbar die „Sieben freien Künste" – die theoretischen Wissensdisziplinen der Antike – auf, wie Isidor sie in seiner „Etymologie" überliefert. Was Isidor zusammengetragen hatte, erweiterte Alkuin noch einmal beträchtlich und verbreitete das dann in ganz Europa. Aber der Vermittler Alkuin ging über den Sammler Isidor noch einen entscheidenden Schritt hinaus. Er entwickelte etwas, das man mit modernen Begriffen als „Wissenschaftstheorie" oder „Metatheorie" bezeichnen würde – er machte sich Gedanken über den Stellenwert des Wissens und der Wissenschaft.

Als Christ überlegt Alkuin dabei insbesondere, wie sich heidnische Bildung der Antike und Weisheit der Bibel zueinander verhalten. Somit stimmt er ein Leitmotiv der großen Denker des Mittelalters an. Das Verhältnis von Wissen und Glauben, Denken und Offenbarung, Rationalität und Spiritualität wird sie alle immer wieder beschäftigen. Tatsächlich bedeutet jener historische Moment, in dem diese Frage als nicht mehr relevant angesehen wird, geistesgeschichtlich das Ende des Mittelalters. Dann werden sich die Wege trennen. Dann werden die einen – die neuzeitlichen Wissenschaftler – sagen: Wenn ihr wirklich *wissen* wollt, dann haltet euch an die Vernunft und an nichts als die Vernunft. Und die anderen – die kirchlichen Reformatoren – werden sagen: Wenn ihr wirklich *glauben* wollt, dann haltet euch an die Bibel und an nichts als die Bibel. Ganz, ganz am Ende streiten sich dann versnobte Harvard-Professoren, für die Religion ein Ausweis von Dummheit ist, mit verschrobenen Fernsehpredigern aus dem tiefsten amerikanischen Süden darüber, ob die Erde älter als 2500 Jahre ist.

Alkuin hätte sich niemals auf dieses Niveau begeben. Natürlich mit den beschränkten Erkenntniszugängen seiner Zeit, doch gleichzeitig mit beeindruckender intellektueller Konsequenz entwirft er einen metatheoretischen Rahmen, in dem sich alltägliche Glaubenserfahrung, spirituelle Jenseitshoffnung und rationale Wissenschaft zu einem sinnvollen Ganzen fügen. Dabei kann er auf verschiedene Vorläufer und Vorbilder zurückgreifen. Auf Isidor von Sevilla natürlich, der als asketischer Christ das Wissen der Antike gesammelt und geordnet hat. Dann auf Augustinus, den spätantiken christlichen Philosophen, der zwar die Bibel in den Mittelpunkt des Erkenntnisstrebens stellt, aber prinzipiell offen für heidnische Bildung ist. Da Augustinus im Mittelalter als offizieller „Lehrer" und „Vater" der Kirche gilt, können sich auf seine Weltoffenheit immer wieder alle berufen, die heidnische Wissensquellen unvoreingenommen in das christliche Denken integrieren wollen.

Den entscheidenden Denkanstoß erhält Alkuin jedoch von dem spätrömischen Staatsmann und christlichen Gelehrten Flavius Magnus Aurelius Cassiodor, der von etwa 485 bis um

580 in Kalabrien lebte. Cassiodor stand noch ganz in der antiken Bildungstradition. Mit den „Sieben freien Künsten" war er groß geworden wie wir heute mit der „Sendung mit der Maus". Und da er wie alle frühen Christen von Zahlenmystik fasziniert war, hatte er irgendwann bei der Lektüre des alttestamentlichen Buchs der Sprichwörter an jener Stelle gestutzt, an der es heißt: „Die Weisheit hat sich ihr Haus gebaut, ihre sieben Säulen behauen". Das Haus der Weisheit hat also sieben Säulen! Und es gibt sieben Wissenschaftsdisziplinen! Fällt der Groschen? Die „Sieben freien Künste" der Antike sind demnach auch das Fundament der göttlichen Weisheit der Bibel. Meint Cassiodor.

Das ist hübsch zurechtgebogen, doch wie gesagt nur ein Denkanstoß für Alkuin und nicht schon dessen eigene Theorie. Die enthält noch einen kräftigen Schuss Platon. Dieser griechische Denker war ohnehin der Chefideologe der späten Antike und wirkte – vermittelt durch die letzten Römer – bis tief ins christliche Mittelalter hinein. Typisch „neuplatonisch" ist dabei der Gedanke einer schrittweisen Abkehr des Menschen von den äußeren Dingen und Hinwendung zu den göttlichen „Ideen", zur Wahrheit und zur tiefen Einsicht. Das ist die berühmte „platonische Stufenleiter", die auch in den Liebesgedichten der Renaissance immer wieder vorkommt, wenn eine ideale, unkörperliche Liebe besungen wird. Die obersten Stufen sind besonders rutschig, und so purzeln viele Dichter – vor allem der zotige Shakespeare – die Leiter immer wieder ganz herunter.

Von alledem lässt Alkuin sich inspirieren und entwickelt dann in seiner Schrift „Abhandlung über die wahre Weisheitsliebe" – lateinisch: „Disputatio de vera philosophia" – ein Stufensystem der Wissenschaften, das heidnische Bildung und biblische Schriftdeutung miteinander verknüpft. Mit Cassiodor und den Neuplatonikern sagt Alkuin, dass die „Selbstverwirklichung des Menschen" sich stufenweise und in der Hinwendung zu Gott vollzieht. Menschen kommen nicht ausgereift auf die Welt und werden auch nicht irgendwann mit einem Fingerschnippen zum perfekten Wesen. Vielmehr durchlaufen sie immer eine geistige Entwicklung in kleinen Schritten, von Stufe zu Stufe. Je mehr sich ein Mensch verwirklicht, desto ähnlicher wird er Gott, dem unerreichbaren Ideal der Vollkommenheit.

Nun funktioniert Selbstverwirklichung nicht ohne Wissen. Davon ist Alkuin felsenfest überzeugt. Der Mensch findet nicht einfach instinktiv sein Glück, sondern muss über seine Ziele intensiv nachdenken. Er muss die ihn umgebende Welt verstehen. Dabei hilft ihm, was andere Menschen schon vor ihm gedacht haben. Und nur ein gebildeter Mensch hat irgendwann die Chance, die letzten Zusammenhänge zu begreifen. Somit ergibt sich eine Stufenfolge: Die weltlichen Wissenschaften der Antike – die „Sieben freien Künste" – sind die ersten Schritte der Erkenntnis, die jeder genommen haben muss, bevor er sich mit der von Gott offenbarten Weisheit beschäftigen kann.

Die antike Bildung ist also ein Bau aus sieben Stufen, über die – und nur darüber! – man überhaupt auf die Höhe gelangt, um die Heilige Schrift lesen und verstehen zu können. Machen Sie sich bitte klar, was das bedeutet: Wer das Wissen seiner Zeit verachtet, der wird auch aus der Bibel nicht schlau werden. Wer nicht vernünftig nachdenken und gewissenhaft lernen will, dem nützt auch die biblische Offenbarung nichts. Erst wo säkulare Bildung an ihre Grenzen stößt, bringt Offenbarung überhaupt einen Erkenntnisgewinn.

Wir kennen sie doch heute noch zur Genüge, jene Schlaumeier, die sagen: Es steht „alles" in der Bibel – oder im Koran oder bei Rudolf Steiner oder bei Karl Marx oder wo auch immer. Man muss nur an der richtigen Stelle nachschlagen, und Erleuchtung ist garantiert. Alkuin, der geistige Vater des christlichen Europa, hält dem entgegen, dass ein Esel, der in den Spiegel guckt, immer nur einen Esel sehen kann. Wer ohne Bildung, ohne Kenntnis der Zusammenhänge, ohne kritische Reflexion der eigenen Erkenntnismöglichkeiten die Bibel irgendwo aufschlägt und das, was er dort liest, zu deuten versucht, der wird immer nur seinen

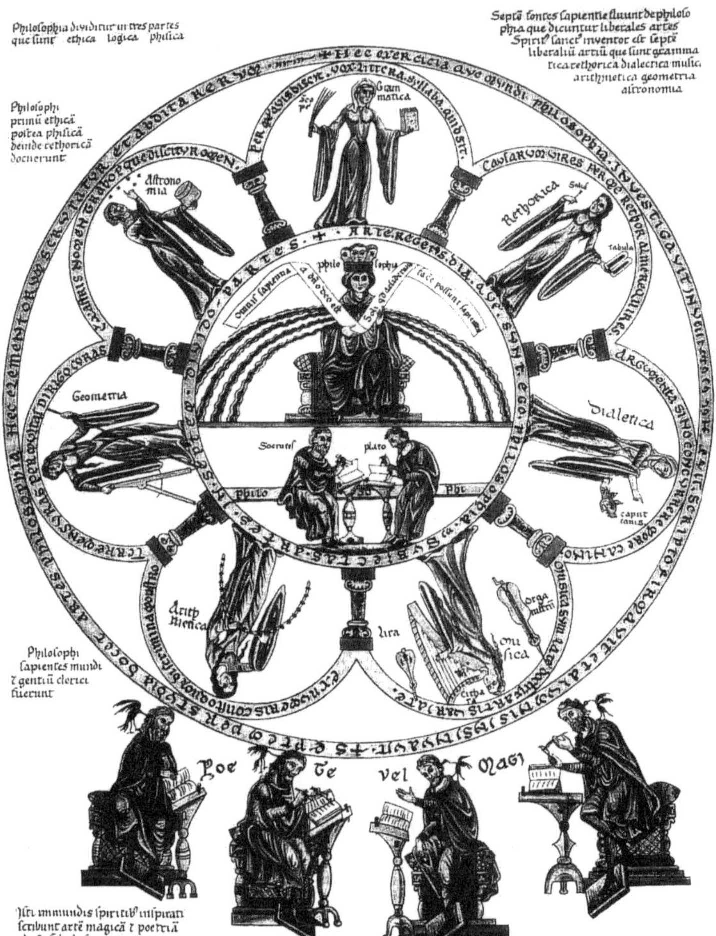

Die weltlichen Wissenschaften der Antike – die „Sieben freien Künste" – sind die ersten Schritte der Erkenntnis, die jeder genommen haben muss, bevor er sich mit der von Gott offenbarten Weisheit beschäftigen kann.

eigenen Vorurteilen begegnen. Aber sich dann fatalerweise einbilden, sie trügen ein göttliches Siegel.

Wenn Alkuin vom Thema Bildung besessen ist, dann nicht aus Schöngeisterei, sondern weil er davon überzeugt ist, dass der Mensch ohne Nachdenken, ohne Reflexion über Lebenszusammenhänge sein Glück nicht finden wird. In einem stufenartigen Erkenntnisprozess, sagt Alkuin, kommt der Mensch vom einfachen zum höheren Wissen. Durch Wissen strebt der Mensch nach Vollkommenheit – lateinisch: „perfectio“ – und macht sich damit gleichzeitig auf den Weg zu sich selbst. Wissen wird in dem Moment zur Weisheit, da es zum Mittel der Selbstvervollkommnung wird.

Doch für den christlichen Denker Alkuin gibt es Weisheit in zwei Ausprägungen. Da ist die weltliche Weisheit, wie sie schon die Antike entdeckt hat. Sie ist in der Vernunft begründet und für jeden nachvollziehbar. Aber sie ist auch vorläufig, unvollständig und oft unsicher. Dagegen ist die spirituelle Weisheit von Gott über die Propheten, Jesus und die Apostel offenbart. Sie bleibt dem nichtgläubigen Menschen fremd und verschlossen, aber sie weitet den Horizont des gläubigen Menschen über die weltliche Weisheit hinaus.

Bemerkenswert ist, dass Alkuin den Eigenwert der weltlichen Weisheit trotz der Existenz einer höheren, göttlichen Weisheit nicht antasten will. Er sagt sogar ausdrücklich, dass die weltliche Weisheit um ihrer selbst willen angestrebt werden kann. So ist es beispielsweise problemlos möglich, Astronomie zu betreiben, ohne dabei ständig über Gott nachzudenken. Auch eine philosophisch reflektierte Lebensführung ist für Alkuin ohne christliche Offenbarung möglich. Aber alle diese Weisheit bleibt schließlich unvollkommen. Menschlicher Irrtum kann nie ausgeschlossen werden, und so ist jede Behauptung eines Menschen eine These mit vorläufigem Charakter.

Letzte Orientierung und Sicherheit – lateinisch: „securitas“ – erhält menschliches Leben erst durch die Offenbarung Gottes. Doch um diese überhaupt zu verstehen, ist wiederum die weltliche Weisheit unverzichtbar. Sie sehen, wie weltliche Wissenschaft und göttliche Offenbarung bei Alkuin vielschichtig aufeinander bezogen und miteinander verknüpft sind. Wie keine Erkenntnisquelle gegen die andere ausgespielt, sondern alles sinnvoll gewichtet wird. Das ist nicht finsteres Mittelalter – das ist intelligentes Mittelalter.

Wie wirkte sich Alkuins wissenschaftstheoretisch abgestütztes Bildungsprogramm aber nun praktisch aus? Wichtig erscheint mir zunächst einmal, dass er das, was er propagierte, auch lebte. Alkuin war nicht nur Akademiker, sondern auch Vorbild. Auf dem allmählichen Weg der Vervollkommnung begleitete er seine Schüler weit über ihre Studien in Aachen hinaus, ja oft ein Leben lang. Obwohl er in die Regierungsgeschäfte des Hofes stark eingebunden war, verbrachte er so viel Zeit, wie er konnte, am Lehrerpult oder in der Bibliothek und schaffte es außerdem, regelmäßig persönliche Kontakte zu pflegen. Er galt als warmherzig und an Menschen interessiert – war also nicht nur wegen seines lexikonartigen Wissens allseits beliebt. Wenn er sich jemals unbeliebt machte, dann höchstens durch sein selbständiges Denken. Es gibt Historiker, die vermuten, dass seine Versetzung nach Tours nach 15 Jahren in Aachen damit zusammenhing, dass Alkuin die Politik Karls zu oft kritisierte.

Schon nach wenigen Jahren, die Alkuin in den Diensten Karls verbracht hatte, saßen seine ehemaligen Schüler überall in Europa auf verantwortungsvollen Positionen. So hatte Karl sich die Wirkung seines Bildungsprogramms gewünscht, und Alkuin war darauf sicherlich auch stolz. Mit wohl fast allen Männern, die er ausgebildet hatte, blieb er in engem brieflichem Kontakt. Viele dieser Briefe sind erhalten und kreisen typischerweise um Fragen der praktischen Lebensführung. Wie können Menschen, die Verantwortung tragen, dem sozialen Anspruch des Evangeliums Jesu gerecht werden? Wie lässt sich „Nächstenliebe“ leben? Da Alkuin selbst auch Politiker war, schreibt er hier nicht als weltfremder Moralapostel, sondern als jemand, der die täglichen Sachzwänge des fränkischen Herrschaftssystems kennt. Er ist jemand, der nicht nur Führungskräfte ausbildet, sondern anschließend auch ihr Coach bleibt.

Besonders gern schreibt Alkuin Gedichte, vor allem an seine Freunde und ehemaligen Schüler. Nicht selten bedient er sich dabei homoerotischer literarischer Muster aus der griechischen Antike und gibt seinen Schülern ähnliche Kosenamen, wie sie die jugendlich-männlichen Geliebten der Götter hatten. Man sollte solche Rückgriffe auf antike Konventionen, die auch in der Dichtung der Renaissance begegnen, gewiss nicht überbewerten. Aber sie lassen vielleicht doch auf tiefere emotionale Bindungen schließen. Davon zeugen auch Alkuins Briefe an seine beiden Lieblingsschüler Arno und Rabanus.

Karl der Große ließ Goldmünzen prägen – ungewöhnlich für einen Herrscher dieser Zeit.

Mit Arno, dem späteren Erzbischof von Salzburg, verband Alkuin eine lebenslange, liebevolle Freundschaft. Und der um 780 in Mainz geborene Rabanus Maurus sicherte sich sogar einen größeren Eintrag im Geschichtsbuch. Den Beinamen „Maurus", mit dem Rabanus heute in den Lexika steht, hatte er als junger Mann überhaupt erst von Alkuin bekommen. Der spielte damit auf den Lieblingsschüler des Ordensgründers Benedikt von Nursia an, der von seinem Mentor „Maurus" genannt worden war.

Wenn Alkuin der Lehrer Europas war, so ging Rabanus Maurus als „Lehrer der Deutschen" – lateinisch: „praeceptor Germaniae" – in die Geschichte ein. An diesem im 19. Jahrhundert verliehenen Etikett wird in jüngerer Zeit zwar etwas gekratzt, weil es die „Deutschen" als politisch verfasste Einheit zu der Zeit noch gar nicht gab. Doch steht der Rang von Rabanus Maurus als Theologe, Lehrer und Prediger außer Frage. Zwanzig Jahre lang leitete er das renommierte Kloster in Fulda, in dem damals über 600 Mönche lebten, und machte es neben Aachen, der Insel Reichenau und dem Kloster St. Gallen zu einer weiteren Kaderschmiede des fränkischen Reichs.

Karl der Große konnte also nach einer gewissen Zeit darauf vertrauen, dass überall in seinem Herrschaftsgebiet nach seinen Maximen ausgebildete Leute saßen, die ihren Job professionell erledigten und nicht auf den Mund gefallen waren. Wenn man es einmal machtpolitisch betrachtet – und das war zweifelsfrei die vorrangige Perspektive Karls –, so hatte der Frankenkönig sein Reich nicht nur militärisch gestärkt und verwaltungstechnisch konsolidiert, sondern auch ideologisch aufgerüstet. Seine Bischöfe und Äbte waren nun in der Lage, im Kampf gegen Häretiker und Sektierer klare Positionen zu beziehen.

Das lässt aus moderner Sicht natürlich aufhorchen. Ging es am Ende doch nur um ideologische Gleichschaltung im Sinne der Kirche? Natürlich konnte man sich eine Trennung von Kirche und Staat damals nicht vorstellen. Aber Alkuin war deshalb noch lange kein Kreuzzugsprediger. Den Eigenwert rationaler Wissenschaft erkannte er ja ausdrücklich an. Was Alkuin und seine Mitstreiter allerdings verhindern wollten, war ein Christentum, in dem sich jeder seine eigene Theologie strickt. Man rang leidenschaftlich um die Wahrheit des Glaubens. Und es waren – anders als heute – auch noch einige fundamentale theologische Fragen offen.

Interessanterweise kochte der theologische Streit der späten Antike immer wieder hoch. In den Köpfen war die Völkerwanderung immer noch nicht ganz zu Ende. Dauernd fielen irgendwo Christen in Denkmuster zurück, die man eigentlich längst als widerlegt ansah. So hatte zwar der Arianismus, mit dem Isidor von Sevilla sich herumgeschlagen hatte, inzwischen jede Bedeutung verloren. Dafür machte aber eine neue Spielart – der „Adoptionismus" – von sich reden. Dabei ging es wieder darum, Jesus auf Normalmaß zurechtzustutzen und nur Gott, den Vater, als wahre göttliche Person anzuerkennen. Als Theologe hat Alkuin deshalb ein wesentliches Augenmerk auf die Begründung der Dreieinigkeit Gottes gelegt.

Der Anlass für den jahrelangen theologischen Streit entstand auf der iberischen Halbinsel, wo tief in den Pyrenäen die alten westgotischen Traditionen noch lebendig waren. Die Sekte des Migetius verbreitete dann in Katalonien die Lehre, dass Jesus ein Mensch gewesen sei, der von Gott gewissermaßen als Sohn adoptiert wurde. Daher der spätere Name „Adoptionismus" für diese Auffassung. Felix, der Bischof von Urgel, schloss sich dieser Auffassung an. Und da Urgel seit 790 zum fränkischen Reich gehörte, hatte die fränkische Kirche damit ein Problem.

Nun waren die wesentlichen Argumente zu diesem Thema ja längst ausgetauscht. Der Adoptionismus unterschied sich nicht groß vom Arianismus, über den die Kirche jahrhundertelang diskutiert hatte. Trotzdem verstrickten sich Alkuin und Felix in einen jahrelangen theologischen Streit, mit öffentlichen Diskussionen und zahlreichen Verurteilungen seitens der Amtskirche sowie Widerrufen seitens Felix, an die er sich dann später doch nicht hielt. Wahrscheinlich ist Felix zeitlebens von seiner Position nicht abgerückt. Hier offenbart sich ein Dilemma, das typisch für das gesamte Mittelalter sein wird, ja das die christlichen Kirchen in ihrem Inneren noch heute enorm unter Stress setzt: Wie kann eine christliche Gemeinschaft eine verbindliche Wahrheit repräsentieren ohne gleichzeitig den offenen, rationalen Diskurs zu unterdrücken?

Bei Alkuin findet sich keine eindeutige Antwort auf diese Frage. Immerhin ist er für die Verurteilungen des Felix nicht direkt verantwortlich. Er war ja nicht einmal ein echter Kleriker. Er wies allerdings immer wieder darauf hin, dass die Vorstellung von Jesus als „Adoptivsohn" Gottes eine fixe Idee sei, ein Gedankenspiel, das sich weder aus der Bibel noch aus der philosophischen Tradition schlüssig begründen lasse. Und hier zeigt sich denn auch wieder, worauf es Alkuin ankam: Nicht einfach irgendetwas zu behaupten, sondern erst sorgfältig alle Voraussetzungen zu studieren und sich den größeren Zusammenhang anzusehen. Alkuin hielt alles für Quatsch, was nicht da anknüpfte, wo die besten Köpfe der Vergangenheit gedanklich schon einmal gewesen waren. Und diese Art von Skepsis war – wenn man sich die Hirngespinste so mancher moderner Sektengurus ansieht – sicherlich nicht die schlechteste Grundeinstellung.

Nach der Begegnung zwischen Alkuin und Karl 781 in Parma veränderte Europa sein Gesicht. Diese Tatsache gilt unabhängig davon, wie groß man den Beitrag jener beiden Akteure veranschlagen will. Sie stehen im Zentrum einer kulturellen Aufschwungphase, die zu den dynamischsten des Mittelalters zählt und für die in der Geschichtsschreibung traditionell der Begriff „Karolingische Renaissance" verwendet wird. Beim Wort Renaissance denken Sie wahrscheinlich zuerst an das Italien der anbrechenden Neuzeit, an Michelangelo und Botticelli, Petrarca und Leonardo da Vinci.

Die „Wiedergeburt" der Ästhetik der Antike ist tatsächlich in den oberitalienischen Städten zwischen der Mitte des 14. und der Mitte des 16. Jahrhunderts besonders augenfällig. Dort und in den großen Museen der Welt können Sie heute noch bewundern, wie ein antikes Schönheitsideal zu neuem Leben erweckt wurde. Und in dem auf sich selbst gestellten Individuum der italienischen Stadtgemeinden haben Generationen von Bildungsbürgern den ersten modernen Menschen erblicken wollen. Diese italienische Renaissance hatte und hat ihre Fans, weil sie so schick ist, so viel Stil hat und weil ihre bildenden Künstler so schöne Körper geformt haben.

Aber auch im Mittelalter gab es Individualisten. Und Alkuin war sicherlich nicht weniger ein Fan der antiken Literatur als

Petrarca. Heute relativieren Historiker die Selbsteinschätzung des Renaissancemenschen als Wiederentdecker der Kultur nach einem „finsteren" Mittelalter ebenso wie die Verklärung dieser Epoche durch spätere Ästheten. Vielmehr wird „Renaissance" als ein sich wiederholendes Kulturphänomen angesehen, das zum Kernbestand westlicher Zivilisation gehört. Immer wieder greifen wir auf die Antike zurück – sie ist die Keimzelle unseres Lebensstils, unseres Denkens, unseres Geschmacks.

Bezeichnenderweise rückt immer, wenn die Antike wieder groß in Mode kommt, das Individuum stärker in den Blick. Die Antike steht nun einmal für Bildung, und Bildung ist immer an die einzelne Person gekoppelt. So weist der französische Historiker Jacques Le Goff darauf hin, dass das Individuum auch im 12. Jahrhundert ein klares Profil hatte und sich dessen durchaus bewusst war. Passend dazu hat der Engländer Charles Haskins den Begriff „Renaissance des 12. Jahrhunderts" geprägt. Auch damals wurde die Antike wieder lebendig – rationaler Geist und Wissenschaft blühen auf, neue Institutionen entstehen und einzelne Menschen machen mit herausragenden Leistungen von sich reden.

Die karolingische Zeit ist also nur eine von mehreren „Renaissancen" – allerdings eine mächtige und für die kommenden Jahrhunderte prägende. Karls Bildungsprogramm schafft im kühlen Norden Europas schrittweise eine Schriftkultur. Mündlich überlieferte Mythen und Sagen treten mehr und mehr in den Hintergrund. Man beschäftigt sich intensiv mit Sprache und Schrift, korrigiert und sichert die Texte der Bibel und der antiken Philosophen, erfindet sogar eine neue Schrifttype – die „karolingische Minuskel" –, aus der sich unsere modernen Kleinbuchstaben entwickeln.

König Karl und sein Kreis gelehrter Berater stellen schließlich die Weichen zum politischen System des Mittelalters, dem autoritären Lehnswesen unter dem Dach der Kirche. Waren griechische Philosophie und biblischer Glaube schon in der späten

Antike eine immer engere Symbiose eingegangen, so tritt nun ein politischer Gestaltungswille hinzu, der sich konsequent auf diese geistige Grundlage stützen will. Ob eine solche Verbindung glücklich war, es jemals sein konnte, muss heute jeder für sich beantworten.

3 *Der keltische Platon*
Johannes Scotus Eriugena (um 800–um 877)

Nein, Johannes Scotus war kein Schotte, auch wenn der Name das zu verraten scheint. Denn „Scotia maior" ist bis ins 12. Jahrhundert die Bezeichnung für *Irland* gewesen. Hier heißt also einer Johannes der Schotte und ist eigentlich Ire. Dummerweise tritt im 13. Jahrhundert dann noch ein Johannes Duns Scotus auf, der ebenfalls Denker von Beruf ist. Sein Name lässt mittlerweile tatsächlich auf eine schottische Herkunft schließen. Wie soll aber nun einer Johannes Scotus und Johannes Duns Scotus auseinanderhalten? Zum Glück gibt es für Irland noch den alten keltischen Namen Eire. Er geht auf Eriu – eine heidnische Göttin der Fruchtbarkeit – zurück und bedeutet so viel wie „das fruchtbare Land". Johannes Scotus hat sich deshalb an seinem Arbeitsplatz in Frankreich hin und wieder als „Eriugena" – die Betonung liegt auf dem „u" – bezeichnet, das heißt auf Deutsch: „der in Irland Geborene". Die Nachwelt hätte das einfach so übernehmen können – aber warum einfach, wenn es auch kompliziert geht? Und so musste man irgendwann die beiden Denker des Mittelalters namens Johannes Scotus unterscheiden. Dazu kreierte der Dubliner Erzbischof James Ussher im Jahr 1632 den Namen „Johannes Scotus Eriugena". Dieser sprachliche Blödsinn – zu Deutsch: Johannes der Ire aus Irland – hat sich dann eingebürgert.

Sie haben also ihre Tücken, diese mittelalterlichen Namen. Ich erinnere mich, wie nett man sich als unschuldiger Erstsemester in der Seminarsitzung zur Philosophie des Mittelalters blamieren konnte. Wenn man nämlich einen Thomas von Aquin für niederen Adel hielt und zum besten gab, bei „Aquin" respektive Herrn „von Aquin" dies oder das gefunden zu haben. Der Dozent blickte dann mit der ganzen Arroganz des deutschen akademischen Mittelbaus durch seine Brillengläser und sprach weiter nur von „Thomas“ – ohne sich zu der Info herabzulassen, dass es im Mittelalter unser heutiges Vorname-Nachname-Schema noch nicht gab.

Familiennamen im heutigen Sinn setzten sich erst gegen Ende dieser Epoche langsam durch. Einen Martin Luther darf man schon den Herrn Luther nennen. Die Jahrhunderte zuvor bekommen die Kinder bei der Geburt oder kurz darauf einen einzigen Namen verpasst – und der muss ein Leben lang reichen. Auch die Verknüpfung der Namensgebung mit der Taufe ist ein ziemlich junges Phänomen im Christentum. Leidlich gebildete Eltern im Mittelalter, insbesondere die mit Lateinkenntnissen, suchten die Namen ihrer Kinder gerne nach deren Wortsinn aus und verbanden damit bestimmte Segenswünsche für den Nachwuchs. So möge ein Felix sein Glück finden, eine Scholastica nicht dumm sterben, und so weiter. Seit der Zeit um 1000 lassen sich außerdem richtige „Modenamen“ beobachten – genau wie heute, wenn plötzlich alle Kinder Lara und Leon heißen und keiner so recht weiß, warum.

Überall, wo der Prozess der Vergesellschaftung schon weiter fortgeschritten war – also etwa im Umkreis der Höfe und bedeutenden Klöster sowie in den aufblühenden Städten –, wurde es im Alltagsleben wichtig, einzelne Personen voneinander zu unterscheiden. Dazu bot sich neben dem aus der Bibel bekannten Vater-Sohn-Schema à la „Jakobus, Sohn des Zebedäus“ vor allem die Herkunft an. So stammte Thomas von Aquin aus der süditalienischen Bischofsstadt Aquino. Der Namenszusatz „von Aquin“ bedeutet also eigentlich „aus Aquin(o)“. Manchmal verdrängte auch der Arbeitsort den Herkunftsort. Albert von Lauingen beispielsweise hieß zu Lebzeiten Albert von Köln – und heißt heute meist Albertus Magnus. Solche latinisierenden Ehrennamen gab es eben auch noch.

Bei Herrschern kamen dagegen oft Spitznamen in allgemeinen Gebrauch – so sind etwa zwei gleichnamige Herzöge von

Burgund als „Philipp der Kühne" und „Philipp der Gute" bekannt geworden. Was soll ich aber jetzt mit Johannes Scotus Eriugena machen? In der philosophischen Fachliteratur wird er heute meistens Eriugena genannt, aber ich fände es stillos, ihn hier die ganze Zeit „den aus Irland" zu nennen. Lieber bleibe ich bei Johannes, das ist einfach persönlicher. Nur sollte die irische Herkunft des guten Johannes jetzt keineswegs unter den Tisch fallen. Die ist nämlich ein Schlüssel, um die Lebenseinstellung und die Gedanken dieses Philosophen zu verstehen.

Sie sind ja schon ein eigenwilliges Völkchen, diese Iren – nämlich buchstäblich mit einem *eigenen Willen* ausgestattet, der sie immer mal wieder aus der Reihe tanzen lässt. Das fing schon damit an, dass sie Wert darauf legten, ganz und gar freiwillig zum Christentum überzutreten. Glaubenskämpfe, Bekehrungen mit Feuer und Schwert, Zwangstaufen – das gab es fast überall sonst in Europa, aber nicht hier. Als christliche Missionare um 430 von Britannien aus zu den Kelten auf der Grünen Insel kamen, überlegten die Eingeborenen kurz und sagten sich dann: Das macht Sinn, was die uns da erzählen. Lasst uns Christen werden! Und so kam es zu Massenübertritten von der keltischen Religion zum Christentum.

Erleichtert wurde die Massenbekehrung dadurch, dass die mystische Tradition der Kelten mit dem Christentum erstaunlich kompatibel schien. So hatte man im heidnischen Irland immer schon viel über Gott und den Kosmos nachgedacht und eine reiche Theologie ausgebildet. Man kannte Prophetie, Opfer und die Unsterblichkeit der Seele – alles das gehört ja in anderer Form auch zum Inventar der christlichen Kirche. Weil den Iren aber so manches nicht wirklich neu vorkam, waren sie selbstbewusst genug, eine ganze Reihe ihrer keltischen Traditionen ins christliche Zeitalter hinüberzuretten.

Die Druiden und Druidenschüler wurden nun scharenweise zu Mönchen, in kurzer Zeit entstanden überall Klöster und bald auch bedeutende Klosterschulen – aber über zweihundert

Jahre lang blieb man von Rom vollkommen unabhängig! Man empfand sich als spirituelle Einheit, entwickelte aber gleichzeitig ein autonomes, dezentrales Kirchenmodell. Das passte zu einer politischen Tradition, bei der sich rund 150 Könige die Macht sowohl untereinander als auch mit den Druiden geteilt hatten. Schon Julius Caesar hatte in seinem Buch über den „Gallischen Krieg" die keltischen Druiden und Ritter als gleichberechtigte Elite der Iren beschrieben. „Druide" meint dabei wörtlich einen „stark sehenden" oder „intensiv erkennenden" Menschen.

Die Weisheit hatte also in Irland eine lange Tradition. Und dieses kulturelle Erbe beinhaltete seit Jahrhunderten angestrengtes Lernen und breite Wissensvermittlung. Gut zwanzig Jahre lang musste ein Druidenschüler bei seinem Meister lernen, bis er sich selbst zu den Weisen zählen durfte. Dabei wurde Wissen ausschließlich mündlich und in Versform übermittelt. Das förderte eine gewaltige Gedächtnisleistung und ein sehr differenziertes Sprachempfinden. Ist es da ein Wunder, dass die mystisch veranlagten Philosophen von der Grünen Insel während der „Karolingischen Renaissance" um 800 als die klügsten Köpfe Europas galten?

Vorher waren sie ja schon die fleißigsten Missionare gewesen. Irische Wandermönche hatten weite Teile des Kontinents zum ersten Mal mit dem Christentum in Berührung gebracht. Die keltische Tradition der beharrlichen Wissensvermittlung wird sich hier ausgezahlt haben. Und vielleicht auch das Freiwilligkeitsprinzip. Die Iren waren Fans von Jesus Christus, ohne von irgendjemandem dazu gezwungen worden zu sein. Und sie waren ihre eigenen Herren. Machen Sie sich ruhig einmal bewusst, in welchem Maße Nord- und Mitteleuropa anfangs von Christen missioniert wurden, die mit Rom nichts zu schaffen hatten. „Erst" im Jahr 664 schloss sich die Kirche der gesamten britischen Inseln auf der Synode von Whitby dem römischen Ritus an. Und das wiederum freiwillig!

In dieser Tradition also steht Johannes, über dessen Biographie heute nur noch wenig bekannt ist. Er ist einer jener gebildeten Iren, die sich seit dem 8. Jahrhundert in ganz Europa – und vor allem im Fränkischen Reich – überall dort finden, wo intensiv studiert und nachgedacht wird. Alkuins Bildungsprogramm hat ihnen zusätzliches Prestige und weitere Entfaltungsmöglichkeiten beschert. Johannes ist ganz Kelte, wenn er mit freiem Geist in die Tiefen des Kosmos vordringen will. Aber er ist auch ganz Christ, weil er alles Sein von Gott her denkt und wieder zu Gott zurückkehren lässt. Wiederum in der keltischen Tradition ist Gott für ihn kein starres Prinzip, sondern voller Kraft und Dynamik. Platon und die Platoniker der späten Antike statten Johannes außerdem mit dem nötigen theoretischen Rüstzeug aus, um sein ehrgeiziges philosophisches System schlüssig zu begründen.

Wir wüssten heute wahrscheinlich mehr über den Lebensweg dieses großen Denkers aus Irland, wenn er Kleriker gewesen wäre. Bei Mönchen, erst recht Äbten und Bischöfen, wurde immer wieder mal irgendwas aktenkundig. Liegt das Geburtsdatum auch manchmal im Dunkeln, so ist zumindest der Todestag in einem kirchlichen Verzeichnis aufgeschrieben. Aber Johannes war mit ziemlicher Sicherheit kein Kleriker, sondern so etwas wie ein berufsmäßiger Intellektueller, der es verstand, seinen Lebensunterhalt als Lehrer der „Sieben freien Künste" sowie als Fachbuchautor, Gutachter in akademischen Streitfragen und Politikberater zu verdienen.

Irgendwann um die Mitte des 9. Jahrhunderts kam Johannes aus dem ländlich geprägten Irland mit seinen vielen Klöstern und Schulen an den Hof des westfränkischen Königs Karl, eines Enkels Karls des Großen, der als Karl der Kahle in die Geschichtsbücher eingegangen ist. Die Erbengemeinschaft des karolingischen Großreichs hatte sich bald nach dem Tod des Patriarchen aus Aachen heillos zerstritten, und so war das Frankenreich in drei Teile aufgeteilt worden. Der westliche Teil, dessen Chef Karl der Kahle seit 840 war, wurde zur Keimzelle des heutigen

Frankreich und entsprach schon damals mehr oder weniger dem heutigen Staatsgebiet der Franzosen.

Karl der Kahle setzte im Westen das Bildungsprogramm seines Großvaters mit Hochdruck fort – einige Historiker sprechen hier sogar von einer „Zweiten Karolingischen Renaissance", die sicherlich die Weichen dafür stellte, dass Frankreich im Hochmittelalter Europas Eldorado der Bildung und die Sorbonne die beste Universität der Christenheit wurde. Im Gegensatz zu seinem Großvater, der die Kultur ja ganz Alkuin überlassen hatte, war Karl der Kahle auch selbst gebildet, konnte lesen und schreiben und verstand Latein. Vor allem liebte und sammelte er Bücher wie andere Machtmenschen Rennpferde. Bald hatte er seinen Ruf als „Philosophenkönig" weg – ganz wie der römische Kaiser Marc Aurel, der sich sogar wie ein griechischer Denker mit dem „Philosophenmantel" gekleidet hatte und dafür von seinem mehr an Militaria interessierten Gefolge als „das alte Philosophenweib" verspottet worden war.

Karl der Kahle hatte ebenfalls einen Griechenlandfimmel und ließ sich von seinen Untertanen liebend gern mit griechischen Herrschernamen – „autokrator", „monarchos" oder „agathos" (deutsch: der Beste) – anreden. Und dann kam Johannes der Ire und konnte perfekt Griechisch! Mit seinen Griechischkenntnissen hatte sich Johannes einen entscheidenden Vorsprung gegenüber den allermeisten Gelehrten verschafft, die sich schon für eloquent hielten, wenn sie passables Latein gelernt hatten. Im Mittelalter konnte fast niemand das Neue Testament oder die klassischen griechischen Philosophen im Original lesen. Man vertraute fast immer auf lateinische Übersetzungen, im Fall der Bibel auf eine spätrömische Ausgabe, die sogenannte Vulgata.

Wie genau Karl und Johannes zueinanderfanden, weiß heute keiner mehr. Es ist denkbar, dass Johannes sich einfach am Hof beworben hat und genommen wurde. Es gibt hier gewissermaßen ein Henne-Ei-Problem: Wurde Johannes an der Hofschule beschäftigt und konnte er zu einem engen Vertrauten Karls aufsteigen, weil er die griechische Sprache beherrschte, die Karl so liebte? Oder hat Johannes Karl mit seiner eigenen Vorliebe für alles Griechische erst angesteckt und dem König die ganzen griechischen Floskeln – von wegen „monarchos“ und so weiter – ins Ohr geflüstert?

Wie auch immer – entscheidend ist, dass der französische Hof dem Iren genau das richtige Betätigungsfeld bot. Klugen Köpfen winkten hier ansehnliche Honorare, das steht außer Frage. Die Hofschule war übrigens auch so etwas wie eine Buchmanufaktur für den leidenschaftlichen Sammler Karl, der hier reich dekorierte Schriften anfertigen ließ. Und die Freien Künste waren ja seit Alkuin nicht nur das verpflichtende Bildungsprogramm für alle vornehmen Karolinger, sondern auch so etwas wie ein bindendes kulturelles Band, das den stets vom Rückfall in die Barbarei bedrohten Laden zusammenhielt.

Karl der Kahle hatte, wie die meisten anderen mittelalterlichen Könige, keine feste Residenz, sondern zog fröhlich umher, weshalb man auch die Hofschule nirgendwo exakt verorten kann. Schwerpunkte dürften in Laon, Quierzy und Compiègne – allesamt nordöstlich von Paris – gewesen sein. An der Kathedralschule von Laon fand Johannes sogar eine regelrechte „Irish Community“ vor. Da wird man gelacht und gesungen und den einen oder anderen Witz über die Franzosen gemacht haben.

Als Lehrer der Freien Künste – lateinisch: „magister artium“ – besaß Johannes hohes Ansehen, konnte sich seine Arbeitszeit frei einteilen und darüber hinaus noch vielfältigen Interessen nachgehen. Verbürgt ist, dass er sich privat nicht nur für Literatur und Philosophie, sondern auch sehr für Medizin interessierte. Außerdem schrieb er leidenschaftlich gern Gedichte, was für die Zeit nicht untypisch ist, aber auch wieder die keltische Prägung erkennen lässt.

Seinen wissenschaftlichen Ruf gründete Johannes bald nach seiner Berufung an Karls Hofschule auf ein Werk, das in unmittelbarem Zusammenhang mit seinem Lehrauftrag steht. Er schrieb einen interpretierenden Kommentar – eine sogenannte Glosse – zum Hauptwerk des spätrömischen Gelehrten Martianus Capella mit dem eigenartigen Titel „De nuptiis Philologiae et Mercurii" – deutsch: „Die Hochzeit der Philologia mit Merkur". Dieses erzählende Sachbuch aus dem Karthago des 5. Jahrhunderts ist im Grunde eine Darstellung der „Sieben freien Künste", die der Inbegriff der damaligen Wissenschaft sind.

Wenn hier die junge Philologia – sie steht allegorisch für die Bildung – den Götterboten Merkur „heiratet", dann kann man das nämlich so lesen, dass nur Bildung zur Einsicht in die letzten Zusammenhänge führt. Wissenschaft ist also das Bindeglied zwischen Himmel und Erde – und da steckt wieder Platons Stufenleiter dahinter, auf die ja auch Alkuin seine Wissenschaftstheorie gegründet hat. „Niemand kommt ohne Philosophie in den Himmel", schreibt Johannes jetzt. Das wird ein Martin Luther einmal entschieden bestreiten, aber vorher darf sich die Philosophie zur größten Blüte seit Platon und Aristoteles entfalten.

Johannes wird zu diesem Aufschwung wesentlich beitragen – und muss dazu erst einmal einen Riesenschritt über Isidor und Alkuin hinausgehen. Jeder dieser beiden Denker hatte auf seine Art die „Sieben freien Künste" zwar hochgeschätzt, aber letztlich doch als ein weitgehend unreflektiertes Bildungsgut konserviert und weitergegeben. Johannes entdeckt hinter den wissenschaftlichen Disziplinen der Antike nun eine Methode. Eine Methode der Wahrheitsfindung. Einen Weg zu gesicherten Erkenntnissen. Und eine Technik, Behauptungen auf ihre Verlässlichkeit hin zu überprüfen. Das ist das Entscheidende.

Der Kommentar zu Martianus wird bis ins 11. Jahrhundert *das* Lehrbuch der Freien Künste in Europa sein. Johannes sorgt damit dafür, dass sich Studenten endlich intensiv mit den Grunddisziplinen der Wissenschaft beschäftigen. Trotz aller Leistungen Alkuins und seiner Schüler war es da bisher oft bei Lippenbekenntnissen geblieben. Nicht wenigen Geistlichen reichte es, die lateinische Messe fehlerfrei zelebrieren zu können – an weiterer

Bildung waren sie nicht interessiert. Durch Johannes ändert sich das. Selbst seine intellektuellen Gegner werden dem Laien bescheinigen, dass er durch seine Bildung gerade im Klerus hohes Ansehen genießt.

Bei Martianus Capella wird Philologia nach ihrer Hochzeit mit Merkur von Jupiter zu einer unsterblichen Göttin gemacht. Sie erhält nun sieben Dienerinnen, und zwar – Tusch für den Auftritt bitte! – die „Sieben freien Künste": Grammatica, Dialectica, Rhetorica, Geometrica, Arithmetica, Astronomia und Harmonia. Vor allem Dialectica hat es Johannes angetan. Ihrem durchdringenden Blick entgeht nichts! Sie trägt den Philosophenmantel, und sie allein nimmt für sich in Anspruch, wahr von falsch unterscheiden zu können. Wer Dialectica die Wachstafeln mit den Gesetzen der Logik entreißen will, der sieht sich mit einer giftigen Schlange konfrontiert, die unter ihrem Mantel lauert. Niemand behauptet ungestraft etwas, das sich nicht logisch begründen lässt!

In seinem Kommentar zu Martianus wertet Johannes die „Dialektik" – im Sinne von Methoden des Denkens und der Argumentation – tatsächlich so sehr auf, dass einige ihn später den „Vater der mittelalterlichen Logik" nennen werden. Johannes begreift Dialektik – in einem mutigen Gedankenschritt – als die formale Grundlage der anderen sechs freien Künste. Logisches Denken, Argumente, Schlüsse und Beweise sind für ihn die „Mutter der Wissenschaften", der Inbegriff von Wissenschaft an sich. So schafft Johannes ein neues Wissenschaftsverständnis, das erst im philosophischen Schulbetrieb der Zeit nach der Jahrtausendwende – in der sogenannten Scholastik – seine volle Wirkung entfalten wird.

„Logik ist die Untersuchung der Wahrheit einer jeden Aussage", definiert Johannes in seiner Glosse zu Martianus – und im Jahr 850 bekommt er Gelegenheit, seine eigenen Fähigkeiten zur Wahrheitsfindung anzuwenden. Er wird in einer theologischen Streitfrage, über die sich die Gemüter heftig erhitzen, um ein Gutachten gebeten. Sozusagen als die objektive Stimme der Wissenschaft. Damit wird er sich einen Riesenärger einhandeln. Anfangs freut er sich vielleicht nur, dass sein Wissen endlich mal gebraucht wird.

Der aus Sachsen stammende und in Frankreich ausgebildete Mönch Gottschalk von Orbais stritt sich mit Erzbischof Hinkmar von Reims – der zugleich der engste Berater Karls des Kahlen in Kirchenfragen war – über die Freiheit des Menschen. Gottschalk zufolge hat der Mensch keinen freien, sondern als Folge des Abfalls der Menschheit von Gott nur einen bösen Willen. Jesus Christus hat die Menschen zwar von den Folgen ihrer bösen Taten erlöst – jedoch streng genommen nicht alle, sondern nur die „Auserwählten". Auch sie handeln nicht wirklich selbst – die Bosheit des Menschen ist unüberwindbar –, sondern Gott handelt *durch* sie. Gottschalk begründet das damit, dass Gott ewig, unveränderlich und allwissend sei. Wenn Gott immer schon alles vorher weiß, dann muss auch auf der Welt alles vorherbestimmt sein. Da der Mensch aber Teil der irdischen Prozesse ist, müssen auch seine Handlungen von Ewigkeit vorherbestimmt sein. Damit sind dann die „Auserwählten" nichts als „Hüllen" für Gottes Güte und die „Verdammten" nichts als „Hüllen" für Gottes Zorn.

Damit haben Sie einen Kosmos, in dem jedes Phänomen mit Notwendigkeit auftritt. Alles läuft ab wie eine gigantische Maschine – und das Individuum ist ein kleines Rädchen. Diese Theorie der Vorherbestimmtheit – theologisch: „Prädestination" – wird die europäischen Denker noch Jahrhunderte beschäftigen. In der Genfer Reformation und dem späteren Calvinismus wird sie eine Schlüsselrolle spielen. Aber auch nichtchristliche Denker werden Freunde einer total bestimmten – „determinierten" – Welt sein. Die prominentesten unter ihnen sind Baruch Spinoza und Albert Einstein.

Dem eigensinnigen Iren Johannes passt eine Welt, in der der Mensch keinen freien Willen hat, überhaupt nicht in den Kram.

Schon Gottschalks Prämisse, dass Gott absolut unveränderlich sei, widerstrebt zutiefst seiner keltischen Seele. Zeigt sich das Göttliche in der Welt wirklich in dem einen, einzigen, notwendigen Ablauf aller Dinge – oder nicht vielmehr darin, dass es unendlich viele Möglichkeiten gibt, wie Menschen sich entscheiden, wie der Weltprozess weitergehen könnte? Und kann ein allwissender Gott nicht das alles voraussehen – und trotzdem den Dingen auch ihren Lauf lassen, weil er selbst frei, veränderlich und dynamisch ist? Der Mensch ist – innerhalb gewisser Grenzen – frei. Davon ist Johannes überzeugt. Weil auch Gott „frei“ – im Sinne von souverän agierend – ist.

In seinem Gegengutachten setzt Johannes nun vor allem dort an, wo Gottschalk von der „Güte“ und dem „Zorn“ Gottes spricht. Wenn Gott „gütig“ oder „zornig“ sein soll, dann setzt das die Freiheit des Menschen notwendig voraus. Denn warum sollte er sich sonst freuen oder ärgern? Und wenn in der Bibel steht, Gott beurteile jeden Menschen gerecht, so setzt auch das die Willensfreiheit des Menschen notwendig voraus. Denn wie soll über jemanden geurteilt werden, der keine Wahl hat? Johannes folgert daraus wiederum, dass alle Christen sich um wahres Wissen bemühen sollen, damit sie sich die richtigen Handlungsziele setzen und diese verfolgen können. Freiheit ist eben auch ein Risiko – aber Wissen hilft, es zu meistern! Und die richtigen Ziele definiert Johannes – ganz klassisch-griechisch – als diejenigen, die den Menschen auf Dauer wahrhaft glücklich machen.

Das Gutachten wurde ein Schlag ins Wasser, ein totaler Flop. Der Auftraggeber, Erzbischof Hinkmar, las es, bekam einen roten Kopf, schloss es in seinen Schrank ein und sprach nie wieder davon. Und hätte König Karl seinem Johannes nicht vorbehaltlos vertraut, dann hätte dieser vielleicht sogar persönliche Konsequenzen fürchten müssen. Johannes war seiner Zeit einfach weit voraus. Er hatte in dem Gutachten eine Methode der Argumentation angewandt, die seine frommen Zeitgenossen befremdete.

Zwar kannte man seit Alkuin im wissenschaftlichen Lehrbetrieb des Frankenreichs die Beweisführung – sonst hätte ein Bischof ja kaum in einer Streitfrage ein Gutachten angefordert –, doch stützte man sich dabei auf eine einzige Methode, nämlich den sogenannten Autoritätsbeweis. Man stellte zusammen, was zu einem bestimmten Problem in der Bibel stand und was die anerkannten Autoritäten der Kirche dazu gesagt hatten und destillierte daraus schließlich – durchaus um Logik bemüht – eine möglichst widerspruchsfreie Aussage.

Johannes dachte nun an die scharfsichtige Göttergehilfin Dialectica und wandte einen argumentativen Dreischritt an, der im besten Sinn klassisch genannt werden darf. Im ersten Schritt nimmt er einen anerkannten Satz. Etwa: Gott ist gerecht. Im zweiten Schritt zieht er nun daraus logische Schlussfolgerungen. Er sagt beispielsweise, dass es unsinnig wäre, von Gott als gerecht zu sprechen, wenn der Mensch keine Handlungsalternativen besäße. Im dritten Schritt fügt er dann Zitate und Beispiele an, die seine Schlussfolgerung stützen. Entscheidend ist dabei, dass er in theologischen Fragen überhaupt irgendetwas logisch ableitet! Damit geht er weg von einer Theologie, die sich als reine Schriftdeutung versteht und ausschließlich die Texte der Bibel sowie die Werke anerkannter Schriftgelehrter analysiert. Er öffnet das Christentum in nie gekannter Weise für die Möglichkeiten der Philosophie. Und er rechnet dabei fest mit Erkenntnissen über die Offenbarung der Bibel hinaus.

Das Gutachten des Johannes zur Prädestination wurde in den Folgejahren zweimal amtskirchlich verurteilt. Klerikale Hierarchen wussten nur zu gut, was ihnen blühen würde, sobald jedermann mit rationalen Argumenten kommen könnte. Sie könnten sich nicht mehr allein auf ihr Amt, ihre Bibelfestigkeit und ihre Kenntnisse der Kirchenväter herausreden. Ihr Leben wäre erheblich anstrengender! Zwar wurde noch niemand im umgebauten weißen Benz durch eine jubelnde Menge kutschiert, aber prunkvolle Feierlichkeiten abzuhalten, war fraglos schon damals angenehmer, als sich den Argumenten von Kritikern zu stellen.

Karl den Kahlen ließ der ganze theologische Hickhack im Übrigen ziemlich kalt. Er erteilte Johannes den nächsten wissenschaftlichen Großauftrag und bestellte eine lateinische Übersetzung der Werke eines seit dem Ende des 5. Jahrhunderts bekannten Autors, von dem man glaubte, es handle sich um Dionysios Areopagita. Das war der laut Apostelgeschichte von Paulus höchstpersönlich zum Christentum bekehrte erste Bischof von Athen. In Wirklichkeit wusste – und weiß bis heute – kein Mensch, wer dieser Griechisch schreibende, doch möglicherweise aus Syrien stammende Autor gewesen ist. Aber er hatte auf eine Art und Weise Platon mit christlichem Gedankengut verschmolzen, die das frühe Mittelalter elektrisierte.

Aber – was war eigentlich das Erbe Platons? Und was machte es für Christen so spannend? Platons Philosophie liegt der Gedanke zugrunde, dass hinter aller Veränderlichkeit eine feste, unerschütterliche Ordnung steht. Ganz ähnlich sehen Christen Gott als einen Schöpfer, der den Kosmos nach seinen Vorstellungen gestaltet hat. Platon kennt allerdings keinen religiösen Offenbarungstext. Die Göttergeschichten der Griechen waren sicherlich Kulturgut – aber für das Denken eines Athener Intellektuellen der Wende vom fünften zum vierten vorchristlichen Jahrhundert irrelevant. Die Denkmode seiner Zeit, dass es keine Wahrheit, sondern nur subjektive Meinungen gebe, lehnt Platon ab. Die Wahrheit steht aber auch nicht einfach irgendwo. Jeder muss sich selbst auf die Suche nach der Wahrheit machen.

Bei dieser Wahrheitssuche geht Platon über seinen Lehrer Sokrates hinaus, der sich damit begnügt hatte, den Menschen ein kritisches Hinterfragen des scheinbar Selbstverständlichen zu empfehlen. Diese sokratische Methode, seine „Hebammenkunst", den Menschen bei der „Geburt" eigener Einsichten zu helfen, war geistesgeschichtlich ein Riesenschritt. Aber Platon stellte dann eine ausgeklügelte Wahrheitstheorie auf, seine berühmte „Ideenlehre". Danach sind die Dinge der materiellen Welt nur Abbilder der dahinterstehenden Ideen. Und diese Ideen wiederum stehen in einem Ordnungszusammenhang, an deren Spitze die höchste Idee – die Idee des Guten – steht. Der Mensch gehört nun sowohl der Erscheinungswelt als auch der Ideenwelt an. Doch über die materielle Welt erlangt er letztlich nie sicheres Wissen. Nur wenn er geistig zu den dahinter liegenden Ideen aufsteigt, findet er Wahrheit und Sicherheit.

Christliche Denker wie Cassiodor oder Alkuin haben Platon so interpretiert, dass der Mensch sich stufenweise selbst verwirklicht, indem er sich Gott annähert. Pseudo-Dionysios Aeropagita hat hier eine weniger lebenspraktische, sondern stärker metaphysische, auf eine Erklärung des Weltganzen und des Kosmos zielende Perspektive. Wie alle christlichen Platoniker identifiziert er Platons oberste Idee des Guten mit dem Gott der Bibel. Gott – das „Über-Eine" – enthält alle Prinzipien des Seins und verleiht der Welt „aus sich" heraus ihre Wirklichkeit. Das heißt, Gott hat sich den Kosmos, die Erde, die Menschen buchstäblich „aus-gedacht" – Platons Ideen sind Gedanken aus Gottes Geist. Damit finden sich, vom Boden der Erde aus betrachtet, in Gott die „Urbilder" – griechisch: „paradeigmata" – aller existierenden Dinge. Nichts, aber auch gar nichts passiert, ohne dass Gott es vorher schon einmal durchdacht hätte!

Das hat Konsequenzen. Die aus Gott hervorgegangene Welt ist dann in allem sein Abbild. Gottes Gedanken stecken überall drin. Aber – Achtung! – nicht Gott selbst lebt in der „Natur". Die geschaffene Welt ist vielmehr eine abhängige, zeitliche, unvollkommene Welt und vom göttlichen Wesen deutlich zu unterscheiden. Und das Böse in der Welt? Gibt es eigentlich gar nicht! Für alle großen Denker, die sich auf Platon und Aristoteles berufen, ist das Üble, das Schlechte, das Böse ein Mangel an Gutem. Es hat keine eigene Wirklichkeit. Grob verdeutlicht: Wenn ein Eimer ein Loch hat, dann ist er zwar unbrauchbar – aber Sie können immer noch den Eimer mit nach Hause nehmen. Versuchen Sie mal, nur das Loch mitzunehmen. Geht nicht? Eben. Genauso stellen die Platoniker sich das mit der Welt und ihrer Unvollkommenheit vor.

Die Welt ist also gut, denn sie geht aus Gott hervor, sagt Pseudo-Dionysios. Und Gott verwendet eine Stufenfolge! Und diese platonische Treppenleiter ist eben universell einsetzbar – in der Ethik, in der Metaphysik, in der Kosmologie, überall. Wenn Pseudo-Dionysios über Johannes und andere ins Mittelalter einfließt, dann festigt sich hier der für diese Epoche so charakteristische Gedanke einer hierarchischen Ordnung, einer abgestuften Schichtung der gesamten Wirklichkeit. Je näher etwas an dem vollkommen in sich ruhenden Gott ist, desto mehr hat es an ihm Teil und desto größer ist seine „innere Einheit". Je ferner etwas von Gott ist, desto verstreuter und vielgestaltiger ist es auch – so wie Kieselsteine an einem Strand.

Pseudo-Dionysios teilt daraufhin alles hübsch ein, was sich irgendwie einteilen lässt. So durchsucht er beispielsweise die Bibel nach sämtlichen in ihr vorkommenden Engelnamen und stellt dann eine hierarchische Ordnung der Engel auf. Dabei wärmt es das Herz des Zahlenmystikers, dass sich die Engel der heiligen Dreizahl gemäß genau als drei mal drei ordnen lassen. Mit seinem exakten Stufenmodell der Wirklichkeit greift Pseudo-Dionysios aber auch in den Streit um die Lehren des Arius ein. Denn natürlich hat auch Jesus Christus in der Stufenfolge seinen Platz – als der Erste, der aus Gott hervorgegangen ist und als Einziger an allem teilhat, was Gott ausmacht.

Als Johannes seine Übersetzung der Werke des Pseudo-Dionysios endlich seinem Auftraggeber Karl überreichen kann, ist dieser enttäuscht. Er hatte sich eine verständliche, flüssige, leicht lesbare lateinische Übersetzung gewünscht. Doch Johannes ist für eine „freie" Übersetzung viel zu verliebt in die griechische Sprache. Sein Pseudo-Dionysios ist genauso schwere Kost wie alle bisherigen Übertragungen ins Lateinische, die von den Römern übernommene Bildungssprache. Johannes hatte sich in

Pseudo-Dionysios festgebissen – aber nur so kann er jetzt sein eigenes philosophisches Hauptwerk schreiben, das unmittelbar an den spätrömischen Platoniker anknüpft.

Wahrscheinlich zwischen 862 und 864 arbeitete Johannes an einem Buch, das den griechischen Titel „Periphyseon" trägt, aber auch unter der lateinischen Entsprechung „De divisione naturae" – deutsch: „Einteilung der Natur" – bekannt geworden ist. Wie es sich für ein klassisches Fachbuch gehört, ist der Titel Programm: Johannes will die gesamte Wirklichkeit einteilen, ordnen, beschreiben. Das Ergebnis gilt heute als das größte philosophische System zwischen Augustinus und Thomas von Aquin. Klingt das nach einem knochentrockenen Schmöker, durch dessen 700 Seiten man sich so richtig quälen muss? Weit gefehlt. Johannes ist nun einmal ein Fan der alten Griechen, und so schreibt er sein großes Werk in Form eines recht lebendigen philosophischen Dialogs zwischen einem Lehrer und seinem Schüler. Der beginnt ungefähr so:

> LEHRER: *Wenn ich so überlege und – sofern es meine Begabung erlaubt – näher untersuche, wie man alles nennen soll, was ist und was nicht ist, was man erkennen kann und was man nicht erkennen kann, dann kommt mir das griechische Wort „physis" und das lateinische Wort „natura" in den Sinn. Oder denkst du anders darüber?*
> SCHÜLER: *Nein, ich stimme dir zu. Denn wenn ich den Weg der Vernunft beschreite, geht es mir genauso.*
> LEHRER: *Natur ist also der Name für alle Dinge, die sind und die nicht sind.*
> SCHÜLER: *So ist es. Denn wir können an nichts denken, das nicht unter diesen Begriff fallen würde.*
> LEHRER: *Da wir uns also über diesen Gattungsbegriff einig sind, hätte ich gerne, dass du vorschlägst, in welche Arten wir ihn weiter einteilen sollen. Oder, wenn du willst, dann versuche ich zuerst eine Einteilung, und dein Part wird es sein, daran fundierte Kritik zu üben.*

Schüler: Bitte fang du an. Denn ich kann es kaum erwarten, deine wirkliche Vorstellung von dieser Sache zu hören.
Lehrer: Meiner Meinung nach muss man die Natur vierfach unterscheiden: erstens in das, was schafft, aber nicht geschaffen ist, zweitens in das, was sowohl geschaffen ist als auch schafft, drittens in das, was geschaffen ist, aber nicht schafft, während das vierte weder schafft noch geschaffen ist.

Dialectica, die Hüterin der Tafeln der Logik mit der Schlange unter dem Mantel, scheint Johannes hier die Feder geführt zu haben – denn er gründet den Weg zur Wahrheit in der kritischen Rede und Gegenrede zweier Personen. Am Rande bemerkt: Ich habe moderne wissenschaftliche Diskussionen erlebt, in denen ein weniger freundlicher Ton zwischen Lehrer und Schüler herrschte. Doch was ist das für eine eigenartige Unterscheidung der Wirklichkeit, die Johannes hier trifft? Sie verstehen das, wenn Sie sich Platon und Pseudo-Dionysios vergegenwärtigen. Denn Sie haben es hier mit einer lupenreinen platonischen Abfolge von „Seinsstufen" zu tun.

Was schafft, aber nicht geschaffen ist – das ist Gott. Er betrachtet sich selbst und findet in sich so allerhand vor, das er in die Tat umsetzen könnte. Das, was sowohl geschaffen ist als auch schafft – das sind die „Gedanken" Gottes, die (platonischen) Ideen, die Urbilder der Wirklichkeit. Sie sind dafür verantwortlich, dass die Dinge so sind, wie sie sind. Diese Ideen sind überzeitlich und existieren unabhängig davon, ob sie irgendwo Realitäten erschaffen. Was geschaffen ist, aber nicht schafft – das ist unsere raum-zeitliche Wirklichkeit, die aus den Ideen entstanden ist. Sie kann nicht selbst wieder schöpferisch sein. Es gibt eben nichts Neues unter der Sonne – jedenfalls nichts, was nicht vorher im göttlichen Geist schon einmal durchdacht gewesen wäre. Deshalb – und nur deshalb! – ist Gott in allem und alles auf der Welt eine Erscheinung Gottes. Das ist kein „Pantheismus" – keine Identität von Gott und

Welt –, denn die Trennung zwischen Stufe zwei und Stufe drei bleibt ja bestehen.

Die vierte und letzte Stufe ist etwas komplizierter. Die Welt ist Abbild der göttlichen Ideen – aber das immer unvollkommen. Alles, was von Gott kommt, strebt jedoch nach Vollkommenheit. Denn Gott ist vollkommen. Und so strebt letztlich alles zu Gott zurück! Was weder schafft noch geschaffen ist – das ist das, was etwas sein könnte, aber (noch) nicht ist. Es ist das *Potenzial* der Wirklichkeit – einschließlich des Menschen –, sich zu vervollkommnen und damit Gott ähnlicher zu werden. Johannes sagt: Der Mensch sieht, was ihm entgegentritt, als einen Ausdruck Gottes, nimmt es auf, integriert es in seine Persönlichkeit und wird so zu einem „zweiten Gott" – lateinisch: „altus deus". Eine heikle Formulierung, keine Frage! Aber denken Sie genau nach: Der Mensch wird nie selbst Gott – er bleibt Abbild des Vollkommenen –, aber er hat die Chance, Gott immer ähnlicher zu werden.

Für Johannes hat der Mensch also *unbegrenzte* Möglichkeiten, sich zu vervollkommnen! Sind wir in der italienischen Renaissance? Nein, im vermeintlich „finsteren" Mittelalter. Johannes denkt hier nur Platon und Augustinus weiter – und Thomas von Aquin wird an dieser Stelle noch mal einen Schritt weitergehen. Das sind alles keine Sektenprediger, sondern Menschen, die sich unendlich anstrengen, ihre Gedanken theoretisch abzustützen. Aber hinter allen diesen Anstrengungen steht immer die Frage, was der Mensch aus sich machen kann. Für Johannes eben so gut wie alles. Und zwar freiwillig. Dabei kann er Erfolg haben – oder scheitern.

Die Person, die irgendwann als vollendete menschliche Natur zu ihrer Idee in Gott zurückgekehrt ist, erlebt für Johannes das „Paradies". Und die Person, die für immer in den flüchtigen Umständen der Zeit und ihren eigenen zwanghaften Phantasien gefangen bleibt, ist für Johannes in der „Hölle" gelandet. Weder Himmel noch Hölle haben für Johannes einen Ort – sondern es sind Geisteszustände von Geschöpfen. Die Idee des Menschen aber bleibt ewig im Geist Gottes bestehen, egal, was aus dem einzelnen Menschen wird.

Johannes Eriugena will den Menschen zu sich selbst und zur Erkenntnis der Größe Gottes führen. Mit seinem kühnen Gedankengebäude hat er aber fast alle seine Zeitgenossen überfordert. Und von seiner irischen Autoritätsskepsis fühlten sich nicht wenige Würdenträger des Mittelalters vor den Kopf gestoßen. „Alle und jede Autorität", schreibt Johannes einmal, „die nicht durch Vernunfteinsicht gestützt wird, muss schwach sein, während ein wahrer Vernunftgrund durch die ihm innewohnende Kraft unantastbar bleibt." Nach 877 verliert sich die Spur dieses großen Denkers. Er kam von irgendwo aus Irland, sagte in Frankreich, was er zu sagen hatte, und verschwand wieder von der Bildfläche.

Im Jahr 1225 wurde das Werk Eriugenas durch Papst Honorius III. als Häresie verurteilt, nachdem der Pantheist Amalrich von Bènes sich auf Johannes berufen hatte. Johannes hatte zwar das Wort „Natur" nur als Synonym für „alles, was ist" gebraucht – wie Sie vorhin gelesen haben – und kann beim besten Willen nicht als Pantheist gelten. Aber solche Feinheiten spielten in Häresieprozessen, die immer auch politisch waren, selten eine Rolle. Nach seiner kirchlichen Aburteilung geriet Johannes lange in Vergessenheit – bis er im 19. Jahrhundert keinen Geringeren als den deutschen Philosophen Georg Wilhelm Friedrich Hegel zu wahren Begeisterungsstürmen hinriss. Heute stößt Eriugena durchaus wieder auf ein breiteres Interesse. Aber wehe, Sie halten ihn für einen Schotten! Denn die Iren konnten die Schotten noch nie leiden – und sind mittlerweise mächtig stolz auf ihren Johannes. Es ist eben ein eigenwilliges Völkchen.

4 *Der Mediziner des Geistes*

Ibn Sina, genannt Avicenna (um 980–1037)

Ein Mann kommt in die Stadt und behauptet, ein Philosoph zu sein. Der Mann heißt Abu Abdallah an-Natili und hat in Bagdad studiert. Die Stadt, in die er kommt, heißt Buchara und ist die Residenzstadt der Saminiden im Nordosten Persiens. Der Ruf Bucharas als Hort der Dichter und Denker hat an-Natili hierher gelockt. Als der Wanderphilosoph seine Dienste anbietet, trifft er auf einen gebildeten Beamten des Emirs der Saminiden. Ein Philosoph – der kommt dem Beamten gerade recht! Denn er hat einen Sohn, der eigentlich schon alles weiß. Der im Alter von zehn Jahren den Koran auswendig gekonnt hat. Der bei einem Gemüsehändler im Handumdrehen die indische Mathematik – mit den Ziffern Eins bis Neun und der Null – gelernt hat. Und der mit dem Studium des Rechts – der Scharia – gerade ebenfalls fertig ist. Der Sohn heißt Abu Ali al-Husain ibn Abdallah ibn al-Hasan ibn Ali ibn Sina. Wie es sich für einen Jugendlichen gehört, wohnt er bei seinen Eltern. Und so bittet sein Vater den Philosophen Abu Abdallah an-Natili aus Bagdad, eine Weile als Gast im Haus der Familie zu verbringen. Und den Sohn des Hausherrn in Philosophie zu unterrichten.

Dem jungen Ibn Sina ist schnell langweilig. Zum Rechtsstudium war er bei Ismail, einem über Persiens Grenzen hinaus berühmten Juristen, den alle nur „den Asketen" nennen, ein- und ausgegangen. Dabei ist „der Asket" in Rechtsfragen ein Liberaler und hält beispielsweise den Alkoholgenuss in Maßen für in Ordnung. Der hagere Mann wird gefürchtet wegen seiner scharfsinnigen Argumente, deshalb hatte es Ibn Sina am Anfang Spaß gemacht, mit ihm zu diskutieren. Doch inzwischen kennt er die ganze Juristerei, die gleichzeitig islamische Theologie ist, genauso auswendig wie den Koran. Menschen wie sein Vater beschäftigten sich offenbar immer wieder mit denselben Problemen, und so erscheint es ihm überhaupt nicht mehr verlockend, dem Familienoberhaupt in den Staatsdienst nachzufolgen. Nein, der Junge, dem gerade die ersten Barthaare sprießen, braucht wieder eine neue geistige Herausforderung. Und er hat auch schon ein weiteres Gebiet im Auge – die Medizin!

Doch statt eines Arztes brachte sein Vater einen Mann ins Haus, der behauptete, ein Philosoph zu sein. An einem sonnigen Nachmittag setzten sich an-Natili, jener Philosoph, und Ibn Sina in den Schatten vor dem Haus. An-Natili hatte ein Buch dabei, das er „Eisagoge“ nannte. Das sei griechisch, erklärte der Philosoph dem Jungen, und bedeute so viel wie „Einführung“. Der Autor des Buches sei ein Denker namens Porphyrios, und das Buch sei wiederum eine Einführung in das Werk eines anderen Philosophen. Dieser heiße Aristoteles und habe vor vielen hundert Jahren in Athen gelebt.

Da drängte Ibn Sina den Philosophen an-Natili aus Bagdad, er solle endlich zur Sache kommen: „Worum geht es in dem Buch?“ Nachdem an-Natili kurz überlegt hatte, sagte er: „Es geht um die Antwort auf die Frage, *was* etwas ist.“ Und als Ibn Sina überrascht die Augen aufriss, fügte an-Natili erläuternd hinzu: „Es gibt tausenderlei Dinge auf der Welt, aber wenn wir fragen ‚Was ist das?‘, dann weiß jeder dieselbe Antwort zu geben. Alle sagen: ‚Das ist ein Haus‘ oder ‚Das ist ein Baum‘. Ist das nicht merkwürdig? Jedes Haus sieht anders aus und kein Baum gleicht dem anderen. Aber wenn du die Menschen fragst, was das sei, dann fangen sie nicht an, die einzelnen Merkmale zu beschreiben, sondern sagen mit fester Stimme: ‚Das ist ein Haus.‘ Oder: ‚Das ist ein Baum.‘“

Ibn Sina war vollkommen fasziniert. Über das, was an-Natili, der Philosoph, da sagte, hatte er noch nie nachgedacht. Dabei waren diese Gedanken so einfach – vorausgesetzt, jemand hatte sie einmal ausgesprochen. Ibn Sina wollte unbedingt mehr erfahren. Er wollte sich das ganze Buch vornehmen und von an-Natili alles erklärt bekommen. Und so saßen die beiden jeden Nachmittag über der Isagoge des Porphyrios. Doch bald langweilte sich Ibn Sina. Nachdem an-Natili ihm etwas erklärt hatte, nahm er das Buch selbst in die Hand, las den Text noch einmal und erklärte an-Natili dann, was hier eigentlich gemeint war.

Schließlich fragte Ibn Sina den Philosophen an-Natili, was die schwierigste Stelle in dem Buch des Porphyrios über Aristoteles sei. Nachdem an-Natili kurz überlegt hatte, sagte er: „Du kennst ja nun die Antwort auf die Frage, was etwas ist. Die Antwort sind die Allgemeinbegriffe, wie ‚Haus' oder ‚Baum'. Aber was ist die Natur dieser Allgemeinbegriffe? Sind sie von unserem Denken abhängig oder sind sie unabhängig? Wenn sie von unserem Denken unabhängig sein sollten, existieren sie dann als wirkliche Dinge? Und wenn es wirkliche Dinge sind, sind sie dann von der Materie getrennt oder mit ihr verbunden?" Für eine Minute schwieg Ibn Sina. Dann fragte er seinen Hauslehrer: „Und was antwortet Porphyrios auf diese Fragen?"

„Nichts", erwiderte an-Natili. Porphyrios lasse diese Fragen ausdrücklich offen. „Dann gib du mir die Antwort auf die drei Fragen", forderte Ibn Sina. „Sind die Allgemeinbegriffe nur in unserem Denken oder nicht? Sind sie wirklich oder nicht? Sind sie in den Dingen oder nicht?" An-Natili schaute auf den Boden und schwieg. Auch Ibn Sina schwieg. Beide schwiegen über eine Stunde lang. Dann sagte an-Natili: „Ich weiß es nicht. Ich kenne die Antworten auf diese Fragen nicht."

Bald darauf verließ an-Natili das Elternhaus von Ibn Sina. Er ging in die nächste Stadt und behauptete, ein Philosoph zu sein. Doch vorher redete er auf Ibn Sinas Vater ein und beschwor ihn, sein Sohn solle sich im Leben mit nichts anderem als mit Philosophie beschäftigen. Er solle alle Aspekte der Philosophie, insbesondere die Logik und die Metaphysik, genauestens studieren. Denn er sei der geborene Philosoph. Ibn Sina allerdings war wieder einmal langweilig, und so wandte er sich endlich der Medizin zu. Er besorgte sich in den Bibliotheken alle dazu verfassten Bücher und lernte sie auswendig. Die Medizin kam ihm als keine besonders schwierige Wissenschaft vor, aber sie hatte nur dann Sinn, wenn sie durch praktische Erfahrungen ergänzt wurde. So lernte er bei dem bekannten Arzt al-Qumris, wie man mit allen üblichen Behandlungsmethoden Kranke heilt. Mit 16 Jahren beherrschte Ibn Sina die Medizin so gut, dass er als Arzt praktizieren und in diesem Beruf fortan seinen Lebensunterhalt verdienen konnte.

Doch die Philosophie ließ ihn nicht los. Da waren diese verdammten Fragen, auf die an-Natili keine Antwort gewusst hatte! Und auf eine Frage keine Antwort zu wissen, machte Ibn Sina nervös. Er beschloss, neben seiner Arbeit als Arzt das Studium der Philosophie zu wiederholen und zu vertiefen. Er besorgte sich alle erhältlichen philosophischen Bücher und beschäftige sich jede Nacht damit. Wenn er müde wurde, trank er einen Becher Wein, um wieder zu Kräften zu kommen. Und beschäftigte sich dann weiter mit Philosophie. Schlief er dennoch ein, dann wurden ihm die philosophischen Probleme im Traum klarer. Als er wieder aufwachte, schrieb er auf, was er geträumt hatte.

Eines Tages kaufte er ein ganzes Buch von Aristoteles. Es war die „Metaphysik", jene göttliche und höchste Wissenschaft, zu der Porphyrios mit seiner Isagoge den Leser hinführen wollte. Der erste Satz lautete: „Alle Menschen streben von Natur aus nach Wissen." Doch bald verstand Ibn Sina überhaupt nichts mehr. Das Buch war das schwierigste Werk, das er jemals in der Hand gehabt hatte. Der junge Arzt las es wieder und wieder, insgesamt vierzig Mal. Er konnte es schließlich genauso auswendig wie die meisten anderen seiner Bücher. Doch er begriff nichts.

Immer, wenn Ibn Sina beim Denken nicht mehr weiterkam – was hin und wieder passierte –, ging er in die Moschee und bat Gott, ihm bei der Lösung zu helfen. Eines Mittags, er hatte die Metaphysik von Aristoteles längst auf den großen Stapel gelegt, kam er vom Gebet und schlenderte an den Ständen der Buchhändler auf dem Marktplatz vorbei. Plötzlich stellte sich ihm einer der Buchhändler in den Weg und redete ohne Pause auf ihn ein. Weil Ibn Sina so gebildet aussieht, will der Händler ihm unbedingt ein Buch verkaufen, das für die übrigen Käufer zu schwierig ist. Ibn Sina nimmt es kurz in die Hand, doch er will sich den Ladenhüter nicht andrehen lassen. Da bestürmt ihn der Händler: „Kaufe es doch, kaufe es, bitte! Sein Vorbesitzer braucht dringend das Geld, und ich lasse es dir für nur drei Dirham."

Ibn Sina kaufte das Buch, um den Händler endlich los zu sein. Und als er so weiter über den Marktplatz schlenderte, blätterte er das Buch auf und fand heraus, dass der Autor Abu Nasr Muhammad al-Farabi hieß. Und dann las er den Titel des Buches, der lautete: „Über die Absichten des Buches der Metaphysik des Philosophen Aristoteles". Ibn Sina eilte nach Hause und machte sich sofort an die Lektüre. Da begriff er endlich, was es mit der Metaphysik von Aristoteles auf sich hatte. Und vielleicht würde er ja auch noch die Antworten auf jene Fragen finden, bei denen an-Natili ratlos gewesen war. Nachdem er die Nacht durchgearbeitet hatte, ging Ibn Sina am nächsten Morgen in die Moschee und gab ein großzügiges Almosen für die Armen, um Gott zu danken …

So ungefähr könnte es in der Jugend des berühmtesten arabischen Arztes und Philosophen des Mittelalters zugegangen sein. Ibn Sina, den der lateinische Westen später Avicenna nennt und der heute vielen Lesern aus Noah Gordons Weltbestseller „Der Medicus" bekannt ist, berichtet in seiner Autobiographie stolz über seine Zeit als Wunderkind. Orientalische Übertreibung? Sicher hier und da. Wobei es die Heiligenlegenden des mittelalterlichen Europa mit der Wahrheit meist viel weniger genau nehmen. Und hier immerhin ein Mann schreibt, der sich als Wissenschaftler begreift. Was Ibn Sina der Nachwelt überliefert hat, gilt alles in allem als historisch haltbar. Vor allem die von ihm erwähnten Figuren sind real. So war Abu Abdallah an-Natili tatsächlich um das Jahr 1000 unserer Zeitrechnung als Wanderprediger in Persien – zu dem auch Buchara im heutigen Usbekistan zählte – unterwegs. Und er hinterließ einige philosophische Schriften, die Orientalisten als so unausgegoren bezeichnen, dass Ibn Sina ihn wirklich als inkompetent erlebt haben könnte.

Oder nehmen Sie Abu Nasr al-Farabi. Der Autor galt als Koryphäe und war tatsächlich Aristoteles-Experte. Schon als Kind kam er nach Bagdad, das geistige Zentrum der damaligen arabischsprachigen Welt. Er studierte zunächst aristotelische Logik bei Yuhanna ben Haylan, einem Christen und Anhänger der sogenannten Alexandrinischen Schule. In der Kulturmetropole Alexandria mit ihrer gigantischen Bibliothek war in der späten Antike das wissenschaftliche Erbe der Griechen gepflegt worden wie nirgendwo sonst. Die örtlichen ptolemäischen Machthaber hatten den Ehrgeiz gehabt, ihre Bibliothek mit Texten aller Völker, Kulturen und Religionen auszustatten. So verband sich dort über die Jahrhunderte das griechische Wissen unter anderem mit jüdischen und christlichen sowie im frühen Mittelalter schließlich mit arabischen Einflüssen.

Und wie kam die griechische Wissenschaft dann nach Bagdad? Nun, ganz einfach durch die hohe Mobilität der Menschen in den damaligen Imperien: „Die Werke von Aristoteles, Euklid, Ptolemäus, Hippokrates, Galen sind mit den ketzerischen Christen – Monophysiten und Nestorianern – sowie den von Byzanz verfolgten Juden in den Orient gelangt und von ihnen den islamischen Bibliotheken vermacht worden, die sie großzügig aufnahmen“, schreibt der Historiker Jacques Le Goff. Bagdad wurde so zu einer Art Zwischenspeicher für das gesamte wissenschaftliche Erbe der Griechen. Hier wurde es gehegt und gepflegt, bis es dann als kultureller Import ab dem 12. Jahrhundert bis nach Nordwesteuropa kam.

Hatte Isidor von Sevilla im Westen mühsam die Reste der griechischen Wissenschaftstradition zusammengekratzt, war im Osten alles in Fülle vorhanden. In den Bibliotheken der arabischen Welt waren 100.000 Bücher keine Seltenheit – während die berühmten europäischen Kloster- und Kathedralbibliotheken um die Jahrtausendwende stolz auf ihre jeweils rund 100 Bände waren. Aristoteles war im lateinischen Westen bis auf klägliche Reste völlig vergessen. In Bagdad übertrug eine legendäre Übersetzerschule sämtliche Werke von Aristoteles in ein – wie Orientalisten versichern – glänzendes und facettenreiches Arabisch. Die Übertragung der Inhalte erfolgte ausgesprochen gewissenhaft und zuverlässig.

Al-Farabi, der Autor der Einführung in die Metaphysik des Aristoteles, die Ibn Sina auf dem Marktplatz von Buchara angeboten bekam, hatte also eine philosophische Ausbildung genossen, wie man sie auch im alten Griechenland nicht besser hätte haben können. Bei Abu Bisr Matta ibn Yunus, einem christlichen Aristoteliker, der in Bagdad als Übersetzer und Kommentator griechischer Werke tätig war, hatte al-Farabi seine Studien vertieft. Schließlich wurde er selbst ein begnadeter Übersetzer und Kulturvermittler, der der arabischsprachigen Welt den gesamten Platon und Aristoteles nahebrachte. Genau wie die christlichen Autoren dieser Zeit, gibt er dabei auch einen kräftigen Schuss spätantiken Neuplatonismus hinzu. Außerdem schrieb er eigene Bücher über Logik, Ethik, Politik, Mathematik, Metaphysik und Musik, die später – im 11. und 12. Jahrhundert – ins Hebräische und Lateinische übersetzt wurden und dann auch in Europa kursierten.

Merken Sie etwas? Diese Welt des Mittelalters, voller Durchlässigkeit und kulturellem Austausch, ist nicht unsere moderne Welt der starren nationalstaatlichen und ideologischen Grenzen. Wir neigen ja dazu, unser heutiges politisches System für der Weisheit letzten Schluss zu halten – zumal in Deutschland, wo das halbe 19. Jahrhundert damit verbraten wurde, endlich den erlösenden Nationalstaat zu erringen –, und können uns Alternativen in Form lockerer und offener Verfassungen praktisch nicht mehr vorstellen. Doch wenn ich alle paar Wochen am Flughafen in der Warteschlange vor der Ausweiskontrolle stehe, muss ich zwangsläufig ans Mittelalter denken. Insbesondere, wenn es vor mir nicht weitergeht, weil ein Bürger eines arabischen Staates sich vor der Polizei dafür rechtfertigen muss, auf der Welt zu sein und sich auf ihr bewegen zu wollen. Angehörige einer Kultur, ohne die Aristoteles verloren gewesen wäre, ja der wir letztlich unsere moderne Wissenschaft verdanken, stehen bei uns pauschal unter dem Verdacht, Terror verbreiten zu wollen. Immerhin – der Gedanke, dass die Welt einmal anders war und irgendwann wiederum ganz anders sein könnte, macht mich in der Warteschlange wieder geduldig.

Im arabischen Sprachraum zu Ibn Sinas Zeit bemühten sich Muslime, Juden und Christen gemeinsam um den wissenschaftlichen Fortschritt. Sie studierten griechische, römische, indische und altpersische Texte. Sie vertieften sich in ihre eigenen religiösen Offenbarungsschriften – Thora, Bibel und Koran – und fragten sich, wie sich diese zu den Erkenntnissen der rationalen Wissenschaft verhielten. Die berühmten Bibliotheken konnte jeder nutzen – egal welcher Herkunft und Religion. Jeder diskutierte mit jedem, zumindest unter den Intellektuellen.

Dabei zeigte das arabische Reich politisch bereits erste Verfallserscheinungen. Das Hochkalifat mit seiner zentralistischen Verwaltung, samt Münzwesen und einheitlicher arabischer Amtssprache, war 945 zu Ende gegangen. Der Kalif blieb das repräsentative Oberhaupt der Araber, während lokale Herrscher – Emire und Wesire – die eigentliche Macht übernahmen. Aber der Frieden mit den Nachbarn hielt – erst der lange Abnutzungskrieg gegen Byzanz und die Turkvölker würde die Blüte der arabischen Welt schließlich absterben lassen. Noch gediehen im Zeichen des Friedens alle wissenschaftlichen Disziplinen, Literatur und Musik und nicht zuletzt die Wirtschaft. Die Handelsstraßen führten von der Wolga bis nach Bagdad. Die Küsten des Kaspischen Meeres waren ein beliebter Treffpunkt der Kaufleute. Hier wurden Wein, Früchte, Parfüm, Seide, Leinen, Baumwolle, Waffen, Geräte, Spiegel und Schmuck umgeschlagen. Die Silbermünzen der Saminiden – aus der Heimat Ibn Sinas – verbreiteten sich bis nach Island und Schweden.

Ibn Sina, das Wunderkind, fand also ausgezeichnete Bedingungen vor, um alle seine geistigen Kräfte zu entfalten. Das hatte er mit Aristoteles gemeinsam, dem philosophischen und naturwissenschaftlichen Universalgenie, das sich über seine Lebensumstände auch nie beklagen musste. Und Aristoteles war der *cultural hero*, an dem die arabischen Wissenschaftler Maß nahmen. Um den Titel des „zweiten" oder „arabischen" Aristoteles war längst ein heimlicher Wettstreit entbrannt. Al-Faribi kam in die engste Wahl, sollte aber von Ibn Sina noch überflügelt werden. Doch einstweilen nannten die Araber Aristoteles einfach nur „den Philosophen" – eine Bezeichnung, die im 13. Jahrhundert auch Thomas von Aquin in seiner „Summe der Theologie" immer dann verwenden wird, wenn er Aristoteles zitiert. Schließlich hat Thomas das Wissen über dessen Werke letztlich von den Arabern.

Als Arzt arbeitete Ibn Sina im Laufe seines Lebens für die unterschiedlichsten lokalen Machthaber Persiens. Immer wieder mal musste er von einem Fürstenhof fliehen, weil sein Gönner in die Bredouille geraten war. Doch stets begleitete ihn sein treuer Freund und Schüler al-Juzjani. Ihm diktierte er auch seine zahlreichen Bücher. Sein Hauptwerk ist der „Kanon der Medizin", der schließlich auch in Europa das Grundbuch der Heilkunde des gesamten Mittelalters werden sollte. Gerhard von Cremona übersetzte es um 1150 in Toledo ins Lateinische. Diesem Werk ist es geschuldet, dass heute noch vor der medizinischen Fakultät der Pariser Sorbonne eine Statue Ibn Sinas zu sehen ist.

Doch Ibn Sina verbrachte die Nächte längst auch mit anderen Naturwissenschaften, mit Mathematik, mit Theologie und Philosophie, und scharte zahlreiche Schüler um sich. Er war ein Workaholic, der kaum schlief und in jeder Minute, die er sich nicht um seine Patienten kümmerte, entweder las oder diktierte oder dozierte. Das heißt, in fast jeder Minute. Nur eines konnte ihn von aller Arbeit und allem Denken abhalten – die Frauen. Laut seinem Schüler al-Juzjani war bei Ibn Sina unter allen „niedrigen" Antrieben der Seele – wie man es in bester aristotelischer Tradition nannte – die Libido mit Abstand am stärksten ausgeprägt. Wesentlich stärker noch als Hunger und Durst. Immer wieder mussten die Studenten warten, bis der Meister seine Gelüste gestillt hatte. Nun ja – die Männerphantasien einer Machokultur dürften an dieser Überlieferung nicht ganz unbeteiligt gewesen sein. Aber die Erzählung hat sicherlich einen wahren Kern – und wirft ein weiteres Schlaglicht auf einen Menschen, der das Leben körperlich, intellektuell und spirituell so weit wie irgend möglich ausschöpfen wollte. Den Preis dafür kannte Ibn Sina als Arzt nur allzu gut. „Ich habe lieber ein kurzes Leben in Fülle als ein langes karges Leben", sagte er einmal. *Live fast, die young.* Immerhin wurde Ibn Sina dann doch fast sechzig, bevor er – möglicherweise als Folge eines Burn-outs – an einer Infektion starb.

Zu Ehren Ibn Sinas druckte die polnische Post 1980 im Jahr seines tausendsten Geburtstags eine Briefmarke.

Seit Ibn Sina in seinen Jugendtagen dem eigenartigen Philosophen Abu Abdallah an-Natili begegnet war, beschäftige ihn immer wieder die Metaphysik. In den fast anderthalb Jahrtausenden, die zwischen Aristoteles und Thomas von Aquin liegen, ist er der Einzige, der auf diesem Gebiet um echte geistige Fortschritte ringt. Er will Aristoteles nicht bloß kommentieren. Er will über

Aristoteles hinauskommen, und er will mit den Instrumenten des Heiden aus dem alten Griechenland mehr über Gott herausfinden. So legt Ibn Sina, der spätere „Avicenna" der christlichen Theologen des 12. und 13. Jahrhunderts, den eigentlichen Grundstein der mittelalterlichen Metaphysik.

Doch Moment mal – was genau verstand man eigentlich unter dieser ebenso faszinierenden wie schwierigen Disziplin namens Metaphysik? Das Wort Metaphysik geht auf den griechischen Ausdruck „ta meta ta physika" zurück, was wörtlich „das, was hinter dem Stofflichen steht" bedeutet. Man kann es allerdings auch mit „das, was nach der Physik kommt" übersetzen – und das tun vor allem diejenigen, die sagen, dieser Begriff sei erst mit der Aristotelesausgabe des Andronikos von Rhodos im ersten vorchristlichen Jahrhundert aufgekommen. Andronikos stellte nämlich eine Studienausgabe der wissenschaftlichen Vorlesungen des Philosophen zusammen, die vorher ziemlich chaotisch überliefert worden waren. Die Bücher von Aristoteles fürs breite Publikum – ja, er hat solche geschrieben! – sind sogar für immer verloren gegangen. Der römische Staatsmann Cicero hat sie noch gekannt und zitiert aus ihnen. In der wissenschaftlichen Gesamtausgabe von Andronikos ist die „Metaphysik" tatsächlich das Buch, das nach dem Buch über die „Physik" kommt. Klar, dass diese Lesart heute populärer ist, weil sie so schön ernüchternd klingt.

Und dennoch trifft „ta meta ta physika" als „das, was hinter dem Physischen, Materiellen, Anfassbaren, Messbaren steht" – als eine zweite oder wesenhafte Wirklichkeit –, den Charakter dessen, was Aristoteles als die „erste Philosophie" oder „erste Wissenschaft" bezeichnet hat, ziemlich gut. Die Antike lässt der Gedanke nicht los, dass hinter der materiellen Welt noch etwas ist, was sich buchstäblich nicht auf den ersten Blick erkennen lässt – erste Ursachen, letzte Zusammenhänge, Grundideen. Begriffe wie Gott, Welt, Sein, Zeit oder Individuum sind metaphysische Begriffe, weil sie nicht sinnlich erfahrbar und physikalisch messbar sind. In diesem Sinne sind sie tatsächlich das, „was nach der Physik kommt". Kein Wunder, dass die großen Physiker der Moderne, wie Albert Einstein oder Werner Heisenberg, immer auch Metaphysiker waren. Gerade weil sie in ihrem Fachgebiet aufgingen, wussten sie offenbar: Da kommt noch etwas hinterher.

Platons Ideenlehre, die sich wie ein roter Faden durch die abendländische Geistesgeschichte zieht, ist so etwas wie der Inbegriff einer philosophischen Metaphysik. Die materiellen Dinge, sagt Platon, sind eigentlich nur Schatten der dahinterstehenden Ideen. Platons Schüler Aristoteles macht es sich dann zur Aufgabe, die Prinzipien und Ursachen der gesamten Wirklichkeit zu erforschen. Er begreift die Wirklichkeit als ein Ganzes und nennt das, was alles verbindet, das *Sein*. Und da in der gesamten Wirklichkeit alles eine Ursache hat, und jede Ursache wiederum eine Ursache, muss es eine *erste Ursache* geben, einen „unbewegten Beweger", wie Aristoteles sagt. Die christlichen Theologen des Mittelalters werden den Gedanken begierig aufnehmen und diesen „unbewegten Beweger" mit einem persönlichen Gott gleichsetzen. Aber das haben vor ihnen eigentlich schon die Araber gemacht. Unter ihnen ist Ibn Sina der wahrscheinlich kühnste Metaphysiker.

Ibn Sinas Metaphysik ist Teil eines mehrbändigen Werks mit dem arabischen Titel „Kitab al Shifa", was so viel bedeutet wie „Das Buch von der Genesung der Seele". Dieser Titel ist ausgesprochen originell. Ibn Sina, der berühmte Arzt, betrachtet die Philosophie offensichtlich als eine Art Medizin für die Seele. Unsicherheiten, Zweifel und Irrtümer sind für den menschlichen Geist, was Krankheiten für seinen Körper sind – Zustände, die ihn vom echten Menschsein abhalten. Deshalb ist es die Aufgabe der Philosophie – und insbesondere der Metaphysik –, den Menschen von den Unwahrheiten zu „heilen", die seinen Geist verwirren. Man mag aus heutiger Sicht über diesen Ansatz schmunzeln – doch immerhin überlegt hier ein Philosoph ganz praktisch, was er mit seiner Metaphysik den Menschen eigentlich zu geben hat. Al-Juzjani berichtet, Ibn Sina habe jeden Tag 50 Seiten seines Werks aus dem Gedächtnis diktiert. Nachdem er sich vorher jahrelang mit diesen Themen beschäftig hatte, flossen die Gedanken jetzt nur so.

Ibn Sina stellt gleich zu Anfang fest: Die Existenz Gottes ist nicht Gegenstand der Metaphysik! Es ist nicht die Aufgabe von Philosophen, zu „beweisen", dass Gott existiert. Das können sie nämlich gar nicht! Außerdem: Jede Wissenschaft betrachtet immer ein Gegebenes, dessen Existenz schon vorausgesetzt wird. Keine Wissenschaft beweist die Existenz ihres Gegenstands, sondern versucht, so viel wie möglich über ihn herauszufinden. Die Meteorologie versucht nicht zu beweisen, dass es Wetter gibt, sondern erforscht die Zusammenhänge des Wetters und leitet daraus – mehr oder weniger treffende – Wettervorhersagen ab.

Also womit beschäftigt sich Ibn Sina? Zunächst stimmt er Aristoteles zu, dass die Physik dann die „erste Wissenschaft" wäre, wenn es nur die stoffliche Welt gäbe. Aber Ibn Sina glaubt so wenig wie der alte Grieche, dass die Materie alles ist. Er glaubt es einfach nicht. Er hat andere Erfahrungen gemacht. Punkt. Beweisen kann Ibn Sina das nicht. Aber ausgehend von der Hypothese, dass es hinter den materiellen Dingen noch irgendeine andere Ordnung, irgendeinen höheren Zusammenhang gibt, macht er sich daran, die allgemeinsten Prinzipien des Seins durch intensives Nachdenken zu erschließen. Er tritt damit ein in den gedanklichen Kosmos der alten Griechen und begegnet denselben Fragen: Die nach dem Einen und dem Vielen, dem Allgemeinen und den Einzeldingen, nach Gott und der Schöpfung.

Nur Gott, sagt Ibn Sina – der seinen Aristoteles ja irgendwann begriffen hat –, ist unbedingtes, notwendiges Sein. Alles andere Sein ist lediglich möglich und in diesem Sinne „kontingent". Es ist da, aber es müsste nicht da sein. Gott verleiht dem kontingenten Sein aus sich heraus sein Dasein. Mit seinen Ideen formt er die Materie. Und das gilt – analog – auch für Gottes Geschöpfe. „Der Handwerker ist nicht die Ursache der Existenz eines Hauses, sondern die Ursache davon, dass Holz und Lehm zu dieser Stelle gebracht werden", schreibt Ibn Sina. Mit anderen Worten: Der Zimmermann baut das Haus zusammen, aber er *schafft* es nicht. Der Schöpfer ist der Architekt, der die Idee zu dem Haus hatte. Der Handwerker verwirklicht nur diese Idee. Und wer hatte die Idee zu einer Welt, in der sich Dinge zu Häusern umgestalten lassen? Antwort: Gott. Ibn Sina sagt: Gott, der einzig Notwendige, denkt sich ständig selbst. Und in diesem Denkprozess schafft er „Intelligenzen", aus denen letztlich die materielle Welt hervorgeht. Nicht die Materie selbst ist die Ursache der physischen Dinge, sondern es sind die Ideen dahinter. Platon lässt freundlich grüßen.

Nachdem Ibn Sina über alle diese Dinge nachgedacht hat, kann er endlich auch eine Antwort auf jene Frage aus seiner Jugend finden, die ihm an-Natili, der behauptete, ein Philosoph zu sein, nicht beantworten konnte. Sie erinnern sich: „Was ist die Natur der Allgemeinbegriffe? Sind sie von unserem Denken abhängig oder sind sie unabhängig? Wenn sie von unserem Denken unabhängig sein sollten, existieren sie dann als wirkliche Dinge? Und wenn es wirkliche Dinge sind, sind sie dann von der Materie getrennt oder mit ihr verbunden?"

Die Frage aus der Isagoge des Porphyrios geht letztlich auf einen Meinungsstreit zwischen Platon und Aristoteles zurück. Platon hatte gesagt, dass das Allgemeine – wie „Haus" oder „Baum" – völlig unabhängig von den Einzeldingen als „Idee" existiere und die einzelnen Gegenstände – Häuser, Bäume – nur durch die *Teilhabe* an den Ideen wirklich seien. Aristoteles meinte dagegen, das Allgemeine stecke in den Gegenständen selbst – als das Formprinzip, als eine Art immaterieller genetischer Code, der jedem Ding seine konkrete Gestalt verleiht. Ibn Sina sagt nun, dass das Allgemeine gleichzeitig *vor* den Dingen, *in* den Dingen und *nach* den Dingen ist.

Das Allgemeine ist *vor* den Dingen in Gottes Geist. Der göttliche Verstand hat die Ideen der Welt und des Menschen des

Baumes und des Hauses hervorbracht. Da Gott das einzig Seinsnotwendige ist, kann nichts sein, das Gott nicht vorher gedacht hat – alles Sein strömt aus ihm. Das Allgemeine ist aber auch *in* den Dingen, als jene Substanz, die ihnen ihre Merkmalseigenschaften verleiht. Die Idee eines Hauses steckt in jedem Haus. Und deshalb kann sie vom menschlichen Verstand auch wieder „herausgelesen" werden. Selbst wer das Haus nicht selbst entworfen hat, kann die Idee des Hauses erfassen. Durch Abstraktion der Idee aus dem Gegenstand. Insofern ist das Allgemeine dann *nach* den Dingen – bei jedem Menschen, der einen Gegenstand geistig erfasst hat.

Nun können Sie fragen, wie „heilsam" – im Sinne des Versprechens von Ibn Sina – solche Gedanken sind. Ist diese ganze Metaphysik nicht eher akademische Haarspalterei? Dann stellen Sie sich bitte einmal Folgendes vor: Sie liegen auf einem Operationstisch, ihr Herz schlägt, eine Maschine sorgt dafür, dass Sie atmen. Weil die Mediziner am OP-Tisch aber keine „Hirnströme" bei Ihnen mehr messen können, behaupten sie, Sie seien tot.

Eine angenehme Vorstellung für Sie? Möglicherweise nicht so wirklich. Und vielleicht deshalb nicht, weil die Behauptung, der „Hirntod" sei der Tod des Menschen, eben auch nur eine metaphysische Hypothese ist. Die sich ebenso wenig beweisen lässt wie alle anderen metaphysischen Hypothesen. Kann der Arzt absolut *sicher* sein, dass das beseelende Prinzip, das Sie zum Menschen macht, nicht mehr in Ihnen steckt, wenn seine Gehirnmessgeräte nichts mehr anzeigen? Vielleicht ist die Frage, über die der praktizierende Arzt Ibn Sina so lange nachdachte, ja so akademisch nicht …

Jedenfalls entscheidet Ibn Sina – ohne es ahnen zu können – eine der größten philosophischen Streitfragen der christlichen Denker des Mittelalters. Im „Universalienstreit" werden die Intellektuellen des 12. und 13. Jahrhunderts heftig aneinandergeraten. Mit „Universalien" meint das lateinische Mittelalter nichts anderes als das Allgemeine oder die Allgemeinbegriffe. Und der Streit dreht sich um genau dieselbe Frage, die Ibn Sina in seiner Metaphysik behandelt. Im 13. Jahrhundert wird Thomas von Aquin, der spätere Heilige und katholische „Kirchenlehrer", seine Lösung präsentieren. Er wird – in der Universitätssprache Latein – sagen: Die Universalien sind „ante rem, in re et post rem". Sie sind „vor den Dingen, in den Dingen und nach den Dingen".

Richtig, das ist die Lösung von Ibn Sina. Auch wenn sie in unseren Breiten meist als die von Thomas von Aquin gehandelt wird. Der hatte sie wiederum von Albert von Lauingen. Und der hatte sie aus arabischen Texten. So ist die christliche Theologie und Philosophie des Mittelalters ein breiter Strom, der sich aus vielen Quellen, Bächen und Flüssen speist. In diesem Fall floss das Wasser aus Athen über Rhodos, Alexandria, Bagdad, Buchara, Toledo und Sizilien nach Köln und Paris – um nur die wichtigsten Stationen zu nennen. Und an jedem Ort wurde etwas von dem dortigen Wasser beigemischt.

In wirklich wichtigen Fragen des Lebens waren sich der Dominikanermönch und christliche Großtheologe Thomas von Aquin und der islamische Arzt und Korankenner Ibn Sina also völlig einig. Wenn Sie wollen, ziehen Sie Ihre Schlüsse daraus. Wer sich heute weltoffen und tolerant geben möchte, der setzt sich für „interreligiösen Dialog" ein. Doch *Religionen* sind – im Gegensatz zu Geisteshaltungen von Individuen – geschlossene Systeme, die sich über gemeinsame Zeichen und Codes, Traditionen und Emotionen, Stifterpersönlichkeiten und „heilige Texte" definieren. Sie sind weder darauf angelegt noch überhaupt in der Lage, mit anderen geschlossenen Systemen in einen „Dialog" zu treten. Der philosophischen Metaphysik dagegen ist es gleich, ob Menschen Räucherstäbchen anzünden oder Weihrauchfässer schwenken. Es geht ihr um das, was alle Menschen untereinander und – eventuell – mit Gott verbindet. Es geht ihr um das, was – vielleicht – „hinter der Physik" noch kommt. Und was alle Menschen gleichermaßen betrifft.

5 *Der fromme Dialektiker*
Anselm von Canterbury (um 1033–1109)

„Was ist Wahrheit?" – dieses Bibelzitat ist ein beliebter Aufhänger für Philosophiedozenten, die eine Vorlesung oder einen Vortrag zum Thema „Wahrheit und Erkenntnis" halten. Das gilt zumindest für die ältere Generation von Geisteswissenschaftlern, denen die Bibel noch ein selbstverständlich vertrauter Text ist. Im 18. Kapitel des Johannesevangeliums wird Jesus nach seiner Verhaftung von Pontius Pilatus, dem römischen Präfekten der Provinz Judäa, verhört. Man wirft Jesus vor, das Volk aufgewiegelt und sich eigenmächtig zum politischen Führer der Juden erklärt zu haben. Pilatus fragt Jesus, ob er der „König der Juden" sei. Jesus antwortet, sein Königtum sei „nicht von dieser Welt". Da Pilatus diese Aussage verwirrt, präzisiert Jesus, er sei geboren und in die Welt gekommen, um „die Wahrheit" zu bezeugen. „Jeder, der aus der Wahrheit ist", fährt er fort, „hört auf meine Stimme." Und darauf entgegnet Pilatus trocken: „Was ist Wahrheit?"

Diese Textstelle hat Generationen von Philosophen elektrisiert – egal, ob es Christen waren oder nicht. Da steht ein Repräsentant der heidnischen Antike – mit der philosophischen Weisheit von Jahrhunderten hinter sich – vor dem Gründer der christlichen Religion – mit der jüdischen Weisheit von Jahrhunderten hinter sich – und stellt diese lakonische Frage in den Raum. Der Clou ist nämlich, dass die Frage unbeantwortet bleibt. Denn der nächste Satz im Johannesevangelium lautet: „Nachdem er" – also Pilatus – „das gesagt hatte, ging er wieder nach draußen zum Volk." Die Frage nach der Wahrheit erscheint wie „The Unanswered Question" in dem gleichnamigen Musikstück, das der amerikanische Komponist Charles Ives an der Schwelle zum 20. Jahrhundert geschrieben hat: ein Trompetenruf in ein großes Nichts, aus dem bestenfalls noch dissonante Fetzen zurückschallen.

Wenn Sie christliche Theologen fragen, dann werden zumindest einige unter ihnen gegen eine Lesart des Johannesevangeliums, die Pontius Pilatus mit seinem „Was ist Wahrheit?" zum Vertreter der philosophischen Skepsis macht, Einspruch erheben. Der anonyme Verfasser des Textes, dem die kirchliche Überlieferung das Pseudonym Johannes gegeben hat, ist kein Historiker, der die Lebensgeschichte Jesu protokollieren wollte. Vielmehr beschreibt er die Worte und Taten Jesu von Nazareth, die er wiederum aus Erzählungen anderer kennt, Jahrzehnte später unter dem Aspekt, was den Christen seiner Zeit wichtig ist. Mit „Wahrheit" meint Johannes – der in seiner Wortwahl stark von einer damals angesagten esoterischen Bewegung namens „Gnosis" beeinflusst ist – jene „Wirklichkeit Gottes, die in Jesus geschichtlich in Erscheinung getreten ist" (Gerhard Iber). Pilatus stellt daher nicht – wie ein neuzeitlicher Philosoph – die Möglichkeit des Zugangs zur Wahrheit infrage, sondern meint schlicht: Was soll's? Welche Rolle spielt die Wirklichkeit deines Gottes in einem Prozess nach dem Recht des römischen Kaisers? Das alles interessiert mich nicht.

Ein Text, ein Satz – zwei Deutungen. Der Philosoph versteht den Text ganz anders als der Theologe. Welche Lesart ist die richtige? Was ist die „Wahrheit"? Damit sind wir bei einem Kernproblem der Philosophie – von der Antike bis zur Gegenwart – und beim Lieblingsthema des mittelalterlichen Denkers Anselm von Canterbury. Der Frage nach der „Wahrheit" ist sein vielleicht interessantestes Buch gewidmet. Es heißt denn auch schlicht „Über die Wahrheit" – lateinisch: „De veritate". Und dieses Buch über die Wahrheit steigt genau bei dem Gedanken ein, dass es einen biblischen Sinn von „Wahrheit" gibt, der sich – so hat es zumindest den Anschein – von anderen Inhalten dieses Begriffs unterscheidet.

Wie Sie das schon von Johannes Eriugenas – zu seinen Lebzeiten unverstandenen – Meisterwerk „Periphyseon" kennen, ist Anselms Buch als Dialog zwischen einem fiktiven Lehrer und seinem Schüler aufgebaut. „Das lebendige Wort ist der ursprüngliche Ort des Denkens", begründet Anselm diese literarische Technik an anderer Stelle einmal. Der Schüler macht hier den ersten Spielzug auf dem philosophischen Brett und sagt:

> *Weil wir glauben, dass Gott die Wahrheit ist, und wir sagen, dass die Wahrheit in vielem anderen ist, möchte ich wissen, ob wir, wo immer von Wahrheit gesprochen wird, sagen müssen, dass sie Gott sei.*

Der Originaltext kommt sogar noch mit zwölf Wörtern weniger aus, um abschließend zu beschreiben, worum es in dem kompletten Buch gehen soll! Das lateinische Mittelalter macht eben ungern viele Worte, sondern geht lieber „in medias res" – zum sachlichen Kern. Aber was ist hier der Knackpunkt? Der Schüler macht zunächst eine Voraussetzung, er stellt eine Prämisse auf. Hier soll der Gedankenparcours beginnen; das nehmen wir als gegeben an. Diese Prämisse lautet: „Wir" – das heißt: die Christen – „glauben, dass Gott die Wahrheit ist". Und warum glauben „wir" das? Die Antwort kommt später im Text. Sie ist auf den ersten Blick nicht besonders originell und lautet: Weil es in der Bibel steht.

Anselm wird im weiteren Verlauf des Dialogs unter anderem die schon erwähnte Bibelstelle zitieren, an der Jesus sagt: „Ich bin geboren und in die Welt gekommen, um die Wahrheit zu bezeugen." Und er wirft dann ein vielleicht noch berühmteres Wort Jesu aus dem Johannesevangelium in den Ring: „Ich bin der Weg, die Wahrheit und das Leben – niemand kommt zum [göttlichen] Vater, außer durch mich." Und noch etwas weiter schließlich: „Ich bin in dem Vater, und der Vater ist in mir." Diese Zitate sind als Belege für Anselms Ausgangsthese bemerkenswert. „Gott ist die Wahrheit" steht nämlich nirgendwo ausdrücklich in der Bibel. Vielmehr sagt Jesus bei Johannes von sich, „die Wahrheit" zu sein, und nimmt außerdem für sich in Anspruch, „im" göttlichen

Vater und der einzige Weg „zum“ göttlichen Vater zu sein. Man muss ganz schön theologisch denken, wenn man daraus lesen will, dass „Gott die Wahrheit ist“. Das ist schon Christentum für Fortgeschrittene! Und sagt dann noch immer nichts darüber aus, was hier mit „Wahrheit“ *gemeint* ist.

Der Schüler in Anselms Dialog fährt nun fort, auch außerhalb von Bibel und Theologie werde bei vielen Gelegenheiten von „Wahrheit“ gesprochen. Er meint hier eine Alltagserfahrung und nimmt den Begriff so, wie er im üblichen Sprachgebrauch vorkommt. Lassen Sie mich mal kurz ein passendes Beispiel erfinden: Da rennt etwa ein Novize barfuß zum Abt des Klosters und behauptet, ein Mitbruder hätte seine Latschen versteckt, um ihn zu ärgern. Der Abt zieht dem Beschuldigten die Ohren lang und fragt ihn: „Ist das die Wahrheit?“ Daraufhin behauptet dieser Bengel frech, sein Kollege habe seine Latschen bloß verschlampt und wolle das ihm in die Schuhe schieben. Hier stellt sich dem Abt schließlich auch die Frage: Was ist die Wahrheit? Und das trotz des frommen Milieus nicht notwendigerweise im biblischen Sinn.

Aber eben das möchte der Schüler in Anselms Buch genauer wissen! Wenn die Bibel doch sagt, dass Gott die Wahrheit ist, und wir im Alltag ständig von der Wahrheit sprechen, sprechen wir dann im Alltag auch ständig von Gott? Liegt dann auch die Antwort auf die Frage, wo die Latschen des Novizen abgeblieben sind, in Gott? Falls nicht, dann muss es doch letztlich *zwei* Wahrheiten geben. Dann ist die Wahrheit der Bibel eine andere als die Wahrheit des Alltags.

Und jetzt ahnen Sie vielleicht, warum diese Frage Anselms der Dreh- und Angelpunkt der mittelalterlichen Philosophie ist. Sie bekommen eine Vorstellung davon, warum Anselm der „Vater“ der hochmittelalterlichen Schulphilosophie – der „Scholastik“ – genannt worden ist. Sie können nämlich „Bibel“ auch durch „Glaube“ und Alltag auch durch „Vernunft“ ersetzen. Und dann sind Sie bei der für die christliche Kultur so schicksalhaften Frage, ob es eine eigene Wahrheit des Glaubens gibt, die der Vernunft auch widersprechen kann, oder ob der wahre Glaube immer auch vernünftig ist – und umgekehrt die wahre Vernunft stets dem Glauben gemäß.

Höre ich da irgendjemanden raunen, das sei eine akademische Frage? Dann erkläre er bitte den Opfern der Zwangsbekehrungen, der Sodomie- und Hexenprozesse, ihr Tod sei akademisch zu verstehen. Und er rege sich bitte nicht über amerikanische Präsidenten auf, die sich auf göttliche Fügung berufen, wenn sie Jagdgeschwader der Air Force aufsteigen lassen. Nein, das hier ist kein akademisches Problem, sondern berührt die Herzkammer einer westlichen Kultur, die seit 2000 Jahren bis in ihre Tiefenstrukturen vom christlichen Glauben geprägt ist. Und es betrifft erst recht – und in den letzten Jahren verstärkt – das Verhältnis dieser Kultur zu anderen Kulturen, die von einem anderen Glauben ebenso sehr geprägt sind und diesen oft wesentlich kämpferischer vertreten als moderne Christen den ihren.

Wie verhalten sich also Glaube und Vernunft zueinander? Was ist im jeweiligen Sinn Wahrheit? Anselm von Canterbury steht mit dieser Frage an einer Epochenschwelle. „Ich glaube, um zu erkennen“ – lateinisch: „credo ut intelligam“ – lautet ein Satz von ihm, in dem man später sein philosophisches Programm zusammengefasst gesehen hat. Anselm will vernünftig denkend begreifen, was die christliche Kirche der Bibel gemäß glaubt. Nun können Sie sagen, das sei nicht ganz neu. Das stimmt. Bereits Augustinus ist ein philosophisch geschulter christlicher Denker. Auch Johannes Eriugena analysiert biblische Aussagen mit den Mitteln der Logik.

Neu ist aber, dass jetzt die *gesamte* christliche Lehre auf den Prüfstand der Vernunft kommen soll. Und die Zeit ist reif, um daraus in den Folgejahren eine breite intellektuelle Bewegung werden zu lassen. Nach Anselms Tod kommt es zur bereits erwähnten „Renaissance des 12. Jahrhunderts“ – einem Aufschwung auf den Gebieten der Wissenschaft, der Religion, der

Kunst, der Politik, der Wirtschaft und des Rechts, wie es ihn seit der Antike nicht mehr gegeben hat. Dann werden die gotischen Kathedralen in den Himmel wachsen und die Magister der neuen Universitäten sich zu geistigen Höhenflügen aufschwingen.

Doch am Anfang steht die Frage: Was ist Wahrheit? Seit dem Siegeszug des Christentums in Europa stehen Gläubige in einem Spannungsverhältnis zwischen religiösen Offenbarungen der Bibel und vernünftigen Erkenntnissen der antiken philosophischen Tradition. Im Grunde gibt es für christliche Denker nur zwei Auswege: den Widerspruch entweder auflösen oder ihn aushalten. Augustinus hatte gesagt: Der Mensch trifft die Wahrheit nur, insofern Gott seinen Geist erleuchtet. Und Johannes Eriugena meinte, wahrer Glaube und wahre Philosophie könnten sich niemals widersprechen. Beide wollen den Widerspruch auflösen.

In der heutigen Zeit sagen einige Christen: Die Welt ist durch den Abfall des Menschen von Gott vollkommen verlottert. Mit der Vernunft kommen wir nicht weit, denn sie ist von der Schlechtigkeit der Menschen und ihrer Gier nach Geld, Sex und Macht bestimmt. Nur die Bibel ist die Wahrheit – Gottes Wort, der Leuchtturm in einem Meer aus Lug und Trug. Diese Christen nehmen den Widerspruch zwischen Glaube und Vernunft als gegeben hin. Sie leben damit – ja, sie fordern sogar jeden ausdrücklich auf, sich auf die „richtige" von zwei möglichen Seiten zu stellen.

Anselm und mit ihm noch weitere Denker des Mittelalters nehmen sich dagegen nicht weniger vor, als die *gesamte* Wahrheit des Glaubens mit der *gesamten* Wahrheit der Vernunft in Einklang zu bringen. Die Philosophen der Scholastik werden das unterschiedlich angehen, und sie werden dabei immer wieder an Grenzen stoßen. Doch immerhin – sie versuchen es! Anselm, der ganz am Anfang dieser neuen rationalen Geisteshaltung steht, geht dabei stets vom Glauben aus. Die Bibel – nicht die Alltagserfahrung – gibt ihm die Themen vor. Er ist kein Skeptiker, sondern ein überzeugter Christ.

Im Vorwort zu seinem Buch über die Wahrheit schreibt Anselm, es handele sich im Folgenden um eine Abhandlung, „die das Studium der Heiligen Schrift betrifft". Es geht diesem Denker also darum, die biblische Offenbarung einsichtig und verständlich zu machen. Hinter diesem Werk steht kein kühl analysierender Wissenschaftler, sondern ein Mensch, der bei seiner unermüdlichen Wahrheitssuche Gott geradezu erschreckend nahe zu kommen glaubt. Und der diesen Gott deshalb um die Gnade der Erkenntnis der Wahrheit anfleht. Lesen Sie selbst, was Anselm schreibt:

Aber wehe mir Elenden, einem der elenden Söhne Evas, die von Gott entfernt sind – was habe ich angefangen, was zustande gebracht? Wohin strebte ich, wohin bin ich geraten? Nach was strebe ich, worüber klage ich? Ich suchte das Gute – und siehe da: Verwirrung! Ich strebte nach Gott – und habe gegen mich selbst verstoßen. Ich suchte Ruhe in mir selbst – und fand in meinem Inneren nur Trübsal und Schmerz. Ich wollte in der Freude meines Geistes lachen – und werde gezwungen zu brüllen angesichts des Stöhnens meines Herzens.

Nach dieser schonungslos kritischen Selbstanalyse wendet sich Anselm betend an Gott:

Herr, niedergebeugt kann ich nur abwärts schauen – erhebe mich, damit ich mich aufrichten kann … Lehre mich, dich zu suchen, und zeige dich dem Suchenden – weil ich dich weder suchen kann, wenn du nicht lehrst, noch finden, wenn du dich nicht zeigst. Ich will verlangend nach dir fragen – und ich verlange nach dir in meinem Fragen. Ich will dich liebend finden und dich findend lieben.

Von dem schneidigen Selbstbewusstsein eines Johannes Eriugena trennen Anselm Welten. Schmerz, Enttäuschung und seelische Krisen werden an seinen Worten ablesbar – bei aller ritualisierter Demut, die zu seiner Zeit unter Klerikern sicherlich zum guten Ton gehörte. Anselm bewegt sich auf einem schmalen Grat. Er bringt den Mut auf, Fragen zu stellen, er nimmt sich vor, die Bibel und die Tradition des Glaubens intensiv zu durchleuchten – aber er tut das mit dem Gefühl der totalen Abhängigkeit seines Denkens und Wollens von Gott. Alle seine Erkenntnis scheint an Gott gebunden und ihr Ziel wiederum die tiefere Liebe zu Gott zu sein. Deshalb wird er auch die Frage „Was ist Wahrheit?" letztlich nicht anders als auf Gott bezogen beantworten können.

Aber was ist das überhaupt für ein Mensch, der da schreibt? So glasklar und entschieden in der Argumentation – und gleichzeitig so zweifelnd, melancholisch und sehnsuchtsvoll im Ausdruck? Wer sich im Mittelalter ein wenig auskennt, wird hier unschwer die Atmosphäre des Klosters herauslesen. Klöster sind einerseits Rückzugsorte, an denen sich Menschen von der Alltagswelt entfernen, ihre Wünsche nach sexueller Befriedigung und materiellem Wohlstand fast vollständig ablegen, sich dafür ganz dem Gehorsam gegenüber Gott unterwerfen und jede Minute des Tages nach Regeln verplanen. Andererseits sind Klöster die Denkfabriken und innovativen Unternehmensstandorte der Zeit, von denen die geistigen und technologischen Impulse des Hochmittelalters ausgehen. Das ist die Doppelgesichtigkeit – wenn Sie so wollen: die Dialektik – des Klosters, welche diesen sinngeleiteten Sozialverband ebenso produktiv wie krisenanfällig macht.

Glaubt man der Erzählung des englischen Mönchs Eadmer, der schon zu Anselms Lebzeiten begonnen hat, dessen Lebensgeschichte aufzuschreiben, dann wollte bereits der kleine Anselm aus dem Aosta-Tal in den französisch-italienischen Alpen unbedingt ins Kloster. Im Alter von 15 Jahren soll der hochintelligente, bei allen beliebte Musterschüler an der Pforte eines

Klosters angeklopft und um Aufnahme gebeten haben. Der Anekdote zufolge hat der Abt ihn aber gleich wieder nach Hause geschickt, weil er wusste, dass Anselms Vater Gundulf das nicht gebilligt hätte. Der aus der Lombardei stammende Gundulf war ein einflussreicher Bürger in der burgundischen Stadt Aosta und hatte für seinen Sohn eine politische Karriere im Auge. Doch Anselm orientierte sich mehr an seiner frommen Mutter, die aus einer alten burgundischen Familie stammte. Als sie starb, brach sein emotionaler Halt weg, und mit Anfang 20 beschloss er, seinem strengen Vater den Rücken zu kehren.

Wie zuverlässig Eadmers Erzählungen sind, ist wie bei fast jedem Zeugnis über einen prominenten Kopf des Mittelalters umstritten. Sicher ist, dass Eadmer Anselm sehr gut gekannt und einiges aus dessen Leben aus erster Hand erzählt bekommen hat. Anselm hatte den 26 Jahre jüngeren Mitbruder in Canterbury kennengelernt und später, als er dort Erzbischof geworden war, als Freund, Sekretär und Ratgeber in seinen Haushalt aufgenommen. An dieser Stelle bekommen einige heute große Augen und wollen wissen, ob es sich um eine Liebesbeziehung handelte und wenn ja, wie weit sie ging.

Unbestreitbar kannte Eadmer viele Details über Anselms Werdegang aus dessen eigener Erzählung. Er hat aber den Mentor und Freund mit Sicherheit auch stark idealisiert, weil das Genre der sogenannten Heiligenvita es erforderte. Schon damals schrieb man eben das, was die Leute lesen wollten. Letztlich werden hinter den von Eadmer überlieferten Anekdoten aber vielleicht doch die Umrisse des Menschen Anselm erkennbar – was auch immer sich im Einzelnen zugetragen haben mag. Einigermaßen sicher ist jedenfalls, dass Anselm so ungefähr mit 23 Jahren das Haus seines Vaters verließ. Eadmer zufolge machte er sich gemeinsam mit seinem besten Freund auf Wanderschaft. Nachdem er zu Fuß die Alpen überquert hatte, reiste er drei Jahre lang kreuz und quer durch Frankreich. Das klingt nach mittelalterlichem Interrail, aber jungenhafte Abenteuerlust dürfte hier mit einer tiefen spirituellen Sehnsucht verbunden gewesen sein. Denn als Anselm in die Normandie kam und vom legendären Ruf des Klosters Bec und seines Schuldirektors Lanfranc hörte, hatte er für die nächsten drei Jahrzehnte sein – auch geistiges – Zuhause gefunden.

Der charismatische Benediktiner Lanfranc war genau jener Meister, von dem der fleißige und wissensdurstige Anselm alles lernen konnte, was ihn faszinierte, seit seine fromme Mutter ihm immer wieder von der Größe des biblischen Gottes erzählt hatte. Und der universal gebildete Lanfranc hatte endlich den intelligenten und sympathischen jungen Mann gefunden, den er zu einem Meisterschüler machen und zu seinem Nachfolger aufbauen konnte. Angesichts des innigen und – bei aller bildungssatten Imitation antiker Stilmuster – höchst emotionalen Briefwechsels, den Anselm lebenslang mit Lanfranc und vielen seiner späteren Schüler und Freunde hatte, wird man annehmen dürfen, dass der kluge Anselm ein gewinnendes Wesen hatte und angenehme Umgangsformen besaß.

Anselm machte seinem Vorbild Lanfranc in den folgenden Jahren so ziemlich alles nach – und das mit rasanter Geschwindigkeit. Nachdem er 1060 als Novize in die Klosterschule von Bec aufgenommen worden war, wurde er bereits drei Jahre später deren Schulleiter. Im Jahr 1079 wurde Anselm dann Nachfolger Lanfrancs als Chef des Klosters Bec. Und hatte das Kloster schon unter Lanfranc eine starke geistige Ausstrahlung gehabt, so galt das unter Anselm nun noch mehr. Aus „Anselm von Aosta" war „Anselm von Bec" geworden, der innerhalb der lateinischen Bildungsschicht bald zum Begriff wurde. Dass Sie ihn heute als „Anselm von Canterbury" kennen, liegt daran, dass Lanfranc seine Karriere mit dem Bischofsstuhl der südenglischen Stadt und damit als Oberhaupt der Kirche von England gekrönt hat. Und natürlich musste Anselm seinem Meister auch das nachmachen.

Ein Zuckerschlecken war es jedoch nicht. Von 1093 bis zu seinem Tod 1106 wurde Anselm als Erzbischof von Canterbury in den Riesenkrach zwischen dem englischen König und dem römischen Papst um das Recht der Ernennung von Spitzenklerikern hineingezogen. Dass es in der Normandie überhaupt diese „English connection" gab, lag an der „normannischen Eroberung" Englands durch Wilhelm den Eroberer im Jahr 1066. Wilhelm brachte – zumindest zeitweise – die französische Esskultur nach England, weshalb es in der englischen Sprache bis heute französischstämmige Wörter für viele Gerichte gibt. Zum Beispiel „venison" für Wildbret oder „beef" für Rindfleisch.

Neben dem guten Essen importierte Wilhelm aber auch ein paar kirchliche Gepflogenheiten, die als „normannische Sitten" – englisch: „norman customs" – in die Geschichte der Insel eingingen. *The King himself* ernannte danach die Bischöfe, Äbte und Prälaten. Päpstliche Schreiben wurden immer erst vom König gelesen, genehmigt und dann an die Bischöfe weitergeleitet. Und die Gesandten des Papstes – die sogenannten Legaten – mussten zunächst beim König vorsprechen und ihn um Erlaubnis bitten, bevor sie einen englischen Bischof oder Abt treffen durften.

Das wurde dem Papst irgendwann zu bunt. So kam es zum „englischen Investiturstreit", der erst ein Jahr nach Anselms Tod auf dem „Hoftag von Westminster" mit einem Kompromiss endete. Ein paar hundert Jahre noch, dann würde London in Richtung Rom endgültig *bye-bye* winken. Doch im hohen Mittelalter ging es beim Streit um die „Investitur" – wörtlich: „Einkleidung" und damit sinngemäß: „Einsetzung" – von Bischöfen um nicht weniger als das Verhältnis von Kirche und Staat. Durch die Kaiserkrönung Karls des Großen im Jahr 800 war beileibe nicht nur Karl, sondern auch und gerade der Papst enorm aufgewertet worden. Aber erst jetzt wurde er langsam zur unangefochtenen kirchlichen Autorität im lateinischen Westen. Im sogenannten „Dictatus papae" dekretiert Papst Gregor VII. dann im März 1075, dass der Bischof von Rom das alleinige – auch politische! – Oberhaupt aller Christen sei. Vor allem die englischen und deutschen Könige lassen ihm gegenüber aber immer wieder die

Muskeln spielen. Im deutsch-römischen „Investiturstreit" kam es 1077 zum berühmten Bußgang Heinrichs IV. nach Canossa – mit dem er die Situation geschickt entschärfte – und schließlich 45 Jahre später zum Kompromiss im „Wormser Konkordat".

Nichts als Ärger erwartete einen Bischof also zu dieser Zeit, war sein Amt doch der eigentliche Zankapfel und er selbst damit in einer unangenehmen Sandwichposition zwischen König und Papst. Wobei diese beiden das Sandwich permanent zu ihren Gunsten herumzudrehen versuchten. Anselm soll zwar lange gezögert haben, Erzbischof von Canterbury zu werden – zumal der König die Kassen des Bischofs geplündert hatte und das Bistum pleite war –, doch sein Vorbild Lanfranc und die vielen Gläubigen, die den zu dieser Zeit längst europaweit berühmten Gelehrten in die Verantwortung drängten, gaben dann wohl den Ausschlag.

Zum Dank wurde Bischof Anselm vom englischen König zweimal für längere Zeit aus England verbannt. Doch einmal auf dem Bischofsstuhl, verstrickte sich Anselm noch in weitere kirchenpolitische Kämpfe. So stritt er leidenschaftlich – wenngleich ohne großen Erfolg – gegen die Priesterehe, die damals noch weit verbreitet war. Er forderte von jedem Kleriker vor Amtsantritt ein Keuschheitsgelübde. Anselm gab sich als durch und durch überzeugter Zölibatär, der hier ganz einem von Paulus und Augustinus vorgezeichneten Ideal folgen wollte.

Jedenfalls ist es angesichts dieser Querelen und Rangeleien kein Wunder, dass Anselm als Bischof keine nennenswerten philosophischen Ideen mehr hatte. Sein Buch über die Wahrheit und alle seine anderen Bücher sind während der Zeit in Bec entstanden. Deshalb jetzt genug von diesen irrwitzigen Hahnenkämpfen zwischen Königen, Päpsten, Bischöfen, Prälaten – und zurück in die Normandie, an jenen Ort des Geistes, an dem Anselm der Menschheit wirklich etwas zu sagen hatte.

In dem normannischen Think-Tank, an dem sich auch die gesamte englische Elite orientierte, hatte Anselm schon bald eigene Akzente gesetzt. So galten nun nicht mehr alle „Sieben freien Künste" gleichermaßen als Fundament klassischer Bildung, sondern der Schwerpunkt verschob sich zu den ersten drei, dem sogenannten „Trivium". Auf Grammatik, Rhetorik und vor allem Dialektik wurde der größte Wert gelegt. Einerseits steht jetzt also das rationale Denken hoch im Kurs, andererseits ist da bereits die Tendenz zur Abspaltung der Theologie vom naturwissenschaftlichen Forscherinteresse. Noch ist es aber nur eine Akzentverschiebung und nicht die neuzeitliche Entfremdung.

Anselm ist in seinem Selbstverständnis als Vordenker von Bec fast schon so etwas wie ein Geisteswissenschaftler. Kein reiner Schriftdeuter also, sondern ein analytisch präziser Intellektueller. Und deshalb ist auch klar, dass die Antwort auf die Frage nach der Wahrheit sowohl sein frommes Herz als auch seine Ansprüche als Lehrer der Dialektik befriedigen muss. Gibt es also einen Widerspruch zwischen den Aussagen des Neuen Testaments, nach denen Gott „die Wahrheit" ist, auf der einen Seite und dem alltäglichen Gebrauch des Begriffs „Wahrheit" auf der anderen Seite? Oder gibt es diesen Widerspruch nicht und folglich nur *eine* Wahrheit?

Anselm macht sich auf den Lösungsweg, indem er die These aufstellt, Wahrheit sei nichts anderes als „Richtigkeit" – lateinisch: „rectitudo". Gut, jetzt können Sie fragen, was damit gewonnen sein soll, wenn man einen Begriff durch einen anderen ersetzt. Antwort: Ein bisschen ist auch damit schon erreicht, denn wenn man Wahrheit stimmig durch einen anderen Begriff erklären kann, deutet das ja darauf hin, dass es keine „zwei Wahrheiten" gibt. Anselm meint das mit der „Richtigkeit" so, dass etwas das tut, wozu es gut ist. Etwas erfüllt seinen Zweck, seine Funktion. Ein Wagen ist „richtig" konstruiert, wenn er fährt. Und ein Aussagesatz – jetzt wird es originell – ist „richtig" und erfüllt seinen Zweck, wenn er etwas so bezeichnet, wie es ist.

Wahrheit hat demnach immer etwas mit Übereinstimmung zu tun. Da ist etwas – und das korrespondiert mit dem, wie es sein sollte. Jemand sagt etwas – und das entspricht einer als objektiv vorgestellten Realität. Diese schon in der Antike bekannte und von Anselm noch einmal auf neue, intelligente Weise hergeleitete Vorstellung ist zentral für die gesamte Philosophie des Mittelalters. Nicht der einzelne Mensch ist die letzte Instanz – sondern menschliches Denken orientiert sich an einem äußeren, vorgegebenen, objektiven Maßstab.

Ich bin häufiger bei Veranstaltungen, auf denen Businessgurus für anderthalb Stunden das Podium gehört. Einige, die mir da im Rückblick so einfallen, haben auch ein philosophisches Anliegen, das sie irgendwann im Laufe ihres Vortrags loswerden müssen. Dieses Anliegen lautet: Es gibt kein Richtig und Falsch. Es gibt kein Gut oder Böse. Jeder Mensch hat aus seiner Sicht immer recht und tut immer das Richtige. Jeder hat seine eigene Wahrheit. Also: Urteilen Sie nicht! Immer wieder fasziniert mich das zustimmende Nicken, das bei diesen in ihren Konsequenzen eigentlich fatalen Aussagen durch die Reihen geht. Manche gehen so weit zu sagen, auch die Nazigrößen seien bloß ihrer eigenen, für sie persönlich stimmigen Wahrheit gefolgt – und ernten auch dafür keine Buhrufe. Die Behauptung, es gebe kein Richtig und Falsch und jeder Mensch sei sich selbst alleiniger Maßstab, scheint den Nerv auf größtmögliche „Flexibilität" getrimmter Führungskräfte zu treffen. Eine Begründung ist offenbar nicht erforderlich, was darauf hindeutet, dass hier die Konsensbildung vorausgegangen ist.

Keine Frage, solche kollektiven Grundannahmen, die von vielen Menschen weitgehend unreflektiert übernommen werden, sind einfach gesellschaftliche Normalität. Weitere Beispiele: Kuhmilch zu trinken, ist wichtig für die Gesundheit von Kindern. Oder: Der öffentlich-rechtliche Rundfunk ist unverzichtbar für die politische Bildung. Oder: Gewalttaten Alteingesessener gegen Migranten werden durch hohe Arbeitslosigkeit verursacht. Ich will alle diese volkstümlichen „Wahrheiten" hier gar nicht anprangern – sondern Ihnen lediglich klarmachen, wie sehr das Wahrheitsverständnis des Mittelalters unserer kollektiven Grundannahme widerspricht, jeder könne sowieso immer nur seine eigene Wahrheit finden.

Anselm geht so weit zu behaupten, dass es sogar eine „Wahrheit des Willens" gibt. Wahrheit ist für ihn „Richtigkeit", und insofern ist dann selbst Gerechtigkeit „Wahrheit". Wenn der Mensch einen Willen hat, dann muss er ihn „richtig" – also angemessen – verwenden. Es gibt etwas, was ich richtigerweise wollen kann, weil mein Wille dazu da ist, es zu wollen. Tatsächlich also: „Wahrheit des Willens" – fernes, fremdes Mittelalter! Aber nur, wenn Sie Wahrheit als Übereinstimmung einer objektiven Wirklichkeit mit dem Denken jedes einzelnen Menschen begreifen, verstehen Sie, warum für Anselm die Aussage „Gott ist die Wahrheit" letztlich nicht im Widerspruch zu allen alltäglichen Anschauungen von Wahrheit steht. Und das war ja das zu lösende Problem.

Gott schafft die Wirklichkeit aus sich heraus, als Abbild seiner Gedanken – erinnern Sie sich an Pseudo-Dionysios! Und Gott schafft den Menschen als Teil dieser Wirklichkeit. Der Mensch tritt der ihn umgebenden Wirklichkeit entgegen und macht sich ein Bild von ihr. Dieses Bild kann nun „richtig" sein und der Realität entsprechen – dann ist es „wahr". Erkennt der Mensch aber die Realität richtig, dann erkennt er sie so, wie Gott sie sich ausgedacht hat. Das heißt: „Gott ist die Wahrheit" insofern, als Gott der Maßstab für die Richtigkeit des menschlichen Denkens ist. Und das ist er wiederum, weil die gesamte Wirklichkeit in seinen Gedanken ihren Ursprung hat.

Dieser Gedankengang ist nicht irrsinnig kompliziert. Seine Konsequenzen sind bloß für einige unbequem. Wenn es für mein gesamtes Wirklichkeitsmodell einen objektiven, das heißt außerhalb meiner Anschauung liegenden Maßstab gibt – Anselm nennt ihn *Gott* –, dann kann ich mir nicht immer nur fröhlich meine eigene Welt zusammenreimen. Ich muss vielmehr damit rechnen, dass es manchmal einfach Stuss ist, was ich mir ausdenke. Ich muss mich einer Instanz außerhalb meiner selbst unterordnen und mich ab und zu korrigieren lassen. Ich muss auch mal etwas zurücknehmen, weil ich eingesehen habe, dass es Quatsch ist. Obwohl dieser Quatsch für mich vielleicht bequemer gewesen wäre als die Wahrheit. Das kann lästig sein. Das erfordert Demut. Denn immer nur den eigenen Hirngespinsten ausgeliefert zu sein, ohne die Möglichkeit des Abgleichs, kann einen auch verrückt machen.

Für Anselm ist Freiheit folgerichtig die Kraft, etwas richtig zu machen. Er sagt: Gott und die Engel können nichts Böses tun, sind aber dennoch frei. Sie sind frei, da sie von ihrem Willen „richtigen" Gebrauch machen. Sie sind gewissermaßen vom Missbrauch des Willens befreit. Trotz scheinbar reduzierter Handlungsalternativen sind sie sogar freier als wir Menschen, die ständig Mist bauen. Denn wer das Richtige hat und es nicht verlieren kann, ist freier als jemand, der es zwar hat, aber verlieren kann. Jeden Tag aufs Neue Ja zum Glück zu sagen, bedeutet eben mehr Freiheit, als sich jeden Tag gegen ein neues Unglück entscheiden zu müssen.

Für Anselm ist es die Zweckbestimmung des Denkens, auszusprechen, „was ist und was nicht ist". Das menschliche Denken ist also von etwas *abhängig*, das *außerhalb* seiner selbst liegt. Die Welt hat eine Struktur, die unabhängig vom Denken ist. Das schließt nicht aus, das jeder Mensch sich im Denken gewissermaßen seine eigene Welt schafft. Aber die Welt war trotzdem *vorher* schon da! Jedes „Weltbild" ist anders – und doch ist es ein Abbild der Welt. Jeder Maler, der jemals das Matterhorn gemalt hat, hat es anders gemalt – und doch sind es alles Bilder des Matterhorns.

Thomas von Aquin wird einen Gedanken von Aristoteles aufgreifen und die für das gesamte Mittelalter gültige Formel prägen: „Wahrheit ist die Übereinstimmung von Denken und Sein". Aber in seiner Erkenntnislehre sagt Thomas auch: Jeder Mensch, der etwas aufnimmt, nimmt es *auf seine Weise* – lateinisch: „per secundo modo" – auf. Alles, was Menschen denken, ist demnach subjektiv gefärbt. Aber es bleibt dennoch ein subjektiver *Anteil*, es ist der „sekundäre Modus" des Erkenntnisprozesses. Wesentlich ist dagegen die Strukturähnlichkeit zwischen der gegebenen Welt einerseits und unserem Denken über die Welt andererseits. Dass es Wahrheit gibt und Gott die letzte Instanz für alle Wahrheit ist, schließt also im mittelalterlichen Denken keinesfalls den „Pluralismus" aus. Bloß hat – ontologisch gesprochen – das Eine immer Vorrang vor dem Vielen. Die Wirklichkeit steht in ihren Grundzügen fest, lässt sich aber immer wieder neu und anders betrachten. Es gibt eine Einheit, welche die Vielfalt trägt.

Mit diesem Begriff der Wahrheit als subjektiv gefärbter Orientierung am Objektiven machen Neuzeit und Moderne radikal Schluss. Der viel zu früh verstorbene Philosoph Hans Michael Baumgartner sagte es in einem Seminar, das ich vor vielen Jahren besucht habe, einmal so: „Der Baum im Wald fällt nicht um, wenn es niemanden gibt, der das erkennt." Und nach kurzem Blick in verblüffte Gesichter fügte er hinzu: „Und wenn es der *intellectus divinus* ist, der es erkennt." Mindestens der „göttliche Verstand" muss also etwas *subjektiv* erkennen, um ihm überhaupt *Realität* zu verleihen.

Die Wirklichkeit ist demnach immer nur die gedachte Wirklichkeit. Alle Realität ist subjektiv. Das ist die Philosophie nach Immanuel Kant und nach dem Deutschen Idealismus. „Wahrheit" ist dann allenfalls noch das, was mit anderen Aussagen nicht im Widerspruch steht, was „kohärent" ist. Auch für das Mittelalter ist diese Kohärenz ein wichtiges Wahrheitskriterium – aber nicht der einzige und nicht der entscheidende Maßstab. In der Neuzeit wird die Stimmigkeit des „Systems" das alleinige Wahrheitskriterium sein. Und so kann Georg Wilhelm Friedrich Hegel sagen: „Das Wahre ist das Ganze."

Friedrich Nietzsche geht noch einen Schritt weiter. Er sagt sich: Wozu brauchen wir überhaupt Wahrheit? Wozu ist sie gut? – Lasst uns doch das für wahr halten, was *nützlich* ist, womit man gut arbeiten kann, was sich im praktischen Leben bewährt. Oder lasst uns die Wahrheit daran messen, was mehr Lebensqualität bringt. „Wahr ist, was das Leben steigert!", ruft er aus – und spricht damit vielen Deutschen aus dem Herzen, die ihre Kräfte im Taumel des wirtschaftlichen Aufschwungs um 1900 zu ungeahnter Größe anschwellen sehen. Die sich nach Kampf sehnen, einem großen Kräftemessen der nach Leben gierenden, von allen Schranken alter Dogmen befreiten Individuen. Max Beckmanns monumentales Gemälde „Die Schlacht" hat diesen Zeitgeist kongenial eingefangen. Horden nackter menschlicher Leiber auf der Suche nach Lebenssteigerung im Rausch des Verletzens und Tötens.

Was ist Wahrheit? Anselm von Canterbury sagt: Gott ist Wahrheit. Das müssen Sie nicht glauben. Aber auch, wenn Sie das nicht glauben, können Sie Anselms philosophische Methode nutzen, um das, was Sie stattdessen glauben, ab und zu auf den Prüfstand zu stellen. Darum – *auch* darum – geht es Anselm. „Der Glaube will das Denken", sagt er. Denn „ein Glaube, der nur das glaubt, was er glauben soll, ist ein toter Glaube". Heute schreiben Ihnen keine Kleriker mehr vor, was Sie glauben sollen. Jedenfalls in der Regel nicht. Stattdessen suggerieren Ihnen Heerscharen von Fernsehmoderatoren, Businessgurus und Weißkittel aus den Laboren der Neurophysiologie, was Sie ernst nehmen sollen und was nicht. Wenn Sie klug sind, dann befragen Sie Ihr eigenes Deutungsmodell der Wirklichkeit immer wieder auf seine „Richtigkeit", seine Stimmigkeit, seine Folgen und – vielleicht – auch seine Gültigkeit gemessen an einem Maßstab *außerhalb* Ihres Denkens.

6 *Der leidenschaftliche Querdenker*

Peter Abaelard (1079–1142)

REDAKTIONSKONFERENZ einer Boulevardzeitung, irgendwo im Europa des Jahres 1134. An einem langen Tisch im 12. Stock des gläsernen Verlagsgebäudes sitzen Männer mit gelockerten Krawatten und aufgekrempelten Hemdsärmeln. Einer der Redakteure strahlt über das ganze Gesicht, denn er hat einen Trumpf im Ärmel: Der französische Starintellektuelle Peter Abaelard hat mit 55 Jahren seine Autobiographie geschrieben und bietet dem Blatt einen exklusiven Vorabdruck an. Mit seinem Buch – einem schonungslos intimen Bekenntnis – wird der streitbare Philosoph und Theologe so viel Wirbel machen wie noch nie. Da ist sich der Journalist sicher. Erste Auszüge aus dem Manuskript hat er schon mal mitgebracht und hält sie der versammelten Mannschaft als Köder vor die Nase.

Jeder am Tisch kennt den Namen Peter Abaelard. Von seinen zumeist jugendlichen Anhängern gefeiert, vom konservativen Establishment mit Prozessen überzogen, ist Peter seit Jahren ein Liebling der Paparazzi. Doch der Chefredakteur des Massenblatts ist ein alter Hase, der auf penibler Recherche besteht. Er zieht kurz an seiner Zigarette und fragt dann trocken: Was ist die Story? Diese Frage ist so etwas wie sein Markenzeichen. Und so soll der aufgekratzte Redakteur erst einmal berichten, was der ebenso als Querdenker wie als Frauenschwarm berühmte Franzose in seinem Buch eigentlich zu erzählen hat. Und vor allem, was davon für die Leser der Zeitung interessant sein könnte.

Na, er schreibt über die Skandale der letzten Jahre, erwidert der Redakteur genervt. Wie er sich mit sämtlichen Lehrern und Vorbildern zerstritten hat. All die Intrigen und Gerichtstermine danach. Wie er zum Sprecher einer neuen Studentengeneration geworden ist. Wie er die junge, hübsche Heloisa geschwängert hat. Wie sich Heloisas Sippe dafür an ihm gerächt hat. Wie die Lovestory dann erst so richtig abging – ewige Liebes- und Treueschwüre, das volle Programm eben. Wie der Papst-Botschafter ihn gezwungen hat, seine eigenen Bücher öffentlich zu verbrennen. Wie sie ihn für verrückt erklärt haben. Wie sie immer wieder Mordanschläge auf ihn verübt haben. Reicht das?

Der Chefredakteur drückt seine Zigarette aus und blickt streng. Lieber Kollege, sagt er mit ruhiger Stimme, ich will eine Story hören, nicht bloß Stichworte. Die Fakten bitte! Wir haben Zeit. Da atmet der Redakteur tief durch, blickt in die Runde seiner Kollegen und hebt noch einmal an: Also, Peter hätte eigentlich Ritter werden sollen, denn er war der älteste Sohn des bretonischen Ritters Berengar. Er hat aber mit dem Segen seines Vaters auf das Erbe verzichtet. Als Intellektueller hat er dann die Philosophie zu seiner Waffe gemacht und mit der spitzen Feder um Ruhm und Ehre gekämpft wie andere mit Lanze und Schild. Dieser Vergleich war zwar schon in unzähligen Artikeln über Abaelard der Aufhänger, wir können das aber ruhig noch mal bringen.

Peter bezeichnet sich in seinem Buch als „lebhaftes Temperament" – und das kann man wohl sagen. Mit seinen Lehrern Roscelin von Compiègne und Wilhelm von Champeaux – große Namen in ihrem Geschäft – hat er sich bald überworfen. Er wusste einfach immer alles besser. So mit Anfang 20 lässt er sich von niemandem mehr etwas beibringen und macht sich als Lehrer für Theologie und Philosophie selbständig. Immer wieder handelt er sich Ärger ein, weil er kein Blatt vor den Mund nimmt. Aber immer wieder beeindruckt er auch alle mit seinen wissenschaftlichen Glanzleistungen. Schließlich landet er in Paris, der Hauptstadt der Intellektuellen. Dort wird er unter den jungen Nonkonformisten am linken Seineufer schnell zum Star – bekommt aber auch einen Lehrauftrag seitens des Domkapitels von Notre-Dame. An diesem Mann führt eben kein Weg mehr vorbei.

Tja und jetzt, wo dieser Überflieger mit 35 auf den Höhepunkt seiner Karriere zusteuert, kommt eine Frau ins Spiel. Und was für eine! Heloisa ist 20, sexy Figur, leuchtende Augen, süßer Mund und dann auch noch – gebildet! Ja, das Mädel ist ein Ausnahmetalent. Sie kann nicht nur perfekt Latein, sondern auch noch Griechisch und Hebräisch. Und saugt gerade eine klassische Bildung ein, wie sie die meisten Kerle nicht mit ins Grab nehmen. Damit das Drama seinen Lauf nehmen kann, fehlt aber noch der böse Onkel. Der heißt Fulbert und ist Heloisas Vormund, seit die Schöne ihre Eltern verloren hat. Fulbert ist so ein richtig feister Domherr und wacht eifersüchtig darüber, dass sich kein Mannsbild an seine Heloisa heranwagt. Aber an Bildung ist ihm für sein Mündel das Beste gerade gut genug. Und wie der Zufall es will, unterrichtet gleich neben Fulberts Pariser Stadtvilla der gefeierte Magister Peter Abaelard.

Heloisa mitten unter die – ausschließlich männlichen – Studenten zu lassen, ist für Fulbert natürlich undenkbar. Was da alles passieren könnte! Also bittet der reiche Kanoniker seinen Nachbarn Peter Abaelard, als Hauslehrer für Heloisa zur Verfügung zu stehen. Der Stardozent nimmt den Nebenjob sofort begeistert an – ein Blick auf die Schülerin dürfte genügt haben. Fulberts Plan, das junge Ding in den trauten vier Wänden vor der Männerwelt zu schützen, ist unter diesen Umständen natürlich zum Scheitern verurteilt. Einmal mit Heloisa allein auf ihrem Zimmer, schaut Peter bald öfter in den Ausschnitt seiner Schülerin als in den Seneca auf seinem Schoß. Ich darf an dieser Stelle mal aus seinem Manuskript zitieren:

Heloisa, die ich mit allem geschmückt sah, was Liebhaber anlockt, wollte ich nun, da sie willfährig war, in Liebe an mich fesseln. Unter dem Deckmantel der Unterweisung gaben wir uns ganz der Liebe hin. Da wurden über dem offenen Buch mehr Worte über Liebe als über das Gelesene gewechselt. Da gab es mehr Küsse als Zitate. Nur allzu oft zog es die Hand statt zu den Büchern zu ihrem Busen, und öfter brachte Liebe die Augen zueinander, als dass sie auf die Schrift gelenkt worden wären. Ja, um jeden Verdacht zu vereiteln, gab es einige Male Schläge – aber auch das war Liebe, nicht Ingrimm, Zuneigung, nicht Zorn, und sie überboten die Süße allen Balsams dieser Welt. Kurzum: Wir ließen keine Stufe der Leidenschaft aus, und wo die Liebe etwas Ungeheuerliches erfinden konnte, wurde auch das mitgenommen.

Kaum zu glauben – obwohl es ziemlich zur Sache ging, bemerkte Fulbert die Affäre erst, als Heloisa schwanger war. Und da brach ein Donnerwetter los! Der Domherr schmiss den Hauslehrer achtkantig raus und sperrte seine heulende Nichte in ihrem Zimmer ein. Aber Peter befreite Heloisa und brachte sie heimlich in seine bretonische Heimat, wo sie im Haus seiner Schwester einen quietschfidelen Sohn zur Welt brachte. In der Bretagne überlegte der ehrgeizige Intellektuelle jetzt, wie er seine Karriere in Paris und seine Geliebte unter einen Hut bringen könnte. Vorsichtig suchte er den Kontakt zu Fulbert und schlug vor, die entjungferte Heloisa zu heiraten, um ihre Ehre wiederherzustellen. Er ergänzte sein Angebot um ein nettes Säckchen Hartgeld für den Onkel. Bedingung war allerdings, dass die Hochzeit geheim bliebe. Von einem Theologen wurde auch ohne Priesterweihe ein zölibatäres Leben erwartet, deshalb durfte eine Ehe nicht bekannt werden. Fulbert zeigte sich zunächst pragmatisch und willigte ein.

Heloisa wird jetzt gar nicht mehr gefragt. Sie will Peter nicht heiraten – jedenfalls nicht unter diesen Umständen –, aber sie hat sich dem zu fügen, was die Männer beschlossen haben. So kehren Peter und Heloisa nach Paris zurück, während ihr gemeinsamer Sohn bei Peters Schwester bleibt. Nächste Szene also heimliche Hochzeit, nachts in einer dunklen Kirche, Tränen zwischen Verzweiflung und Glück – ganz großes Kino. Aber der im Herzen unversöhnliche Fulbert plaudert ein paar Tage später alles aus! Damit ist der Skandal öffentlich. Und so macht die klandestine Hochzeit für Peter keinen Sinn mehr. Aus Angst um seinen Job entsorgt er seine Ehefrau in ein Kloster. Damit ist Heloisa schon wieder eingesperrt. Fulbert schäumt vor Wut, weil Peter sich offensichtlich seiner ehelichen Pflichten entziehen will.

Fulbert sinnt auf Rache. Deshalb bezahlt er einige von Peters Verwandten dafür, dass sie es ihm für immer unmöglich machen, noch einmal ein Mädchen zu verführen. Also schleichen sich die gekauften Rächer nachts mit einem Messer in Peters Herberge und … na ja, die unappetitlichen Einzelheiten kann man dann dem Manuskript entnehmen. Peter überlebt den blutigen Anschlag auf seine Männlichkeit und sorgt dafür, dass Fulbert und seine Handlanger bestraft werden. Doch das ist jetzt auch der Wendepunkt in seinem Leben. Seelisch traumatisiert, bekommt er einen Schuldkomplex und nimmt das Schicksal seiner Verstümmelung als göttliche Strafe hin. Er lässt sich zum Priester weihen und wird Mönch. Heloisa legt ebenfalls die Gelübde ab und wird Nonne. Die ungebrochene Liebe zwischen Peter und Heloisa ist jetzt platonisch – geht ja auch nicht mehr anders.

Aber es wird noch mal richtig romantisch, und das Manuskript endet ungefähr so, dass die beiden erst dieses Schicksal durchleiden mussten, um die wahre Größe ihrer Liebe zu erkennen. Dass sie jetzt göttlich-seelisch-mystisch für immer vereint sind. Oder so ähnlich. – Ist doch der Hammer, diese Geschichte! Der Redakteur schaut seinen Chef fragend an. Die Runde schweigt. Der Chefredakteur zündet sich eine weitere Zigarette an und sagt dann leise: Ja, ganz nett. Kann man was draus machen …

Es gab keine Boulevardzeitungen im Jahr 1134? Folglich auch keine Redaktionskonferenzen, keine Vorabdrucke von Promibüchern und keine kettenrauchenden Chefredakteure? Ja, stimmt. Sie haben recht. Aber alles andere, was Sie gerade gelesen haben, entspricht im Großem und Ganzen den Tatsachen. Und das Zitat aus Peter Abealards im genannten Jahr veröffentlichtem

Buch „Geschichte meines Leidenswegs" – lateinisch: „Historia calamitatum mearum" – ist authentisch. Höchstens das mit dem öffentlichen Aufheben um die Memoiren eines Intellektuellen ist übertrieben. Aber nur leicht. Denn wir befinden uns im 12. Jahrhundert! Die Zeiten haben sich geändert. Die Gebildeten sehen sich nicht mehr als kleine Rädchen im Universum, sondern als bedeutend genug, anderen ihre Lebensgeschichte zu erzählen. Wenn es sein muss, in allen trivialen Einzelheiten – genau wie heute im Zeitalter der Talkshow.

Buchautoren nehmen jetzt eine Rolle in der Öffentlichkeit ein, wie sie Schriftsteller seit der römischen Kaiserzeit nicht mehr gehabt haben. So berichtet der Historiker Peter Classen von einer glanzvollen Buchpremiere des Waliser Sachbuchautors Giraldus Cambrinus. Im Jahr 1185 hatte dieser ein Buch über die Topographie Irlands herausgebracht. Es war sein Erstling. Damit dieses Jugendwerk von der gebildeten Öffentlichkeit auch gebührend gewürdigt wurde, organisierte Giraldus eine dreitägige öffentliche Lesung in Oxford, professionelles Catering für die Zuhörer inklusive. In seiner späteren Autobiographie – auch dieser Autor hält alle Details seiner Lebensgeschichte für erzählenswert – schwärmt Giraldus immer noch in den höchsten Tönen von dem Event: Wie er vor dem großen Auditorium las. Wie er jedem der drei Teile seines Buches einen kompletten Tag widmete. Wie er von den armen Studenten und Scholaren über die Doktoren aller Fakultäten bis hin zu den Bürgern der Stadt jedermann beköstigte. Sein Selbstbewusstsein ist so groß, dass er damit in England die Zeiten der antiken Dichter erneuert haben will – „renovata sunt antiqua poetarum tempora"! Dazu Peter Classen: „Ich kenne keinen Text, der die Rede von der Renaissance des 12. Jahrhunderts so unmittelbar rechtfertigt."

Was ist das für eine Zeit, in der Intellektuelle sich plötzlich als Autorenpersönlichkeiten begreifen, die Bühne der Öffentlichkeit betreten und sich wie selbstverständlich neben Kaiser und Päpste, Könige und Bischöfe, Heilige und Ordensgründer stellen?

Veränderungen im Bewusstsein und im Denken der Menschen gehen fast immer ökonomische, soziale und politische Umbrüche voraus. So war es auch während der Renaissance des 12. Jahrhunderts, die Sie sich noch ein wenig näher vor Augen führen sollten, um Leben und Werk Peter Abaelards zu verstehen. Im 12. Jahrhundert wird das lateinische Mittelalter vielschichtig und spannungsreich, mit zum Teil extremen Ausschlägen – im Guten wie im Schlechten.

Das erste Schlagwort dieser Zeit des Wandels lautet Mobilität. Kaufleute trieben regen Handel. Frachtschiffe fuhren nun nicht nur auf dem gesamten Mittelmeer – wie schon in der Antike –, sondern waren auch in der Nord- und Ostsee unterwegs. Ein europäischer Wirtschaftsraum nahm Konturen an, gestaltet von einem weltoffenen und risikobereiten Bürgertum. Kaufleute und Handwerker begannen, sich in Gilden und Zünften zu organisieren. Zu der Mobilität der Güter kamen Ansätze einer – noch bescheidenen – sozialen Mobilität. Es schien möglich, sich durch Leistung in einem arbeitsteiligen Prozess einen gewissen Status zu erarbeiten, den man durch genossenschaftliche Organisation nicht zuletzt auch gegen die Willkür der alten Geburtseliten abzusichern versuchte.

Aber nicht nur die Kaufleute, sondern auch und gerade die Intellektuellen waren mobil. Fahrende Scholaren, Wanderprediger und „freie Magister" zogen in beträchtlicher Zahl kreuz und quer durch Westeuropa. Es gab praktisch noch keine institutionalisierten Hochschulen – erst das 13. Jahrhundert wird die große Zeit der Universitäten sein –, dafür aber teils renommierte bischöfliche Kathedralschulen in den Städten. Die einst so bedeutenden Klosterschulen auf dem Land – erinnern Sie sich nur an Lanfrancs berühmtes Kloster Bec! – verloren im 12. Jahrhundert mehr und mehr den Anschluss, wurden dichtgemacht oder versanken in Bedeutungslosigkeit. Da die Kathedralschulen allein die gestiegene Bildungsnachfrage nicht decken konnten, machten Wanderscholaren ihre „Schule" immer dort auf, wo sie sich gerade niederließen. Auch Peter Abaelard verbrachte einen Teil seines Lebens als „freier Magister" und konnte – wie alle erfolgreichen Scholaren – eine größere Gruppe von Schülern an sich binden. Diese waren ihm teilweise wie Jünger ergeben. Und sie verhalfen ihm durch ansehnliche Honorare zu einer finanziellen Unabhängigkeit, derer sich Peter mehrmals stolz brüstet. Ein von Neid und Eitelkeiten getriebener Dauerstreit zwischen den freien Lehrern und den quasi-verbeamteten Doktoren der Bischöfe war da vorprogrammiert.

Die Dezentralität und Offenheit des Bildungssystems sowie der – auch ökonomische – Wettbewerb zwischen den Gelehrten förderte gleichzeitig eine europaweite Vernetzung der Intellektuellen. Dieser Prozess war konfliktreich und *gerade deshalb* hochproduktiv. So entstanden Wissensmärkte, die intensive Kommunikation innerhalb der lateinisch sprechenden Bildungsschichten mit sich brachten und auf denen Themen und Thesen mit bisher unbekannter Umschlagsfrequenz gehandelt wurden. Auf diese Weise rückten nicht zuletzt griechische und arabische Schriften, die grundlegende philosophische, naturwissenschaftliche und medizinische Theorien enthielten, von den südlichen Rändern des Kontinents her ins Zentrum europäisch-lateinischer Bildung. Die lateinische Sprache wurde noch einmal lebendig und in ihrem Wortschatz erheblich erweitert. Kommunikation und Vernetzung sind damit weitere Schlüsselbegriffe der Zeit.

Ein anderes Schlagwort heißt Urbanität. Die Städte blühten auf, insbesondere in Norditalien, Flandern, entlang des Rheins und in Südfrankreich. Überall wurden Städte neu gegründet oder – der häufigere Fall – bestehende Siedlungen zu Städten aufgewertet. Die Idee der Stadt wird sich auf lange Sicht als Keimzelle der Moderne erweisen. Hier entstehen von Königen und Bischöfen zunehmend unabhängige soziale Systeme, in denen sich der Übergang von der Standesgesellschaft zu einer bürgerlichen und schließlich vordemokratischen Gesellschaft anbahnt. Die Städte entwickeln sich nun auch zu *den* Orten für

Kultur, die sie bis heute sind. Dichter und Denker finden hier ihrem Temperament gemäße Lebensbedingungen. Vor allem aber werden die gotischen Kathedralen zum faszinierenden Symbol für den kulturellen Aufschwung in den urbanen Zentren des 12. Jahrhunderts. Allein als ingenieurtechnische Leistung – vom künstlerischen Ausdruck abgesehen – gehören sie zu den ehrgeizigsten Projekten der Menschheitsgeschichte.

In allen diesen Entwicklungen spiegelt sich eine seit der Antike nicht mehr gekannte *Freiheit des Individuums*. Doch diese Freiheit hatte ihren Preis – oder ihre Voraussetzung, je nach dem, wie man es betrachtet – in politischer Destabilität und einer Schwächung von Autoritäten. Der Investiturstreit, das erbärmliche Gezerre zwischen Königen und Päpsten um die politische Macht, endete zwar für das deutsch-römische Reich mit einem Kompromiss. Doch das Verhältnis zwischen Staat und Kirche blieb letztlich ungeklärt und vielfach belastet. Das 150 Jahre alte „Reichskirchensystem" des deutschen Königs Otto I. war zusammengebrochen, der deutsch-römische Kaiser hatte seine sakrale Aura eingebüßt. Bischöfe und Landesfürsten sahen sich als die lachenden Dritten und besetzten das entstandene Machtvakuum. Durch ihre bald allerorten angezettelten Kleinkriege wirkten sie weiter destabilisierend. Der Siegeszug der Intellektuellen hatte also auch mit einem massiven Glaubwürdigkeitsverlust alter Eliten zu tun. Plötzlich zeigte sich, dass ein Amt allein noch nicht ausreicht, um echte Führungsqualitäten zu besitzen. So rückt auf einmal auch *Lebenserfahrung* als Basis souveräner Entscheidungen in den Blickpunkt – und an Erfahrung reiche Männer wie Peter Abaelard schreiben ihre Autobiografie.

Im Zusammenhang mit zunehmender Dynamik und Unsicherheit im 12. Jahrhundert mag auch das heute vielleicht berüchtigtste Phänomen dieser Zeit gesehen werden: die *Kreuzzüge*. Dem ersten Kreuzzug europäischer Ritterheere zur „Befreiung" der biblischen Stätten in Jerusalem vorangegangen war die sogenannte Islamische Expansion. Der Islam ist die einzige Weltreligion, die zu ihrer Verbreitung von Anfang an auch auf das Mittel der physischen Gewalt setzte. Mohammed war nicht nur der geistliche Führer, sondern auch der militärische Oberbefehlshaber seiner Anhänger und eroberte in dieser Eigenschaft im Jahr 630 Mekka. Nach dem Tod des Propheten setzte ein komplexer und vielschichtiger Expansionsprozess ein, als dessen Ergebnis sich die politisch-religiöse Einflusssphäre des Islam nach Westen ausdehnte und bis Ende des 8. Jahrhunderts die meisten geistigen Zentren des Christentums der Spätantike – Jerusalem und Damaskus, Kleinasien, Nordafrika – mit einschloss. Das Verhältnis zwischen abendländischem Christentum und Isalm blieb dennoch über Jahrhunderte vergleichsweise entspannt. Orte, an denen sich islamische, christliche – und jüdische – Kultur begegneten, wie beispielsweise die andalusische Metropole Cordoba, wurden sogar zu neuen geistigen Zentren und Leuchttürmen der Wissenschaft.

Anfang des 11. Jahrhunderts ließ der Kalif Al-Hakim zahlreiche christliche Kirchen zerstören, darunter 1009 die Grabeskirche in Jerusalem. Sie stand an jener Stelle, wo sich der christlichen Volksfrömmigkeit zufolge der Kreuzigungsort und das Grab Jesu befunden haben sollen. Es dauerte allerdings noch genau 90 Jahre, bis christliche Kreuzritter Jerusalem eroberten und unter den muslimischen Einwohnern ein Massaker verübten. Es wäre daher aberwitzig, die Kreuzzüge als *unmittelbare* Reaktion auf die Islamische Expansion oder die Zerstörung der Grabeskirche zu sehen. Wahrscheinlicher ist, dass um 1100 ein Anlass für einen – letztlich über Jahrhunderte immer wieder neu aufgelegten – Waffengang konstruiert wurde, dessen eigentliche Ursachen innereuropäisch waren.

In einer politisch instabilen Situation versprach das kollektive Großprojekt der Eroberung der „heiligen Stätten", die Europäer auf ein äußeres Ziel hin zu konzentrieren und damit zu einigen. Gerade der durch den permanenten Machtkampf mit den weltlichen Herrschern geschwächte Papst war interessiert an einer

Umlenkung der Aggression nach außen. Hinzu kam, dass Europa eine Militäraristokratie – das Rittertum – herausgebildet hatte, deren männerbündischer Lebensstil darauf angelegt war, sich im Kampf auszutoben. Schließlich spielten, wie bei allen Kriegen zu allen Zeiten, ökonomische Interessen eine Schlüsselrolle. Kaum waren die Kreuzzüge in Gang gekommen, ließen sich religiöser Idealismus und der Wunsch nach einer lukrativen Expansion von Märkten praktisch nicht mehr voneinander trennen. Gleichzeitig waren Einzelne wohl ehrlich überzeugt, sich an einer guten und gerechten Sache zu beteiligen. Insofern vermischten sich Motive der Pilgerbewegung mit der Kreuzzugseuphorie.

Einmal abgesehen von den zahlreichen Opfern der Gewalt – die an die Opferzahlen der „Kreuzzüge" des 20. Jahrhunderts im Namen von Nationalismus und Sozialismus freilich kaum heranreichen –, brachten die Kreuzzüge Europa auch einen Modernisierungsschub. Erstmals wurde den Christen des Westens die *Relativität* ihrer eigenen Kultur in größerem Umfang bewusst. Christentum und Islam bekämpften sich eben nicht nur, sondern befruchteten sich auch. Die islamisch-orientalische Kultur erwies sich dabei auf manchen Gebieten – zum Beispiel der Naturwissenschaft und Medizin – als höherstehend. Und die islamischen Krieger waren keine Selbstmordattentäter, sondern werden in der westlichen Kreuzfahrerdichtung als besonders edel und tugendhaft gepriesen. Die Begegnung mit dem Fremden schärfte mittelbar den Blick für das Eigene. Die Realität des Anderen ließ auch eigene Entwicklungspotenziale erkennen – je größer der soziale Möglichkeitsraum wird, den Menschen sehen, desto mehr erkennen sie sich selbst als Individuen, die im Leben eine Wahl haben.

Peter Abealard, der Sohn des bretonischen Ritters Berengar, wäre mit einiger Wahrscheinlichkeit Kreuzfahrer geworden, wenn er das väterliche Erbe angetreten hätte. Stattdessen entschied er sich für die Wissenschaft. Damit beschritt er aber letztlich nur einen *anderen Weg*, der Dynamik und Unsicherheit im 12. Jahrhundert zu begegnen. Das vernünftige Denken, die systematische Suche nach Antworten versprach Sicherheit in einer Zeit großer Verunsicherung und zahlloser Umbrüche. Die Intellektuellen wurden auch deshalb zu gefeierten Persönlichkeiten des öffentlichen Lebens, weil ihre wissenschaftliche Weltdurchdringung der Hoffnung auf Halt und Gewissheit Nahrung gab.

Jetzt kommt ein Paradox ins Spiel. Um zu wissenschaftlichen Erkenntnissen zu kommen, müssen die bestehenden Gewissheiten zunächst noch weiter destabilisiert werden. Um neuen Halt zu gewinnen, kommt das Denken der Vergangenheit auf den Prüfstand. Wer aus eigener rationaler Überlegung gedanklichen Fortschritt will, muss bereit sein, bestehende Autoritäten infrage zu stellen. Peter Abaelard verleiht genau diesem Paradox Ausdruck im Titel seines – neben der Autobiografie – bekanntesten und wirkungsmächtigsten Buchs. Es heißt lateinisch „Sic et non", was man mit „Ja und Nein" oder „So und nicht so" oder auch „Entweder so oder so" übersetzen kann.

Worum geht es in diesem Buch? Zunächst einmal wird Sie vielleicht überraschen, dass in diesem später so einflussreichen Werk kaum eine Zeile von Peter Abaelard selbst stammt. Genau wie einst Isidor von Sevilla trägt er über viele hundert Seiten Aussagen älterer Autoren zusammen. Aber jetzt kommt der Clou: Das Buch ist nach 158 Thesen gegliedert, zu denen Peter jeweils kurze Zitate *pro und contra* zusammenträgt. Diese Thesen beziehen sich beispielsweise auf Fragen der Fundamentaltheologie oder der Metaphysik und lauten dann etwa:

Gott kann alles – und nichts
Gott weiß alles – und nicht
Der Mensch hat durch die Sünde den freien Willen verloren – und nicht

Am Ende geht es schließlich um einzelne ethische Fragen, wie zum Beispiel:

Die Ehe ist etwas Gutes – und was dagegen spricht
Es ist erlaubt, eine Geliebte zu haben – und was dagegen spricht

Gerade die letzte Frage – „Quod liceat concubinam – et contra" – bewegte Peter ja aus eigener Lebenserfahrung ganz besonders! Pro und contra zitiert er nun jeweils munter aus der Bibel, aus den offiziellen Texten der kirchlichen Konzilien, aus den Werken der sogenannten Kirchenväter – wie beispielsweise Augustinus –, aus den Texten der klassischen griechischen Philosophen sowie schließlich aus den Büchern der als Autoritäten anerkannten christlichen Denker der letzten Jahrhunderte. Er zitiert. Er setzt Aussage neben Aussage. Aber er wertet nicht. Er stellt alle diese sich widersprechenden Aussagen völlig unkommentiert nebeneinander.

Das genügte, um eine geisteswissenschaftliche Revolution auszulösen. Die Sprengkraft des Buches liegt derart in der Luft, dass Peter Abaelard überhaupt nicht in jedem Kapitel darauf eingehen muss. Zwar hatten schon der zu Lebzeiten völlig unverstandene Johannes Scotus Eriugena und der erst vor kurzem verstorbene Anselm von Canterbury den Glauben auf den Prüfstand der Ratio stellen wollen, zwar hatte bereits Augustinus das Spannungsverhältnis zwischen Glauben und Wissen thematisiert – doch trotz allem war der *Autoritätsbeweis* immer die zentrale Methode der Wahrheitsfindung geblieben. Will heißen: Wenn etwas „so in der Bibel steht" oder ein Konzil eine theologische Frage abschließend „entschieden" hat, dann ist es schwer, dieses Fass noch einmal aufzumachen.

Peter Abaelard zeigt nun, dass es kaum eine theologische beziehungsweise philosophische Frage mehr gibt, zu der das christliche, jüdische und griechisch-römische Schrifttum nicht zumindest mehrere Antworten nahelegt. Und er macht deutlich, wie oft sich unterschiedliche Bibelstellen und bisher etablierte Lehrmeinungen *scheinbar* exakt widersprechen. Das war auch schon beim Streit zwischen Gottschalk von Orbais und Johannes Eriugena um die Willensfreiheit des Menschen klargeworden – nicht umsonst hatte der zuständige Bischof das Gutachten des irischen Intellektuellen zu dieser Frage im Aktenschrank eingeschlossen und nie wieder hervorgeholt. Aber noch nie waren die *Widersprüche der Autoritäten* so massiv hervorgetreten wie in Peters „Sic et non".

War Peter Abaelard also ein Dekonstruktivist, der jede Wahrheit ad absurdum führen und allen Autoritäten eine lange Nase zeigen wollte? Kaum. Er gab vielmehr den Geisteswissenschaftlern der nächsten 150 Jahre ihre Hausaufgaben. Diese 158 Probleme – mindestens – gab es zu lösen. Im Prolog zu seinem Buch entwirft Peter denn auch das entsprechende Programm. Nachdem er keck angemerkt hat, dass „selbst Heilige sich widersprechen", mahnt er seine Leser, die produktive Kraft scheinbarer Widersprüche zu erkennen. Denn diese Widersprüche drängen zur Auflösung auf einer höheren Ebene! Skepsis ist immer schöpferisch, denn aus ihr ergeben sich Fragen, die der Schlüssel zur Wahrheit sind. Geschickt zitiert Peter hier die gängige lateinische Bibelübersetzung, die Vulgata. „Suchet und ihr werdet finden" – dieser berühmte Satz aus dem Matthäusevangelium lautet dort: „*Quaerite* et invenietis". Und das lässt sich auch als „*Stellt Fragen* und ihr findet die Lösung" verstehen.

An dieser Stelle bringt Peter den griechischen Philosophen Aristoteles ins Spiel. Dieser Denker war ja bisher nur im arabischen Kulturraum vollständig überliefert worden, und seine größten Werke – die „Metaphysik", die „Nikomachische Ethik", die „Politik" oder die naturwissenschaftlichen Schriften – werden erst im folgenden Jahrhundert durch Albert von Lauingen und Thomas von Aquin Eingang in die westliche Schulphilosophie finden. Aber Teile des „Organon", der methodischen Schriften von Aristoteles, waren auch im 12. Jahrhundert schon wieder bekannt. Und so empfiehlt Peter ausdrücklich die aristotelische Logik, um zu einer Auflösung der genannten Widersprüche zu gelangen. Das hat Sprengkraft, denn logisch denken kann jeder – auch ohne Priesterweihe, ohne Bischofsamt, ohne Bibelstudium. Aristoteles wird bald der methodische Gewährsmann der mittelalterlichen Wissenschaft sein.

Peters zweiter Bezugspunkt im Prolog zu „Sic et non" ist Platon. Was sind die platonischen Dialoge anderes als der Versuch, sich in einem dialektischen Prozess von Rede und Gegenrede der Wahrheit anzunähern? Dialektik leitet sich schließlich vom griechischen Wort „dialegestai" her, das ursprünglich nichts anderes als „miteinander reden" bedeutet. Wer Zweifel und Unsicherheiten überwinden will, der muss mit anderen reden – das ist die methodologische Botschaft Platons. So kann Platon in seiner „Politik" schließlich sogar die Ideenlehre selbst als „Dialektik" bezeichnen. Praktisch bedeutet das: Durch Gegensätze und Widersprüche ergeben sich Zweifel, Aporien, eine scheinbare Ausweglosigkeit – doch gerade so baut sich ein Druck auf, der im Gespräch mit anderen zur Lösung führt.

„Quaerite" – stellt Fragen! Der Wissenschaftsbetrieb des 12. Jahrhunderts wird es sich zu Herzen nehmen. Der Siegeszug der dialektischen Methode wird die Antwort auf eine unumkehrbare Autoritätenkritik sein – die im großen Zusammenhang der Erschütterung politischer und kirchlicher Größen ein Teil des Zeitgeistes ist. Hatte schon Anselm von Canterbury die „dialectica" in der Theologie hoffähig gemacht, so wird nun durch Peter Abaelards kontroversen Zitatenschatz die Aufmerksamkeit der Gelehrten auf die Gültigkeit *einzelner Aussagen* gelenkt. In der Folgezeit wird die biblische und kirchliche Tradition immer feiner in Einzelprobleme zerlegt werden – und eine geradezu explodierende Zahl an Magistern und Studenten wird sich an diesen Fragen abarbeiten. In diesem Sinne ändern sich nun auch die Unterrichtsformen. Die „lectio" – Textlektüre und Auslegung seitens des Dozenten – tritt in ihrer Bedeutung zurück. Dafür werden die „quaestio" – kritische Nachfrage zu Einzelproblemen des Textes – und die „disputatio" – Erörterung dieser Probleme im großen Kreis der Dozenten und Studenten – immer wichtiger. Der Weg zur modernen Universität ist frei!

Peter Abaelard ist vielfach als ein radikaler „Aufklärer" des Mittelalters in die Geschichtsbücher eingegangen. Sicherlich legt er einen für die Zeit ungewöhnlich starken Akzent auf Subjektivität und Rationalität. Dem entspricht ja auch seine Biografie. Er war jemand, der seinen eigenen Kopf und einen leidenschaftlichen Willen besaß und deshalb überall aneckte. Aber ein philosophischer Rebell, der die Welt aus den Fugen heben wollte, war er dennoch nicht. Im Prolog zu „Sic et non" macht er ausdrücklich klar, dass er sich über keine der zitierten biblischen und kirchlichen Autoritäten erheben will. Die Wahrheit der Offenbarung Jesu und die geistige Einheit aller Christen sind für ihn Voraussetzung, nicht Gegenstand des kritischen Nachfragens.

Insofern weist Peter die Leser der so unterschiedlichen Zitate in „Sic et non" darauf hin, dass man jede Autorität, jeden Text, jeden Denker der Vergangenheit *aus ihrer Zeit heraus* verstehen müsse. Dieser Gedanke ist enorm wichtig. Bis heute werden ja die Bibel und alle möglichen philosophischen Texte munter aus dem Zusammenhang gerissen zitiert – und jeder *meint*, sie verstanden zu haben. Was dem Leser so spontan in den Sinn kommt, das wird der Autor wohl auch so gemeint haben. Peter Abaelard mahnt: Wer eine Aussage wirklich verstehen will, muss möglichst viel über die Umstände wissen, unter denen sie getroffen wurde. Er muss ihre Voraussetzungen und ihren Kontext kennen. Insofern denunziert er die kirchlichen Autoritäten nicht, sondern beklagt ihre mangelnde Kontextualisierung im Wissenschaftsbetrieb seiner Zeit.

Schließlich besaß Peters Buch „Sic et non" auch noch einen ganz praktischen Nutzen. Es war eine handliche Anthologie problembezogener Aussagen aus berühmten Schriften. Aus Schriften, die als autorisierte Abschrift für die wenigsten erschwinglich waren. Bücher waren im 12. Jahrhundert knapp und teuer. Eine wertvoll ausgestattete Handschrift eines bedeutenden Werkes kostete – gemessen an der Kaufkraft – ungefähr so viel wie heute ein Bentley oder eine Eigentumswohnung. Selbst die Bibliotheken konnten sich nicht immer alle Bücher leisten, die sie gerne gehabt hätten. Billig und ohne buchkünstlerischen Anspruch produzierte Zitatsammlungen waren da äußerst praktisch. Ein Schüler Peter Abaelards, Petrus Lombardus, wird diese Technik noch erheblich verfeinern. Seine „Sentenzen" – vier Bücher mit ausgewählten Aussagen der Kirchenväter – sind eine systematische Darstellung der gesamten damaligen Theologie. Sie werden *das* theologische Schulbuch an den Universitäten des 13. Jahrhunderts sein.

Peter Abaelard ist also weniger ein Revolutionär als ein Innovator. Immer wieder gerät er in Konflikte. Mit den theologischen Autoritäten seiner Zeit, weil er schlüssige Begründungen hören möchte und nicht nur Verweise auf andere, ältere Autoritäten. Und in sämtlichen später von ihm bewohnten Klöstern mit seinen Mitbrüdern, die Mordanschläge auf ihn verüben, weil ihm Bigotterie unerträglich ist und er möchte, dass Worte und Taten eines Geistlichen übereinstimmen. Aber immer wieder geht es ihm nur um den *nächsten Schritt* – der Erkenntnis, des wissenschaftlichen und gesellschaftlichen Fortschritts. Der Zeitgeist der Renaissance des 12. Jahrhunderts verleiht ihm Flügel, die wachsende Dynamik der Gesellschaft inspiriert ihn – während sich andere ängstlich an ihre lieb gewonnenen Gedankengebäude und Lebensgewohnheiten klammern. Und doch eigentlich wissen, dass sie die Welt nicht zum Stillstand bringen können.

Und Heloisa? Sie hätte den Intellekt und die Bildung besessen, an dem vielstimmigen theologischen und philosophischen Diskurs im Paris des 12. Jahrhunderts gleichberechtigt teilzunehmen. Heute wäre sie wahrscheinlich Professorin an der Sorbonne. Anstelle von Zwangsverheiratung und anschließender Abschiebehaft im Kloster könnte sie sich ihren Lifestyle und ihre Liebhaber aussuchen. Andererseits, auch unter den Umständen ihrer Zeit fand Heloisa ihre Nische. Sie machte bald ihr eigenes Kloster auf – den Frauenkonvent Le Paraclet – und schaffte es, moralisch und intellektuell unterstützt durch Peter, gemeinsam mit ihren Schwestern ein zeitgemäßes spirituelles Leben zu führen. Bis zum Ende ihres Lebens gründete sie noch ein halbes Dutzend Filialklöster, korrespondierte in geschliffenen Briefen mit Geistesgrößen und wurde zu einer unangefochtenen Führungspersönlichkeit im Kreis ihrer Schwestern. Manche Historiker sehen übrigens heute die Frauenklöster als Keimzelle einer mittelalterlichen „Frauenbewegung" (Heinz-Dieter Heimann), in denen zunehmend weibliche Formen selbstbestimmten Lebens entwickelt und ausprobiert wurden. Bei den Beginen, einer christlichen Frauengemeinschaft im Flandern des späten Mittelalters, zeigt sich schon ein verblüffend moderner Lebensstil, der heutige Betrachter an Kibbuz und Kommune erinnern mag.

Peter und Heloisa liegen heute auf dem Pariser Prominentenfriedhof Père Lachaise begraben, wo ihnen 1817 ein kitschiges neugotisches Denkmal errichtet wurde. Die Zeiten hatten sich wieder einmal geändert. Der leidenschaftliche Querdenker von damals galt nach der Französischen Revolution als intellektueller Held, der im Namen der Vernunft gegen klerikale Autoritäten aufbegehrt hatte. Und die tragische Liebe zwischen Peter und Heloisa traf genau den Geschmack der Romantiker des 19. Jahrhunderts. Ihre Geschichte wurde zum Stoff für Erzählungen und Theaterstücke. Dadurch blieb die Erinnerung wach. Noch heute wüsste jeder französische Boulevardjournalist Peter und Heloisa sofort einzuordnen: Traumpaar des Mittelalters – für immer vereint!

7 *Der asketische Charismatiker*

Bernhard von Clairvaux (1090–1153)

Das Städtchen Sens liegt reizvoll im Burgund, umgeben von Natur, weit weg von der geschäftigen Kapitale Paris. Unter Karl dem Großen und seinen Nachfolgern haben sich die Bischöfe von Sens zu einflussreichen Politikern hochgearbeitet. Inzwischen sind sie in ihrer Position als führende Prälaten des französischen Königs unangefochten. Um dieser Bedeutung ein weithin sichtbares Symbol zu verleihen, bauen sie seit 1122 eine neue Bischofskirche. Mitten in der ländlichen Gegend wächst eine hochmoderne Kathedrale in den Himmel. Sie folgt den schlanken, eleganten Gestaltungsmerkmalen der neuen Zeit, die der Florentiner Giorgio Vasari im 16. Jahrhundert verächtlich als „gotisch" bezeichnen wird. Dieser Spottname, der die emporstrebende Architektur der Renaissance des 12. Jahrhunderts als barbarisch – „wie von den Goten" – etikettiert, wird sich schließlich einbürgern. Doch einen solchen Frevel kann sich in Sens 400 Jahre zuvor noch niemand vorstellen.

Im Frühjahr 1141 ist die Baustelle weit genug fortgeschritten, um einer größeren Zahl von Menschen ein festes Dach über dem Kopf zu bieten. Prompt haben die Bischöfe von Sens einen religiösen Megaevent organisiert. Während einer „Heiltumsweisung" sollen die Reliquien des Bistums ausgestellt werden. Die Pilgermassen dürfen dann bestaunen, was von diversen Heiligen und Märtyrern an Erinnerungsstücken und mehr oder weniger appetitlichen Körperteilen übrig geblieben ist. Nach Meinung der Kirche geht von diesem Anblick – der „heilbringenden Schau" – eine spirituell kräftigende Wirkung aus. Solche „Heiltumsfahrten" sind im 12. Jahrhundert gerade in Mode gekommen.

In der Folgezeit wird man mancherlei Kirchen architektonisch so ergänzen, dass Reliquien in feierlichen Prozessionen hoch über den Köpfen der Gläubigen umhergetragen werden können. So erhält beispielsweise der Aachener Dom eine Brücke über den Dächern seiner Westfassade als Schauempore. Und im nahen Kornelimünster verläuft sogar ein schmaler Gang fast um das gesamte Dach. Auch wenn es einige Leser kaum glauben werden – in Aachen und Kornelimünster gibt es das Ritual der „Zeigung" von Reliquien noch heute alle sieben Jahre. Staunend stand auch ich einmal im Aachener Domchor vor einem Textil, das die Beschriftung der schützenden Vitrine als „Windel Jesu" auswies. Später an diesem warmen Frühlingssonntag trug eine Gruppe von Klerikern und Messdienern in festlichen Gewändern vermutlich ähnlich erstaunliche Reliquien rings um das Kirchendach von Kornelimünster. Von einem nahen Hügel, wo ich neben einer attraktiven Mitstudentin, die ich für ein paar Tage in Aachen besuchte, in der Sonne lag, beobachtete ich fasziniert, wie in schwindelerregender Höhe Mittelalter inszeniert wurde. Ein mir unvergesslicher Anblick.

Im Sens des Jahres 1141 ging es da weit weniger beschaulich zu. Die Heiligtumsfahrt bot nämlich kaum mehr als den folkloristischen Rahmen für ein politisch hochbrisantes Treffen der mächtigsten Kleriker Frankreichs. Der Strippenzieher und heimliche Organisator dieses Konzils war der Zisterziensermönch Bernhard von Clairvaux. Er hatte lange auf diesen Termin hingearbeitet. Und er verfolgte nur ein Ziel: seinen ideologischen Erzfeind endlich von der Kirche verurteilt sehen. Er wollte diesen Mann, der – wie er formulierte – „mit unreifen Jungen diskutiert und mit verruchten Frauen Umgang pflegt", dieses „doppelgesichtige Wesen, äußerlich Johannes, innerlich Herodes", diesen „Magister der Lüge und Verehrer verkehrter Lehren" zum Schweigen bringen. Er wollte, dass Papst und Bischöfe Peter Abaelard als Häretiker brandmarken und ihm jede weitere öffentliche Verbreitung seiner Philosophie untersagen.

Peter Abaelard, das einstige Idol der Pariser Studentenszene, hatte lange kommen sehen, was der einflussreichste Kirchenpolitiker des Abendlands mit ihm vorhatte. Zwar lebte Peter schon seit Jahren ein zurückgezogenes mönchisches Leben, doch solange er seine Theorien nicht widerrief, hatte Bernhard mit ihm eine Rechnung offen. Dabei hatte ein scheinbar freundschaftliches Gespräch zwischen dem prominenten Intellektuellen und dem perfekt vernetzten Zisterzienserabt am Anfang gestanden. Bernhard hatte Peter einen im brüderlichen, warmen Ton gehaltenen Brief geschrieben und ihn zu einem Gespräch unter vier Augen eingeladen. Peter sagte zu, doch vermutlich mit ziemlichen Bauchschmerzen, denn er hatte es hier mit einem ausgewiesenen Gegner der neuen, rationalen Geisteshaltung zu tun. Peters Schriften waren auf der Synode von Soissons 1121 schon einmal kirchlich verurteilt worden – der Schock saß tief.

Während des Treffens war Bernhard die Freundlichkeit in Person. Als warmherzig, empathisch und emotional stark erlebten Bernhards zahlreiche Freunde und Bewunderer ihr Vorbild immer wieder. Dass sein Wesen unversehens in Verschlossenheit, Missgunst, ja offene Aggression umschlagen konnte, zeigte sich weder bei dieser noch der folgenden Begegnung mit Peter, an der dann mehrere Zeugen teilnahmen. Bernhard trug Peter höflich seine Einwände vor und mahnte ihn, seine Texte zu ändern und seine Lehren zu widerrufen. Schon der Titel eines der bekannten Werke Peter Abaelards – „Theologia" – ist Bernhard ein Gräuel. Denn „Theologie" – so nannten die alten Griechen, so nannten Platon und Aristoteles ihre heidnischen Spekulationen über einen rational ergründeten Gott. Doch dieser Gott ist nicht der Herr und Erlöser Jesus Christus! Den christlichen Glauben kann man nur demütig annehmen – ihn akademisch zu zerpflücken, kommt einem Anschlag auf die ewigen Geheimnisse Gottes gleich. Eine *christliche* „Theologie" – so etwas wäre für Bernhard und seine Freunde Gotteslästerung.

Peter Abaelard war in allen Gesprächen mit seinem prominenten Glaubensbruder äußerst vorsichtig und zurückhaltend. Zögernd versprach er, seine Bücher noch einmal durchzusehen und, wo nötig, zu korrigieren. An Details, wie seiner Idee vom Heiligen Geist als „Weltseele", hing er sowieso nicht. Er überließ es gern Georg Wilhelm Friedrich Hegel, daraus im 19. Jahrhundert seinen „Weltgeist" zu machen. Aber an manchen Dingen war Peter schon gelegen. An der in „Sic et non" vorgeschlagenen geisteswissenschaftlichen Methodik etwa. Oder an der – ebenfalls von Bernhard kritisierten – Grundthese seiner „Ethik", dass die subjektive Intention einer Handlung wichtiger sei als ihr objektives Ergebnis. Tötet ein Jäger einen Menschen statt eines Hirschen, so ist das ein Jagdunfall – und kein Mord, wie es in den zeitgenössischen Bußbüchern steht.

Doch die Aussichten waren für Peter einigermaßen trostlos. Wer Bernhard nur ein wenig kannte, konnte eins und eins zusammenzählen. Denn wie überall in seinem Leben versuchte der asketische Mönch, sein Handeln möglichst genau an biblischen Modellen auszurichten. Und im 18. Kapitel des Matthäusevangeliums heißt es über den Umgang mit Sündern:

> *Wenn dein Bruder sündigt, dann gehe auf ihn zu und weise ihn unter vier Augen zurecht. Wenn er auf dich hört, dann hast du ihn zurückgewonnen. Wenn er aber nicht auf dich hört, dann nimm einen oder zwei Männer mit, denn jede Sache muss durch die Aussage von ein oder zwei Zeugen entschieden werden. Hört er auch auf sie nicht, dann sage es der Gemeinde. Hört er aber auch auf die Gemeinde nicht, dann sei er für dich wie ein Heide oder ein Zöllner.*

Das war zweifelsfrei Bernhards Drehbuch. Nach dem zweiten Gespräch würde Peter von einem mächtigen Konzil oder dem Papst verhört werden. Wenn er auch dort nicht widerrief, wäre seine Exkommunikation sicher. „Wie ein Heide oder ein Zöllner" – das bedeutete den Ausschluss aus der Gemeinschaft der Christen. Und das brachte einen im Mittelalter nicht in die Talkshow, sondern ins soziale Abseits. Überhaupt diente die zitierte

Textstelle der Kirche längst als Rechtsgrundlage für förmliche Verfahren gegen Sünder und Häretiker, die dann in den genannten Schritten abliefen.

Aber war Peter Abaelard denn ein „Sünder"? War sein Ringen um die Wahrheit „Häresie"? Was machte Bernhard von Clairvaux da so sicher? Nach verbreiterter Überzeugung heutiger Historiker hat Bernhard die philosophischen Theorien Abaelards überhaupt nicht verstanden. Einer aufschlussreichen Anekdote zufolge lehnte der ebenso gefeierte wie umstrittenen Philosoph Gilbert von Poitiers jede Diskussion mit Bernhard ab, weil er meinte, dieser halbgebildete Prediger solle erst einmal die „Sieben freien Künste" richtig studieren, bevor es ihm in den Sinn komme, über Philosophie zu diskutieren. Doch Bernhard *wollte* die Philosophen seiner Zeit gar nicht verstehen! Er hatte gar nicht die Absicht, von irgendetwas wissenschaftlich das Gegenteil zu beweisen. Ihm kam es allein auf den Glauben an. Und sein „Bauch" sagte ihm, dass er recht hatte. Er stand dort und konnte nicht anders.

Wortreich wendet sich Bernhard gegen die „windige Geschwätzigkeit der Philosophen". Auch vom Wissenschaftsbetrieb hält er nichts. Ähnlich wie später Martin Luther – als dessen früher Vorläufer er heute einigen Theologen gilt – äußert sich Bernhard immer ad hoc und situativ, in Predigten und Briefen. In theoretischen Abhandlungen sieht er keinen Sinn, denn immer steht das rechte Leben der christlichen Gemeinde für ihn im Mittelpunkt. Sinnorientierung hat für ihn eine komplett andere Grundlage als die der – in seinen Augen – selbstgefälligen Philosophen mit ihrem rastlosen und unsteten Leben, ihren Konkubinen und hübschen Studentenjungs.

Für Bernhard ist nicht der Intellekt, sondern die *Demut* Grundlage aller Wahrheitsfindung. *Allein aus dem Glauben* soll die Größe Gottes offenbar werden. Dazu müssen die Interessen des Ego – Geltungsdrang, Rechthaberei, Eitelkeit, Habgier – zum Schweigen gebracht werden. Nur so wird der Mensch offen für die Wahrheit. Glaube und Hingabe sind wichtiger als Dialektik – denn das Denken ist nur da sinnvoll, wo es zu Gebet und Meditation hinführt. Die *wahre Philosophie*, so Bernhard, ist die Liebe zu Christus, dem Gekreuzigten. Jesus, der die Wahrheit kennt – und *nur* Jesus –, weist den Gläubigen den richtigen Weg.

So kann Bernhard in einer seiner berühmten Predigten über das alttestamentliche Hohelied – in denen er charakteristischerweise nicht den Text stringent interpretiert, sondern alle möglichen lebenspraktischen Beobachtungen am Text aufhängt – den Gläubigen zurufen:

> *Es gibt solche, die nach Wissen verlangen, nur mit dem Ziel zu wissen – und das ist schändliche Neugierde. Es gibt solche, die wissen wollen, damit sie öffentlich bekannt werden – und das ist schändliche Eitelkeit. Es gibt auch solche, die Wissen erlangen wollen, damit sie es für Geld verkaufen – und das ist schändliche Habgier. Es gibt aber auch solche, die wissen wollen, damit sie andere erbauen – und das ist Nächstenliebe. Schließlich gibt es auch solche, die wissen wollen, um selbst erbaut zu werden – und das ist Lebensklugheit.*

Der eindrucksvolle Gebrauch rhetorischer Figuren der Wiederholung lässt noch heute den charismatischen Prediger Bernhard lebendig werden. So donnerte auch ein Athenischer Rhetor, und so wird auch Nietzsches „Zarathustra“ poltern. Doch inhaltlich bricht Bernhard hier ganz mit der antiken Tradition – ja, er präsentiert sich geradezu als Anti-Aristoteles. Denn dieser einflussreichste Denker des Altertums hatte die Erkenntnis um der Erkenntnis willen – die „theoria“ – gerade als das Höchste bezeichnet, wozu Menschen überhaupt in der Lage sind. Wer durch jahrelange geistige Anstrengung Einsicht in die metaphysischen Zusammenhänge der Welt erhält, der hat das Optimum dessen erreicht, was in seiner Persönlichkeit angelegt ist. Zwar wird man durch Wissen nicht „erlöst" – wie es später die Anhänger der Gnosis glauben – und muss sich weiter mit allen Alltagskatastrophen herumschlagen. Aber der Metaphysiker gewinnt doch mit seiner rationalen Durchdringung der Welt eine letzte Gewissheit, die ihm Halt und Sicherheit gibt.

Für Bernhard ist das alles „schändliche Eitelkeit". Weil es ablenkt von der persönlichen Begegnung mit Christus, auf die es eigentlich ankommt. Weil das philosophische Denken von egoistischen Motiven getrieben ist. Und weil der Mensch nun einmal aus eigenem Nachdenken keine Sicherheit finden *kann* – sondern sich der Liebe Gottes anvertrauen und von ihr tragen lassen muss. Und das kann man nicht *beweisen,* das muss man *erleben.* Deshalb verschiebt Bernhard den Akzent von der Theorie ganz auf die Lebenspraxis. Er ist ein Glaubenspraktiker, der jedes Wissen auf seine Nützlichkeit für den Gläubigen hin abklopft. Aus Prinzip, nicht aus Sturheit, lehnt es Bernhard deshalb ab, sich mit Philosophen über deren Thesen zu streiten. Er will predigen, nicht diskutieren. Er will beten, nicht wissenschaftlich forschen. Und er will Menschen im Glauben an Christus aufrichten, nicht komplexe Lehrgebäude errichten.

Bernhard ist von seiner Sendung so sehr überzeugt, dass er andere warnen und bekehren will. Nach der zweiten Unterredung mit Peter Abaelard, kurz vor dem Konzil von Sens, wagt er sich in die Höhle des Löwen. Er geht nach Paris, in die Hauptstadt der Intellektuellen, und predigt in der Kathedrale von Notre-Dame. Leidenschaftlich ruft er die – wie er meint – verblendeten Studenten zu Umkehr und Buße auf. Das klingt dann im O-Ton ungefähr so:

> *Das Wort Gottes zu hören, seid ihr gekommen. Jedenfalls glaube ich das. Einen anderen Grund als diesen scheint es mir jedenfalls für euer erwartungsvolles Herbeiströmen nicht zu geben. Und so billigen wir euer Verlangen und freuen uns über euren lobenswerten Eifer. Selig sind nämlich die, die das Wort*

Gottes hören und befolgen, wie es im heiligen Evangelium nach Lukas heißt.

Bernhard kennt die *wirklichen* Erwartungen seiner Zuhörer – und weist es weit von sich, diesen gerecht werden zu wollen. Selbstverständlich wird er hier keine kirchenpolitische Rede halten. Keinesfalls will er die Pariser Intellektuellen kritisieren. Nein, einzig und allein das „Wort Gottes" wird er verkünden. Wortreich und mit unzähligen Bibelzitaten führt er dann aus, warum alles Irdische nutzlos und verachtenswert ist und nur Weltverneinung, Rückzug und strenge Askese dem Menschen eine Chance auf Erlösung lässt. Ausdrücklich betont er, wie sinnlos jeder Versuch ist, in dieser Welt mithilfe der Vernunft zu sicherem Wissen kommen zu wollen.

Dann spielt Bernhard plötzlich auf Peter Abaelard und dessen Unterstützer in der hohen Geistlichkeit an:

Wehe euch, die ihr nicht nur den Schlüssel zum Wissen in der Hand haltet, sondern auch den Schlüssel zur Kirche. Ihr habt euch diese Schlüssel selbst genommen, anstatt sie demütig zu empfangen. Es gibt hier einen unverschämten Menschen, der die Friedfertigen verdrängt und den Platz der Kinder Gottes eingenommen hat. Er hat Gottes Ruf zur Umkehr seines Herzens nicht gehört. Und wenn er ihn einst gehört hatte, dann hat er seine Ohren verschlossen und ist wieder zu seinen Büchern zurückgekehrt, um sich hinter ihnen zu verstecken. Er strebt nach Geld, nicht nach Gerechtigkeit. Seine Augen schielen immerzu nach oben. Unersättlich ist sein Hunger nach Auszeichnungen, sein Durst nach menschlicher Ehre!

Bernhards Predigt ist eine zornige Abrechnung mit Peter Abaelard. Jeder, wirklich jeder in den Kirchenbänken weiß, wer hier gemeint ist. Und in dieser Predigt wird auch deutlich, was Bernhard seinem Rivalen im Kern vorwirft. Es sind die beiden ersten der sieben Todsünden, nämlich „superbia" – Hochmut, Eitelkeit, Stolz – und „avaritia" – Habgier, Gewinnstreben. In der antiken Rhetorik nennt man so etwas wie Bernhards Attacke „argumentum ad hominem" – der Redner greift den Gegner *als Menschen* an und versucht, ihn persönlich zu diskreditieren. Auf die sachliche Kontroverse geht er gar nicht ein. Denn – welche Kontroverse? Bernhard verkündet ja in seiner Lesart nur das Wort Gottes. Er ist der geborene Politiker und versteht es meisterhaft, sich unangreifbar zu machen.

Einigermaßen verlässlichen Quellen zufolge erlitt Bernhard nach seiner Predigt in der Sakristei einen Zusammenbruch. Der hagere Asket, der sich aus Überzeugung schlecht ernährte und deshalb chronisch bei prekärer Gesundheit war, hatte sich bis über seine Grenzen hinaus verausgabt. Er hatte sich auf der Kanzel emotional immer mehr gesteigert und am Schluss hochdramatisch an die Studenten appelliert:

> *Rettet, Brüder, ich ermahne euch, rettet eure Seelen! Hütet euch vor der schrecklichen Gefahr, dem Feuer, das auf den Sünder wartet! Flüchtet aus Babylon, flüchtet und rettet eure Seelen! Eilt zu den Stätten der Zuflucht, wo ihr eure Vergangenheit bereuen, schon in der Gegenwart Gnade erfahren und für die Zukunft die Herrlichkeit erwarten dürft!*

Im Klartext hieß das: Verlasst Paris – das Babel, die Hure, den Ort der Wirrnis – und tretet ein in die Klöster auf dem Land, wo Menschen der Sünde entsagen und sich ganz auf Gott konzentrieren. Wer so predigt, der agiert nicht diplomatisch. Wer so redet, der wägt nicht sorgfältig ab, um vorsichtig für sein Anliegen zu werben. Hier spricht einer, der absolut von seiner Position überzeugt ist und sie mit höchster Leidenschaft vertritt. Kein Zweifel, hier glaubt jemand, Gottes Willen zu tun. Und verausgabt sich dafür bis zum äußersten. Das blieb nicht ohne Wirkung. Eine ganze Reihe von Studenten, darunter Gottfried von Auxerre, der das Geschehen überliefert hat, geben noch am selben Abend ihr Studium auf und beschließen, als Mönche in der Abgeschiedenheit zu leben. Woher hatte Bernhard diese Autorität? Wie schaffte er es, die Massen immer wieder auf seine Seite zu bringen?

Im Gegensatz zu dem beruflich und persönlich auf vielfache Weise gescheiterten Peter Abaelard war Bernhard von Clairvaux ein Erfolgsmensch. Er war der Architekt des sensationellen Erfolges der Zisterzienser im 12. Jahrhundert, auch wenn er nie offiziell an der Spitze des Ordens stand. Er hatte sich von einem schüchternen, vom frühen Tod seiner Mutter erschütterten Jugendlichen zur moralischen Autorität eines ganzen Jahrhunderts hochgearbeitet. Am Schluss beriet er Bischöfe und Päpste, Fürsten und Könige in Glaubensfragen. Im Gegensatz zu den „freien Magistern", den erfolgreichen Einzelkämpfern und Profis der Selbstvermarktung, war er dabei immer ein Mann des Apparats. Sein Erfolg war der Erfolg des neu entstandenen Ordens der Zisterzienser. Seine Autorität war die Autorität der Kirche, die er getreu den Kirchenvätern als „den Leib Christi auf Erden" begriff. Seine Sicherheit war die eines Menschen, der sich von einer starken Gemeinschaft getragen weiß. Deshalb vermied er auch weitgehend die direkte Konfrontation mit seinen Gegnern. Er rief stattdessen Autoritäten an und ließ sein Netzwerk spielen, damit eine geistig geschlossene Gemeinschaft das ausscherende Individuum zurückpfeift.

Die Erfolgsgeschichte der Zisterzienser ist tatsächlich beeindruckend. Der Orden war theologisch, liturgisch und kirchenpolitisch zutiefst konservativ – und gleichzeitig ökonomisch, führungspsychologisch und ästhetisch hochmodern. Aus diesem Spanungsverhältnis erwuchs ein großer Teil der Kraft dieser Gemeinschaft, konnte sie doch Bedürfnisse nach Geborgenheit in einer inzwischen jahrhundertealten liturgischen Tradition ebenso befriedigen wie Begehrlichkeiten nach Machtzuwachs in einer von sozialem Wandel und neuen Möglichkeiten geprägten Gesellschaft.

Für den 22-jährigen Bernhard begann ein neues Leben, als er 1112 gemeinsam mit 30 Gleichgesinnten in das Kloster Citeaux eintrat. Hier im Burgund herrschte seit einigen Jahren Aufbruchsstimmung. Robert von Molesme und sein Nachfolger Stephan Harding standen einer monastischen Gemeinschaft vor, die im Wortsinn radikal sein wollte. Die Männer von Citeaux besannen sich auf die Wurzeln des abendländischen Mönchtums in der Ordensregel Benedikts von Nursia. Sie hatten den Eindruck gewonnen, in einer Zeit zu leben, die bis in die Klöster hinein dekadent und moralisch lax geworden war. Als Gegenmodell wollten sie so puristisch wie möglich nach der benediktinischen Regel leben. Dazu gehörten eine straffe Organisation und ein streng geregelter Tagesablauf. Radikalität findet in Zeiten der Unsicherheit und des raschen sozialen Wandels immer ihre Befürworter. Und so ging von Citeaux eine geradezu magnetische Anziehungskraft aus.

Bernhard fiel seinen Mitbrüdern bald auf, weil er es mit der Askese und der Weltverneinung besonders ernst meinte. Schon nach drei Jahren sandte Abt Stephan ihn gemeinsam mit zwölf anderen Mönchen aus, um in der Champagne das Kloster Clairvaux zu gründen. Im selben Jahr hatte Bischof Wilhelm von Champeaux Bernhard zum Priester geweiht. Der junge Abt wirkte auf gestandene Bischöfe ebenso faszinierend wie auf Novizen, die bald in großer Zahl nach Clairvaux strömten. Bernhard kannte sich in der Bibel, bei den Kirchenvätern und in der römischen Literatur bestens aus. Rasch entwickelte er sich zu einem meisterhaften Rhetoriker, der mit Worten zu führen verstand. Lebenslang wird er darum ringen müssen, sein Verlangen nach Einsamkeit und mystischer Nähe zu Gott mit seinen vielfältigen Führungsaufgaben widerspruchsfrei zu verbinden.

Als mittelalterlicher Manager war Bernhard fraglos genial. Für die Zisterzienser entwickelte er ein System, das Ihnen heute noch überall auf der Welt in Form von Starbucks, Ikea oder H&M begegnet – das Filialsystem. Von Citeaux aus expandierten die Zisterzienser mit – für damalige Verhältnisse – atemberaubendem Tempo in ganz Europa und eröffneten eine Filiale nach der anderen. Ende des 12. Jahrhunderts gab es bereits 530 Zisterzienserklöster und um 1300 schließlich rund 700. Citeaux bleib immer das Stammhaus. Darunter gab es vier Hauptniederlassungen – sogenannte Primärabteien –, von denen Clairvaux mit ihrem Hauptabteilungsleiter Bernhard die bekannteste und erfolgreichste war. Die Primärabteien gründeten selbständig Tochterklöster – französisch: „filles" –, und diese wiederum Enkelklöster und so fort.

Der verblüffende Erfolg des von Bernhard ausgetüftelten Systems basierte auf mehreren Faktoren. Revolutionär war die relative *Autonomie* der einzelnen Filialen. Sie verwalteten sich selbst, waren wirtschaftlich autark und entschieden eigenverantwortlich über die Gründung weiterer Filialen. Nach dem Konsultationsprinzip konnten sie die übergeordnete Filiale jederzeit um Unterstützung bitten. Umgekehrt fand aber auch ein kaskadenartiges Controlling mit regelmäßigen „Visitationen" durch Vorgesetzte statt. Die oberste Entscheidungsinstanz der Zisterzienser war das „Generalkapitel" aus sämtlichen Äbten. Einmal im Jahr trafen sich alle Filialleiter zur Hauptversammlung in Citeaux. Und wo immer sich die Gelegenheit bot, da gründeten die Top-Manager auch selbst neue Filialen. So errichtete etwa Bernhard nach einem Treffen mit Papst Innozenz II. in Mailand im Jahr 1136 auf dem Rückweg *en passant* das Kloster Chiaravalle.

Ein weiterer Erfolgsfaktor der Zisterzienser war, dass sie sich auf ökonomisch besonders lukrative Aktivitäten fokussierten. So erwarben fast alle Filialen mehr Land, als sie brauchten, um sich selbst zu versorgen. Die übrigen Ländereien verpachteten sie – eine zu dieser Zeit hervorragende und gleichzeitig sichere Investition. Die Überschüsse aus dem „operativen Geschäft" wurden also angelegt, die Erträge wiederum in Expansion investiert, und so weiter. Da die „weißen Mönche", wie die Zisterzienser wegen ihrer Kleidung bald genannt wurden, persönlich nach strengen

Regeln lebten, lag der Hang zur ökonomischen Effizienz geradezu in der Luft. Die Teilautonomie der kleinen Einheiten begünstigte nicht nur schnelles Wachstum, sondern machte den Erfolg für die Beteiligten auch attraktiv. Ein Team, das von den Früchten seiner Anstrengung profitiert, statt alles an eine ferne Zentrale abführen zu müssen, ist eben hochmotiviert. Auf diese Weise drangen die Zisterzienser auch weit in bislang öde, noch halb heidnische Gebiete vor – wie beispielsweise die Mark Brandenburg, wo die eindrucksvolle Ruine des Klosters Chorin noch heute an diese Zeit erinnert.

Der entscheidende Erfolgsfaktor des Zisterziensersystems war jedoch die geistig-kulturelle Einheit. Ohne sie wäre das kleinteilige Filialsystem schnell auseinandergebrochen, ja es hätte sich niemals so weit ausdehnen können. Da war einmal die strenge Beachtung der Regeln Benedikts von Nursia, die so etwas wie die Leitsätze der Organisation bildeten. Darüber hinaus gab es aber noch eine Fülle von Symbolen, Riten und ideologischen Grundsätzen, die die Mönche und „Konversen" – so etwas wie assoziierte Mitglieder – in allen Filialen zusammenschmiedeten. Die erfolgreichsten Filialisten haben auch heute noch eine „Corporate Indentity", eine „Mission", einen ganz besonderen Codex aus Regeln und Symbolen, der den Laden zusammenhält.

Bei den Zisterziensern spielte die Feier der Liturgie eine zentrale Rolle. Das emotionale Glaubenserlebnis stärkte die Gemeinsamkeit. Darüber hinaus schufen die Zisterzienser eine eigene Ästhetik in Kirchenbau und Sakralkunst. Eine Zisterzienserfiliale konnte man überall von Weitem als solche erkennen – so wie heute eine Filiale von Ikea. Getreu ihrer streng asketischen Lebensregeln entwickelten die Mönche eine an den Grundsätzen von Klarheit und Einfachheit orientierte Formensprache. Wenn Sie so wollen, nahmen die „Weißen" damit ein Grundprinzip des modernen Designs – „form follows function" – vorweg. Die Zisterzienserklöster waren betont schlicht. Zumindest in der Anfangszeit war jede figürliche Darstellung – bis auf Christus am Kreuz – verboten. Als Alternative entwickelte man geometrische und florale Ornamente, die sich bis heute im Gebrauchsdesign finden. Nicht nur modern, sondern geradezu postmodern mag einem schließlich das „ästhetische Zitat" vorkommen, das die Zisterzienser kultivierten. Um den Zusammenhalt zu stärken, versuchte man vielerorts, ein Stück Citeaux oder Clairvaux nachzuahmen. Also, ärgern Sie sich nicht, wenn heute jede Starbucks-Filiale und jedes Ibis-Hotel gleich aussieht, sondern freuen Sie sich, eine der innovativsten Ideen des Mittelalters zu erleben!

Und wenn Sie sich das System der Zisterzienser so anschauen – wundert Sie dann noch, wie Bernhard von Clairvaux in Paris auftrat? Wie er seine Gegner zusammenfaltete? Er war ein legendärer Manager, ein Jack Welsh oder Steve Jobs seiner Zeit, der zuvor Unvorstellbares geleistet hatte und dem der Erfolg einfach recht zu geben schien. Mehr noch, sein Charisma, seine Konsequenz, seine Unduldsamkeit gegenüber ideologischen Abweichungen waren Teil des Erfolgsmodells. Mit dem lateinischen Wort „unanimatas" – das wörtlich übersetzt „eines Herzens sein" bedeutet – bezeichneten die Zisterzienser jene unbedingte Einmütigkeit und Geschlossenheit, auf das sie jedes Mitglied verpflichteten. Die gemeinschaftliche Ausrichtung auf ein höheres Ziel, die geistige Einheit in der Vielfalt ihrer Filialen überall in der christlichen Welt, gab ihnen ein Gefühl unbezwingbarer Stärke.

Und wer waren die Pariser Intellektuellen in diesem kollektiven geistigen Kosmos? Richtig: Störenfriede, Aufrührer, Kritiker, Spalter. Und außerdem waren das Leute, die den ganzen Tag dumm herumsaßen und diskutierten. Statt etwas zu *machen*. Statt sich Selbstdisziplin aufzuerlegen, hart zu arbeiten, zu singen und zu beten. Nein, Bernhard von Clairvaux, der Glaubenspraktiker und charismatische Führer, konnte einfach keinen Zugang zu Menschen wie Peter Abaelard finden. Wie tief der menschliche, kulturelle und intellektuelle Graben wirklich war, verstehen Sie, wenn sie sich die Gedanken noch etwas genauer ansehen, mit denen Bernhard das 12. Jahrhundert ebenso prägte wie Peter Abaelard.

Bernhards Predigten über das alttestamentliche Hohelied – lateinisch: „Sermones super Cantica Canticorum" – werden heute vielfach als sein Hauptwerk angesehen. Wenn Sie Literaturwissenschaftler fragen, dann ist das „Lied der Lieder" ein – möglicherweise aus einzelnen Teilen zusammengesetztes – erotisches Gedicht in hebräischer Sprache aus der Zeit um 500 vor Christus. Es handelt von der Annäherung zweier Liebender und kann einem – mit unvoreingenommenem Blick und in einer authentischen Übersetzung gelesen – sogar ziemlich sexy vorkommen. Es ist ein Text voller Lebensfreude, der wenig an Aktualität eingebüßt hat.

Nun hatte schon der christliche Kirchenlehrer Origenes gemeint, man solle dieses Liebesgedicht besser allegorisch verstehen. Das war für ihn moralisch weniger heikel – schließlich gehen der junge Mann und seine Auserkorene ziemlich weit und sind noch nicht einmal verheiratet! – und eröffnete gleichzeitig viel mehr Möglichkeiten meditativer Betrachtung. So wurden aus dem Liebespaar kurzerhand Jesus Christus und die christliche Kirche. Das Christentum gab es zwar zur Entstehungszeit des Textes noch gar nicht – aber Schwamm drüber! Das prickelnde Zwiegespräch der Liebenden wurde nun zu einem überaus ernsten Dialog Christi mit seiner „Braut", der „ecclesia", der christlichen Gemeinde. Wahlweise darf sich durchaus auch der einzelne Gläubige angesprochen fühlen.

Bernhard von Clairvaux gelingt es dann mit einer kurvenreichen Rhetorik, sämtliche Grundgedanken seiner Theologie an dem Liebesgedicht festzumachen. So stehen Fußkuss, Handkuss und Kuss auf den Mund – in dieser Reihenfolge – für drei Stufen, in denen der Mensch zu Gott aufsteigt. Moment mal – Stufen? Merken Sie was? Ja natürlich, da ist doch wieder die platonische Stufenleiter! Was wäre das Christentum nur ohne Platon! Immer, wenn es ans Eingemachte geht, kommt wieder dieser alte Athener ins Spiel. Er wurde eben zur Zeit der Kirchenväter so sehr mit christlichem Gedankengut verschmolzen, dass man im Mittelalter den Unterschied gar nicht mehr wahrnahm.

Um welche drei Stufen geht es aber nun bei Bernhard? Da ist als erste Erkenntnisstufe die „Überlegung". Der Mensch macht sich so seine Gedanken, er sammelt Eindrücke und sucht nach Gewissheit. Auf dieser – niedrigsten – Ebene könnte Bernhard das Treiben der Wissenschaftler in Paris durchaus noch akzeptieren. Aber nun müssten sie, wie jeder Mensch, den nächsten Schritt tun. In der „Kontemplation" versenken sie sich in das *intuitiv* als richtig Erkannte. Der Geist Jesu weist hierzu den Weg – es bedarf keiner rationalen Argumente. Im Gebet und durch Predigten vertieft man sich immer mehr in die Wahrheit. Schließlich erreicht man die letzte Stufe – die „Ekstase". Der Mensch überwindet sein Ich und geht auf in der mystischen Vereinigung mit Gott. Er verliert sich in Gott „wie ein Tropfen Wasser im Wein" während der Heiligen Messe. Das ist buchstäblich das Höchste der Gefühle. Und es ist ein Zustand, dem wir uns immer nur wieder mühsam annähern können, ohne ihn auf dieser Welt schon dauerhaft zu ergattern. Bernhard wörtlich:

> *Ich bin mit Gott nicht eins und bin dadurch auch mit mir selbst nicht eins. Mit ihm kann ich aber nur vereint werden in der Liebe, mich ihm nur unterwerfen in der Demut, und demütig kann man nur sein, wenn man wahr ist.*

Alles Denken geht bei Bernhard letztlich in der religiösen Erfahrung, alle Philosophie in der Glaubenspraxis auf. Deshalb – und nur deshalb – setzt er im Konfliktfall beim *Lebenswandel* seiner Gegner an. Jetzt wird deutlich, warum seine Kritik sich immer „ad hominem" richtet. Die Praxis ist ja das Entscheidende! Wer umgekehrt den Menschen Bernhard betrachtet, der könnte – wenn er denn wollte – ein narzisstisches Grundmuster entdecken, das erklären könnte, warum dieser Mönch mit Gott und allen seinen Brüdern *eins sein* möchte – und gleichzeitig seine Feinde so unerbittlich bekämpft. Warum er sich immer wieder auf sich selbst zurückzieht und die „innere Schau" explizit zur höchsten Erkenntnisquelle erklärt – und gleichzeitig als Manager und charismatischer Führer ein beeindruckendes Imperium aufbaut. Warum er nichts so geißelt wie Stolz und Hochmut – und gleichzeitig eine Nähe zur politischen Macht sucht wie kein anderer Ordensmann seines Jahrhunderts, sich überall auch ungebeten einmischt und alles am liebsten selbst bestimmen möchte. Nun gut, viele „große" Persönlichkeiten der Geschichte waren irgendwie auch Neurotiker – und haben aus der Spannung ihrer unbewussten Tektonik schier unglaubliche Energien freigesetzt. Das ist nichts Neues und soll hier gar nicht weiter ausgewalzt werden.

Viel aufschlussreicher scheint mir, den Streit zwischen den beiden großen Denkern Bernhard von Clairvaux und Peter Abaelard weniger als persönliche Fehde, sondern mehr als – wie man heute vielleicht sagen würde – systemischen Konflikt zu betrachten. Die beiden Kontrahenten stehen nämlich in kaum zu überbietender Reinkultur für zwei Hauptströmungen, die mit der Renaissance der Wissenschaften im 12. Jahrhundert im christlichen Denken zutage treten und deren Auswirkungen noch viele Jahrhunderte später spürbar sein werden. Die klugen Köpfe des Mittelalters spalten sich jetzt in ein „monastisches" und ein „scholastisches" Lager. Die einen haben ihren Bezugspunkt im Kloster, die anderen in den Kathedralschulen und bei den freien Magistern. Die einen suchen Abgeschiedenheit, die anderen genießen die Kultur der Stadt. Aus dem einen Zweig entstehen die spätmittelalterlichen Frömmigkeits- und neuzeitlichen Erweckungsbewegungen. Aus dem anderen Zweig entwickeln sich die modernen Wissenschaften.

Im monastischen Denken gehen Theologie und Philosophie nahtlos über in Erzählung und Lyrik, Spekulation und Kontemplation. Rhetorik, nicht Dialektik ist hier gefragt. Der Theologe ist immer auch Schriftsteller, Prediger, Beter. Er legt nicht viel Wert auf Struktur, dafür ist es ihm umso wichtiger, religiöse Gefühle zu wecken und zu bestärken. Bei monastischen Denkern gehen eigene Gedanken typischerweise nahtlos in Bibelzitate über – und umgekehrt. Die Bibel wird aber nicht stringent interpretiert, sondern erbaulich gedeutet, ist Anlass für bildreiche, poetische Gedankenspiele, die leicht ausufern, sich zumindest sehr weit vom Text entfernen können. Die Ziele lauten Persönlichkeitsbildung und Gottesnähe. Lesen Sie heute – sagen wir – die Bücher eines Pater Anselm Grün, und sie werden diese Tradition immer noch erkennen.

Die Scholastik, die sich Aristoteles zum Gewährsmann erwählt und bei Thomas von Aquin ihren Höhenpunkt erreicht, hat dagegen ganz anderes im Sinn. Sie ist Schulphilosophie – ihr Ziel ist Forschung und Lehre. Mit kühlem Verstand, logischer Argumentation, diskursiver Vernunft versucht sie die Welt zu durchdringen und sich anzueignen. Gott – kann da selbst unter Theologen schon mal etwas auf der Strecke bleiben. Dafür arbeitet man streng am Bibeltext und an den Büchern der antiken Philosophen. Alle Erkenntnisse der Antike sollen einbezogen und weitergeführt werden. Auch die im Judentum entwickelte Methode der kritischen Textexegese fließt schließlich mit ein. Derlei philosophisches Denken hat es im Christentum heute schwer. Ein Bestsellerautor will mir da auf Anhieb nicht einfallen. Eher sind es die gefühlsbetonten, charismatischen Prediger, die die Massen der Gläubigen begeistern.

Doch schon auf dem Konzil von Sens im Jahr 1141 waren die Verhältnisse nicht wirklich anders. Bernhard von Clairvaux war innerkirchlich hervorragend vernetzt, konnte Papst und Bischöfe auf seine Seite bringen. Nachdem er dem Papst bereits eine Liste verdammenswerter Lehrsätze Peter Abaelards präsentiert hatte – die er aus dem Zusammenhang gerissen und ziemlich entstellt zitiert –, kann er bei einem geheimen Treffen am Vorabend der

Entscheidung die Bischöfe bereits zu einer ersten Verurteilung bewegen. Am Oktavtag vor Pfingsten sitzt Bernhard dann mit den Kirchenoberen im Chorgestühl, während sein Kontrahent Peter – mittlerweile ja ebenfalls Abt und damit offiziell ranggleich – als einfacher Teilnehmer in den hinteren Reihen zu finden ist. In einem dramatischen Showdown wird Peter von Bernhard aufgefordert, seinen Lehren abzuschwören. Dieser zieht es vor zu schweigen – es ist das Klügste, was er tun kann. Das Konzil von Sens ächtet daraufhin Peters Lehren. Knappe zwei Monate später verurteilt ihn der Papst in Rom auf der Grundlage von Bernhards Akten „einem Ketzer gleich" zu lebenslänglicher Klosterhaft und „ewigem Schweigen".

Peter Abaelard kann das nicht auf sich sitzen lassen. Er macht sich auf den Weg nach Rom, um seine Position gegenüber dem Papst zu verteidigen. Doch auf dem Weg nach Rom passiert, was Sie jetzt wahrscheinlich nicht erwarten. Bernhard von Clairvaux und Peter Abaelard sprechen sich aus und versöhnen sich. Petrus Venerabilis, der hochangesehene Abt des Klosters von Cluny bringt die beiden Kontrahenten an den Tisch. Und diese Denker des Mittelalters haben die Größe, sich schließlich doch die Hand zu reichen. Später wird Petrus dann auch die Aufhebung des päpstlichen Urteils gegen Peter erreichen. Nun gut, es war eine menschliche Aussöhnung. Aber es war noch lange nicht der geistige Händedruck zwischen monastischem und scholastischem Denken, zwischen wissenschaftlicher Rationalität und intuitiver Glaubensgewissheit. Dieser steht bis heute aus.

8 *Das dritte Auge*

Hildegard von Bingen (1098–1179)

„Der Ball ist rund“ – dieser Spruch von Sepp Herberger musste als Titel einer Ausstellung herhalten, die anlässlich der Fußballweltmeisterschaft 2006 im Berliner Pergamonmuseum zu sehen war. Die Staatlichen Museen und die Humboldt-Universität als Veranstalter machten hier weniger den Fußball als „Kreis, Kugel, Kosmos“ – so der Untertitel – zum Thema. Eine eigenartig entrückte Atmosphäre erwartete die Besucher der Ausstellungsräume. Draußen tauchte die Nachmittagssonne Berlin in beinahe kalifornisches Licht – drinnen ließen fensterlose Räume mit nachtschwarzen Wänden den hellen Tag wie ein exotisches Naturwunder erscheinen. Im Lustgarten vor dem Dom lagerte die Jugend bei Cola und Bier – in diesem Museumsflügel schien eine Klimaanlage die Besucher mit Tiefkühlkost zu verwechseln.

Doch die Faszination von Kreis und Kugel war stark genug, um die Freuden des Sommers für einen Moment vergessen zu machen. Anhand von Kunstobjekten und Texten entfaltete sich ein uraltes Menschheitsthema. Wobei Fußball durchaus Teil dieses Themas ist. Aus allen Hochkulturen – von den Azteken bis zum alten China – sind Darstellungen von Figuren überliefert, die einen Ball mit dem Fuß kunstvoll in der Luft halten. Diese Kunst ist deshalb so groß, weil eine Kugel sich in letzter Konsequenz der Beherrschung durch den Menschen entzieht. Trifft sie auf einen anderen konvexen Körper – beispielsweise einen Fußballschuh –, so können selbst modernste Computer die resultierende Flugbahn nie ganz exakt berechnen.

Die beiden geometrischen Formen Kreis und Kugel stehen seit jeher für Vollkommenheit und Ewigkeit. Für Ordnung und Harmonie. Für das große Ganze des Kosmos. Im Abendland schließlich für – Gott. Kugel und Kreis bleiben geheimnisvoll und rätselhaft, eben weil sie sich mathematisch nicht exakt bestimmen lassen. Menschen gehen im Alltag ständig mit Kreisen und Kugeln um, lassen Eisenbahnräder rollen oder Kugeln mit aufgemalten Lottozahlen rotieren. Und doch erfassen sie die Idee dieser Formen nie vollständig. Die Nachkommastellen der Kreiszahl *Pi* gehen auch dort noch weiter, wo das menschliche Vorstellungsvermögen endet. Die Mathematik spricht in diesem Fall sogar von einer transzendenten Zahl. Sie nähern sich dem Unendlichen. Ein wirklicher, vollkommener Kreis ist für den Menschen buchstäblich unvorstellbar.

Platon schreibt in seinem Dialog „Timaios", der „Demiurg" – der Schöpfer alles Lebendigen – habe den Kosmos in Form einer Kugel geschaffen. Derjenige Teil des Menschen, mit dem er die Ordnung des Kosmos erkennen kann – sein Kopf also –, sei deshalb ebenso zu einer Kugel geraten. Logisch, oder? Im christlichen Mittelalter findet sich das allen Kulturen vertraute Kugelsymbol natürlich auch. Ein bekanntes Beispiel ist der Reichsapfel als Machtsymbol des römisch-deutschen Kaisers. Er symbolisiert weniger die Weltkugel – die meisten hielten die Erde ja noch für eine Scheibe! – als jene göttliche Macht, welche die christlichen Monarchen in ihre Hände gelegt glaubten.

Doch es waren weder Kaiser noch Päpste, die sich im Mittelalter am nächsten an das Geheimnis von Kreis, Kugel und Kosmos heranwagten. Es waren auch nicht Theologen oder Philosophen an den großen Universitäten, die das Wissen der Antike aufgesogen hatten und mit der Offenbarung der Bibel zu verbinden suchten. Es war vielmehr eine Frau, die sich selbst als „ungebildet" bezeichnete. Sie hatte Jahre ihres Lebens hinter Klostermauern verbracht, in der tiefsten Provinz, fast ohne Kontakt zur Außenwelt, und sie sollte nie über politische Ämter oder wissenschaftliche Lehraufträge verfügen.

Hildegard von Bingen beschreibt Gott als Kugel, die Welt als Kreis, den Kosmos als eine Ganzheit in harmonischer Vollendung. Sie tut das in mächtigen Bildern. Das erste dieser Bilder stammt aus ihrem frühen Buch „Scivias", das zwischen 1141 und 1151 entstand und auf Deutsch unter dem Titel „Wisse die Wege" bekannt geworden ist. Hier ist das Weltall noch kein gleichmäßiger Kreis, wie im Spätwerk Hildegards, sondern – in den Worten der Autorin – „ein riesenhaftes Gebilde, rund und schattenhaft, zugespitzt wie ein Ei". Eine Besonderheit besteht darin, dass dieser elliptische Kosmos-Klumpen verschiedene Schichten besitzt. Außen ist Feuer, also pure Energie. Dann kommt eine düstere Zone, zwar auch energetisch, aber aus einem „dunklen Feuer", das ebenso zerstören wie reinigen und läutern kann. Eingebettet in eine reine, klare Atmosphäre, findet sich schließlich die Welt der Menschen mit den vier Elementen Feuer, Wasser, Luft und Erde. Im Inneren ist hier alles in Bewegung und gleichzeitig in Balance.

Der Kosmos als Kreis, der Mensch im Mittelpunkt – eine Vision Hildegards von Bingen

In diesem Bild überschneiden und durchdringen sich mehrere Bedeutungsebenen. Man kann es als Beschreibung der physischen Realität des Kosmos lesen, doch es bezieht sich gleichzeitig auf eine geistige Wirklichkeit und liefert eine Sinndeutung des Ganzen. So lässt sich einerseits die Erde – als Kugel, nicht als Scheibe – ausmachen. Sie ist von einer Atmosphäre umgeben, die wiederum in einen energiedurchströmten Kosmos eingebettet ist. Genauso gut kann das Bild aber so gelesen werden, dass der Mensch auf der Erde durch einen düsteren und geheimnisvollen Bereich vom göttlichen Licht getrennt ist. Seine Seele hat vielleicht nach dem irdischen Tod die Möglichkeit, durch dieses dunkle, läuternde Feuer zum göttlichen Licht aufzusteigen. Schließlich lässt sich Hildegards Bild auch als Allegorie für Gott verstehen, der mit seiner Liebe den Kosmos und den Menschen umfängt, der Leben spendet und es erhält, gleichzeitig der Welt aber auch seine „schauerlich düstere" Seite – so Hildegards Worte – zuwendet, die den Menschen verängstigen kann und ihn zu einer existenziellen Stellungnahme drängt. Gott ist Leben und Liebe, Licht und Dynamik – aber auch dunkles, fernes, manchmal erschreckendes Geheimnis.

Im dritten und letzten ihrer großen Weisheitsbücher, dem „Liber divinorum operum", das zwischen 1163 und 1173 entstand und auf Deutsch als „Wirken Gottes" oder auch „Welt und Mensch" bekannt ist, malt Hildegard ihr Bild des Kosmos noch facettenreicher aus. Statt eines eiförmigen Gebildes repräsentieren nun die vollendeten Formen des Rades, des Kreises und der Kugel das Weltall und das göttliche Wesen. Der Kreis steht für die Vollkommenheit Gottes und seiner Schöpfung, weil er keinen Anfang und kein Ende hat. Die Kugel ist die vollendete Verbindung der Idee des Kreises mit der Materie. Das Rad schließlich ist eine perfekte Form in immerwährender Bewegung.

Diese Bewegung, diese Dynamik Gottes und des Kosmos, scheint besonders wichtig zu sein. Es gibt im Weltall letztlich nichts Statisches. Alles ist durchdrungen von göttlicher Energie. Und alles ist ständig in Bewegung, wandelt und verändert sich. Schon die griechische Philosophie sah den Kosmos voller Möglichkeiten – „dynamis" – und voller Kraft – „energeia" – zur Verwirklichung dieser Möglichkeiten. Hildegards Bild des Rades macht aber deutlich, dass die Dynamik nie gleichmäßig verteilt ist. An der Außenseite eines Rades ist die meiste Bewegung, während sie zur Mitte – der Nabe – hin abnimmt.

Entsprechend ist die Schöpfung an ihrer Oberfläche extrem

wandelbar – das Wetter wechselt, die Natur blüht auf und verwelkt, die Vorlieben der Menschen ändern sich –, hingegen in ihrem Kern, in ihrer Substanz, stabiler. Zwar auch nicht statisch, aber beständiger. Selbst Gott ist in Hildegards Bild nicht statisch, sondern besitzt vielfache Möglichkeiten. Im Symbol der Kugel zeigt sich jedoch, dass diese Möglichkeiten abnehmen, je näher man dem göttlichen Wesenskern kommt, dem Ewigen und Unveränderlichen. Als „Ebenbild" Gottes ist ja auch der Mensch in Äußerlichkeiten – Was ziehe ich an? Was esse ich heute? – sehr flexibel, in seinen Gewohnheiten schon störrischer und in seinem tiefsten Wesen fast überhaupt nicht zu ändern.

Hildegard stellt diesen gottebenbildlichen Menschen im „Liber divinorum operum" ganz selbstverständlich in den Mittelpunkt des Universums. Dieser Gedanke dürfte heute die meisten befremden. Seit dem 19. Jahrhundert gilt der Mensch als ein Zufallsprodukt der Evolution. Für Hildegard ist der Mensch aber das Lieblingsgeschöpf Gottes, das aufrecht und mit ausgebreiteten Armen inmitten des kosmischen Kreises steht. Gott, der Schöpfer, hat Mensch, Welt und Weltall perfekt aufeinander abgestimmt.

Wieder findet sich in Hildegards Bild der Feuerkreis, jene göttliche Energie, die alles umschließt. Und wieder ist da ein der Welt zugewandter, düsterer, Ehrfurcht gebietender Teil dieses göttlichen Feuers. „Gottes Macht und sein Gericht sind zu einer einzigen Gerechtigkeit verschmolzen und nicht voneinander zu trennen", schreibt Hildegard dazu. Umschlossen von diesem hell-dunklen göttlichen Feuer befindet sich die Atmosphäre in einer Balance aus Kräften und Gegenkräften. Winde aus unterschiedlichen Richtungen, Wärme und Kälte, Feuchtigkeit und Trockenheit sind in ständigem Wechsel und gleichzeitig perfektem Ausgleich. Man mag an die asiatische Vorstellung von Yin und Yang denken, die auf ähnliche Weise ausdrückt, dass alles auf der Welt zwischen energetischen Spannungsfeldern ein ständig neues Gleichgewicht erstrebt.

Der Mensch ist mitten in diese dynamische Welt hineingesetzt. Er ist Teil eines Kräftespiels, dem er sich nicht entziehen kann. Bedrohlich wirkende Tierköpfe umgeben den Menschen und senden ihre Energien aus. Die Welt macht ihren Bewohnern oft Angst. In einer ihrer naturphilosophischen Schriften deutet Hildegard den Geburtsschrei des Säuglings als einen Moment des Erschreckens, in welchem dem Neugeborenen die Finsternis und Einsamkeit der Welt bewusst wird. Moderne Psychoanalytiker sprechen hier von einem Trauma, weil die Geborgenheit des Einsseins mit der Mutter für immer endet.

Aber diese bedrohliche Welt, in der jeder Mensch auf sich allein gestellt scheint, ist auch Ansporn, seine körperlichen und geistigen Kräfte zu entfalten. Hildegard warnt den Menschen ausdrücklich davor, aus Angst vor der Welt passiv zu bleiben oder den Rückzug anzutreten. „Wenn der Mensch die grüne Lebenskraft der göttlichen Wirkmächte aufgibt und sich der Dürre seiner Nachlässigkeit überlässt, sodass ihm der Lebenssaft und die Grünkraft guter Werke fehlen", mahnt Hildegard in ihrer bildhaften Sprache, „dann beginnen auch die Kräfte seiner Seele zu dörren."

Und wie schon für Platon zielen die Seelenkräfte stets auf das Gute. Hildegard sieht das Gute in jener göttlichen Energie symbolisiert, die den Kosmos als ein hell leuchtender Feuerkreis umschließt. Der Kreis ist höchst lebendig. Er hat ein Gesicht, ja er ist eine Person. „Was du im Geheimnis Gottes erblickst, gleich wie ein Mensch gebildet, versinnbildlicht die Liebe des himmlischen Vaters", schreibt Hildegard und ergänzt: „Die Liebe ist in der Kraft der unvergänglichen Gottheit, von auserlesener Schönheit, wunderbar in ihren geheimnisvollen Gaben. Aus dieser wahren Liebe, die ganz und gar göttlich ist, besteht alles Gute. Die Liebe zieht alle an sich, die Gutes wollen."

Mit diesen Gedanken steht Hildegard ganz in der Tradition der griechischen Philosophie. Die Idee des Guten ziehe alles an, hat schon Platon gesagt. Und er hat diese Idee des Guten letztlich mit „Gott“ gleichgesetzt. Wobei dieser Gott – „theos“ – der alten Griechen nicht der persönliche, liebende Gott der Juden und Christen ist. Platons Schüler Aristoteles hat dann das Gute als das Ziel menschlichen Handelns und die Liebe als jene Kraft bezeichnet, die zum Guten antreibt. Hildegard fügt dem in ihrem Bild noch einen Aspekt hinzu, den die Griechen so nicht gesehen haben: „Die überwältigende Güte der Gottheit, die ohne Ursprung und Ende ist, eilt den Gläubigen zu Hilfe.“ Der Mensch, der sich vertrauensvoll bittend an Gott wendet, erhält von ihm den „Lebenssaft und die Grünkraft“, die Energie also, seine Kräfte gegen alle Widerstände positiv zu entwickeln.

Hildegards Bild vom Kosmos bleibt also nicht bei reiner Spekulation stehen, sondern mündet in einem Appell an ihre Mitmenschen, sich vertrauensvoll an den Schöpfer zu wenden und ihn um die nötige Lebenskraft zu bitten. Sie erinnert die Christen daran, dass sie in einem Kosmos aus göttlicher Energie stehen und ermutigt sie, sich auf diese Energie zu verlassen. Für Hildegard ist der Mensch letztlich dazu berufen, durch sein aktives, von Liebe motiviertes Wirken zur Vollendung der „Schönheit des Kosmos“ beizutragen.

Das ist nun ein beeindruckendes Gedankengebäude, keine Frage. Aber woher hat Hildegard das alles? Auf wen bezieht sie sich und womit belegt sie ihre Behauptungen? Hildegard sagt, sie habe alles direkt von Gott. Ja, Sie haben richtig gelesen: Bilder und Texte sind angeblich direkt von „ganz oben“ gekommen. Hildegard saß an der Quelle, stand in unmittelbarem Kontakt zum Allmächtigen. Sagt sie. Und als sie das Bernhard von Clairvaux erzählt, dem seinerzeit angesehensten Theologen, da studiert dieser lange, was da eine angeblich ungebildete Frau geschrieben hat. Und dann meint er, das alles müsse sie direkt von Gott haben. Hatte Hildegard ja gleich gesagt!

Und als sie sich schließlich an den Papst wendet, da geht auch dieser in sich und überlegt – bis er schließlich Hildegard ermutigt, weiterzumachen. Aufzuschreiben, was sie in Visionen gesehen hat, und was ihr eine „göttliche“ Stimme anschließend als Sinn dieser Visionen erklärt hat. Das päpstliche Schreiben ist nicht überliefert, aber in diesem Sinn hat Hildegard es verstanden. So kommen ihr immer neue Bilder, die eine „göttliche“ Stimme dann gleich auch interpretiert. Eine eigenartige Geschichte ist das. Bevor Sie gleich auch anfangen, Stimmen zu hören, erzähle ich Ihnen am besten etwas mehr über Hildegards Leben.

Schon als Kind glaubte die Tochter mittelrheinischer Adeliger, eine Art „drittes Auge“ zu besitzen. Das hochsensible und häufig kranke Mädchen meinte, in die Seelen der Menschen hineinschauen zu können. Zunächst dachte sie allerdings auch, jeder Mensch habe dieses Vermögen, das sei ganz normal. Aber als sie merkte, dass niemand sonst in ihrer Umgebung eine solche mediale Begabung besaß, bekam sie Angst und traute sich für viele Jahre nicht mehr, sich anderen zu offenbaren. Mit über 70 Jahren erinnert sich Hildegard noch genau an diese Zeit:

> *Bis zu meinem fünfzehnten Lebensjahr sah ich vieles, und manches erzählte ich einfach, sodass diejenigen, die es hörten, sich sehr wunderten, woher es käme und von wem es sei. Da wunderte ich mich auch selbst, dass ich, während ich tief in meine Seele schaute, doch auch das äußere Sehvermögen behielt, und dass ich dies von keinem anderen Menschen hörte. Darauf verbarg ich die Schau, die ich in meiner Seele sah, so gut ich konnte.*

Die junge Hildegard hatte Angst, als Verrückte dazustehen. Sie machte jene Erfahrung der sozialen Entfremdung, die außerordentlich begabten Menschen zu kaum einer Zeit erspart blieb. Erst die Künstler der Romantik würden dieses Lebensgefühl zum Prinzip erheben und sich in ihrer schamanischen Rolle als kreative „Verrückte“ bestens gefallen. Hildegard stand dieser Weg der Selbststilisierung nicht offen. Jedenfalls zu Anfang nicht. Und aus der gefühlten Isolation wurde bald eine reale.

Irgendwann an der Schwelle von der Kindheit zur Jugend – das genaue Datum lässt sich nicht mehr bestimmen – steckten Hildegards vornehme Eltern ihre Tochter ins Kloster und machten die Tür zu.

Von einem der verschiedenen Biografen Hildegards, dem Mönch Dietrich von Echternach, der kurz nach ihrem Tod eine „Vita" verfasst hat, stammt die Geschichte, Hildegard sei das zehnte Kind ihrer Eltern gewesen, weshalb diese sie gemäß des alttestamentlichen Gebots, „den zehnten Teil" aller Habseligkeiten aus Dankbarkeit Gott darzubringen, für ein geistliches Leben bestimmt hätten. Natürlich kann es so gewesen sein. Anderseits war Hildegards schwache Konstitution auch ein starkes Argument für das – relativ – behütete Klosterleben. Die Anekdote zeigt vor allem, wie sehr die Bibel damals den Bezugsrahmen für die Sinndeutung einzelner Lebensentwürfe bildete. Der Rang eines Menschen wurde gern daran festgemacht, wie sehr sein Lebensweg biblisch begründeten Modellen entsprach.

Historisch verbürgt ist, dass Hildegard in die Obhut eines älteren adeligen Mädchens namens Jutta von Sponheim gegeben wurde und die beiden gemeinsam mit einer dritten Gefährtin in eine Klause des Benediktinerklosters auf dem Disibodenberg einzogen. Hier, wo unweit der heutigen Stadt Bad Kreuznach die Flüsschen Glan und Nahe zusammenfließen, soll der aus dem Norden der britischen Inseln stammende Wandermönch Disibod schon Anfang der 7. Jahrhunderts ein Kloster gegründet haben. *Men only,* versteht sich. Hildegard, Jutta und die Dritte im Bunde mussten sich mit einem winzigen Anbau des inzwischen mächtigen Klosters, der vielleicht sogar außerhalb der Umfassungsmauern lag, zufriedengeben. Die drei Mädels lebten in völliger wirtschaftlicher Abhängigkeit vom Männerkloster. Man muss sich diese Situation vor Augen führen, um zu ermessen, was es bedeutet, dass Hildegard am Ende ihres Lebens Chefin ihres eigenen Frauenklosters an einem neu gegründeten Standort war.

Zunächst aber verbrachte Hildegard viele Jahre wie von Disibods Berg verschluckt und lebte getreu dem benediktinischen Motto „ora et labora" – beten und arbeiten. Hildegards Eltern hatten dem Männerkloster einen fetten Geldbetrag überwiesen, damit ihre Tochter sozial abgesichert war. Kurze Zeit später legen Hildegard und ihre Freundinnen das Gelübde ab, ohne privaten Besitz, ehelos und Gott gehorsam zu leben. Sie entschieden sich damit nun bewusst für ein klösterliches Dasein auf Lebenszeit und wurden offiziell Benediktinerinnen.

Als Lehrmeister und Mentor für die Mädchen stellt das Männerkloster den Mönch Volmar ab. Dieser wird mit Hildegard noch so manches erleben. Zunächst einmal lehrt er sie aber lesen und schreiben, bringt ihr die Psalmen und das Stundengebet nahe. Die Gelehrtensprache Latein wird Hildegard aber vorenthalten. Sie lernt die lateinischen Gebete und Gesänge nur phonetisch auswendig. Auch in den „Sieben freien Künsten" erhält sie keinen Unterricht. Man glaubte, das höhere Bildungsrepertoire sei für Frauen ungeeignet. In den Texten der Bibel wird Hildegard allerdings bald geistig ganz zu Hause sein. Und wenn die Zeit nicht mit Gebeten, Gesängen, Messen und Studien verplant ist, geht es hinaus in die Natur. Die Benediktiner haben es immer als ihre Aufgabe angesehen, das Land um ihre Klöster herum zu kultivieren. Und Hildegards spätere naturkundliche Schriften sind ohne eine frühe Vertrautheit mit der Umwelt schwer vorstellbar.

So vergingen die Jahre. Mit der Zeit bekam die Frauenklause auf dem Disibodenberg Zuwachs durch andere adelige Mädchen. Und als Jutta von Sponheim 1136 starb, wurde die nunmehr 38-jährige Hildegard von ihren Mitschwestern zur neuen „Meisterin" gewählt. Bei solch einer Wahl spielte der Rang der Herkunftsfamilie eine große Rolle. Trotzdem konnte Hildegard die Rolle der „Ersten unter Gleichen" sicherlich nur deshalb einnehmen, weil sie über ein entsprechendes Maß an Reife und Charisma verfügte.

Alles in allem lebte Hildegard aber weiter ein unauffälliges Leben, wie es unzählige Klosterfrauen in den ländlichen Gegenden Europas auch taten. Der sprichwörtliche Hahn krähte weder nach ihr noch all den anderen, während sich Priester und Ordensmänner in den großen Klöstern und in Universitätsstädten wie Paris oder Bologna Gedanken über Gott, den Kosmos, die Welt und den Menschen machten. Und dafür ihr Publikum fanden und Applaus bekamen. Der Disibodenberg lag fernab der geistigen Zentren, und niemand hätte erwartet, dass jemand aus dieser Gegend von sich reden machen würde.

Doch dann, irgendwann im Jahr 1141, meldete sich Hildegards „drittes Auge" zurück. Die seherische Gabe aus ihrer Kindheit war plötzlich wieder da. Und jetzt kam noch so etwas wie ein „drittes Ohr" hinzu, eine Stimme, die weder einem Menschen gehört, noch die eigene „innere Stimme" war. Hildegard beschreibt das Erlebnis, das ihr Leben verändern sollte, im Vorwort zu ihrem ersten Buch „Scivias":

Es geschah im Jahr 1141 nach der Menschwerdung des Gottessohnes Jesus Christus, als ich 42 Jahre und 7 Monate alt war. Aus dem offenen Himmel fuhr blitzend ein feuriges Licht hernieder. Es durchdrang mein Hirn und setzte mein Herz und die ganze Brust wie eine Flamme in Brand. Es verbrannte nicht, war aber heiß, wie die Sonne einen Gegenstand erwärmt, auf den ihre Strahlen fallen. Und plötzlich erhielt ich Einsicht in die Bücher der Heiligen Schrift – die Psalmen, die Evangelien und die übrigen Bücher des Alten und des Neuen Testaments. Die Bilder aber, die ich sah, empfing ich nicht im Traum, nicht im Schlaf oder in geistiger Verwirrung, nicht durch die leiblichen Augen und die geistigen Ohren, auch nicht an abgelegenen Orten, sondern ich erhielt sie in wachem Zustand, bei klarem Verstand, durch die Augen und Ohren des inneren Menschen, an zugänglichen Orten, wie Gott es wollte.

Eine solche Schilderung polarisiert heute wahrscheinlich noch mehr als damals. „Wenn ich Visionen habe, gehe ich zum Arzt", soll der deutsche Ex-Kanzler Helmut Schmidt einmal gesagt haben – und ich sehe sie vor mir, seine Brüder im Geiste, die bei diesem Satz zufrieden nicken und sich sagen: „Der Kerl hat verdammt recht!" Aber dann gibt es auch diejenigen, die heute noch ein „drittes Auge" oder ein „drittes Ohr" haben, die Dinge sehen oder hören oder spüren, die anderen entgehen. In aller Regel schweigen sie eisern darüber. Denn sie wollen nicht zum Arzt geschickt werden.

Auch Hildegard von Bingen hatte gar keine Lust, anderen von ihren Visionen und Auditionen zu erzählen. Sie hatte nicht die Absicht, sich vor allen Leuten lächerlich zu machen. Und überhaupt – wen ging die Sache etwas an? Aber dann sagte ihr eine Stimme: „Schreibe auf, was du siehst und hörst!" Und damit die Ansage auch bei der Adressatin ankam, wiederholte sie die Stimme gleich mehrfach. Das war zu viel für Hildegard. Sie wurde krank, fühlte sich elend, zog sich in ihr Bett zurück. Warum sollte sie eine Prophetin sein? Warum ausgerechnet sie?

Aber es nutze alles nichts. Die Vision war zu überwältigend und die Anweisung zu eindeutig gewesen. Hildegard musste zu Papier bringen, was sie sah und hörte. So glaubte sie. Zum Glück war da noch Volmar, der universell gebildete Mentor seit Jugendtagen. Er wurde Hildegards Ghostwriter, der sich geduldig daran machte, die Visionen der Ordensfrau in der Wissenschaftssprache Latein möglichst genau zu beschreiben und ihre Auditionen wenn möglich lückenlos festzuhalten. Bei diesen Auditionen – den Worten der „göttlichen" Stimme – hatte es Volmar besonders schwer. Denn die kamen oft in einem ganz seltsamen Duktus daher, der wenig bis gar nicht dem üblichen Sprachgebrauch entsprach, und waren zudem voller Wiederholungen und logischer Brüche. Volmar war stets bemüht, das alles so gut es ging zu glätten, ohne es zu verfälschen, doch der Stil blieb sehr seltsam. Später waren dann fromme Leser davon überzeugt, gerade dieser komische Ausdruck beweise, dass die Texte vom Himmel diktiert und nicht Hildegards Phantasie entsprungen seien.

Noch einen zweiten Menschen zog Hildegard ins Vertrauen, bevor sie an die Öffentlichkeit ging. Es war ihre sensible und hochgebildete Mitschwester Richardis von Stade. Hildegard hatte sich in die jugendliche Richardis verliebt, kaum dass sie auf dem Disibodenberg angekommen war. Viele Jahre verband die ältere Meisterin mit der jüngeren Ordensfrau eine innige Beziehung – die leider in einem unschönen Eifersuchtsdrama endete. Im Jahr 1151 beschloss Richardis nämlich, eigene Wege zu gehen und in ein anderes Kloster zu wechseln. Offen schreibt Hildegard über die „bitteren Tränen" und die „grausamen Wunden", welche die Trennung von Richardis für sie bedeuteten. Noch einmal kehrt Richardis auf den Disibodenberg zurück, doch kurz darauf erkrankt sie tödlich.

Zu Beginn der Visionen waren sie aber noch ein fabelhaftes Team: Hildegard, ihr väterlicher Mentor Volmar und ihre junge Freundin Richardis. In dieser Besetzung entstand innerhalb von zehn Jahren das visionäre Buch „Scivias", in der das Weltall wie eine etwas missglückte Kugel erscheint. Volmar wird Hildegard bis zu seinem Tod treu bleiben und sie bei einem Großteil ihrer Schriften unterstützen. Neben den drei großen visionären Büchern über Gott, Mensch und Kosmos zählen dazu auch Werke über Natur und Heilkunde, die sich heute bei Anhängern der Naturmedizin großer Beliebtheit erfreuen. Hildegard beschreibt die Wirkungen von Heilkräutern ebenso wie die Sexualität von Mann und Frau. Ihre Schaffenskraft erschöpfte sich aber auch darin nicht. Sie komponierte ihre eigene Musik auf der Grundlage des gregorianischen Gesangs. Oder sie schuf mal eben eine Kunstsprache mit einem eigenen System von Schriftzeichen – lange vor Volapük und Esperanto.

Wer war Hildegard von Bingen gegen Ende ihres langen Lebens? Sicherlich die bekannteste Frau Europas. Manche sagen, zusammen mit Bernhard von Clairvaux die moralische Instanz des 12. Jahrhunderts. Eine Ausnahmepersönlichkeit, die mit gekrönten Häuptern und Alpha-Klerikern auf Augenhöhe korrespondierte. Unter anderem warnte sie Kaiser Friedrich I. „Barbarossa" davor, sich mit dem Papst zu überwerfen. Seit 1150 leitet sie ihr eigenes Kloster auf dem Rupertsberg, einem früher unbesiedelten Hügel direkt am Rhein, gegenüber von Bingen. Dafür musste sie viele Widerstände überwinden und dann gemeinsam mit den anderen Schwestern karge Anfangsjahre durchstehen. Immer wieder wird die Selbständigkeit der Frauen von mächtigen Männern infrage gestellt. Einmal kommt es fast zum Skandal, als das Kloster einen weltlichen Vogt als Oberaufseher bekommen soll. Doch Hildegard lässt ihr adeliges Netzwerk spielen und gewinnt schließlich die Oberhand. Das Kloster wird direkt dem Erzbischof von Mainz unterstellt, und die Frauen dürfen sich ihren Hausgeistlichen selbst aussuchen.

Nachdem Papst Eugen III. auf der Trierer Synode des Jahres 1147 die Weltdeutungen Hildegards für konform mit der christlichen Lehre erklärt hat, wird die „Posaune Gottes", wie manche die medial begabte Frau nun nennen, nach und nach zu einer Volksheldin. Ihre Visionen verleihen ihr Autorität und verschaffen ihr überall Gehör. Immer wieder mischt sie sich in die Politik ein. Sie ist eine Konservative, die treu zu Papst und Bischöfen steht und eine Reform der Kirche „von unten" strikt ablehnt. Und sie ist eine Adelige, die darauf besteht, dass die Privilegien der blaublütigen Familien erhalten bleiben. Auch in ihr Kloster nimmt sie ausschließlich höhere Töchter auf. Hildegard bezieht Position und verteidigt ihre Freiheit – da ist es kein Wunder, dass sie umstritten bleibt. In ihrem letzten Lebensabschnitt haftet ihr der Ruf an, elitär und abgehoben zu sein. Tatsächlich reizte sie ihre Handlungsspielräume aus und richtete das Leben auf dem Rupertsberg für sich und ihre Mitschwestern – innerhalb der Grenzen der damaligen gesellschaftlichen Akzeptanz – weitgehend nach eigenem Geschmack ein.

Die Ordensregeln wurden großzügig ausgelegt, *frau* kleidete sich elegant und phantasievoll, trug Schmuck und feierte Gottesdienste als ästhetisches Gesamtkunstwerk – inklusive musikalischer Untermalung aus der kompositorischen Feder der Chefin. Die Autonomie des Klosters war auch deshalb so wichtig – und so umstritten –, weil dieses Maß an Selbstverwirklichung und Selbstinszenierung, zumal für Frauen, in einem anderen sozialen Kontext nicht möglich gewesen wäre. Die Lebensgestaltung auf dem Rupertsberg war zu modern, die Sehnsucht nach einem besseren Leben hatte zu viel Sprengkraft, um vom gesellschaftlichen Mainstream nicht immer wieder in die Schranken gewiesen zu werden.

Der Ball ist rund. Der Kosmos ist eine runde Sache – so könnte man das philosophisch-theologische Weltbild Hildegards von Bingen zusammenfassen. Alles hängt mit allem zusammen. Nichts ist Zufall, sondern jedes Phänomen hat seinen Sinn innerhalb einer göttlichen Ordnung. Mensch, Welt und Kosmos sind untrennbar mit Gott verknüpft. Das bedeutet, Gott ist kein Sahnehäubchen auf dem Universum, kein ferner Beobachter seines eigenen Werks und schon gar keine Setzung des menschlichen Verstandes aus systematischen Gründen, wie 600 Jahre später bei Kant.

Gottes Energie durchströmt alles und hält das große Ganze zusammen. Was ist aber dann mit dem Bösen? Hildegard sagt, dass die Sünden der Geschöpfe den Kosmos gefährden und verletzen. Das Böse reißt Löcher, wo etwas Gutes ist – und kann verheerende Kettenreaktionen auslösen. Der theologische Begriff der Sünde wird so letztlich als ein Aus-der-Balance-Sein gedeutet. Das ist etwas komplett anderes, als das Böse nur in der Missachtung von Regeln zu erblicken, die kirchliche Autoritäten aufgestellt haben.

Das alles klingt jetzt etwas abstrakt. Erinnern Sie sich aber an Hildegards Vision vom kosmischen Rad. Da war der Mensch in der Mitte. Und so ist auch Hildegards Denken und Schreiben immer auf den Menschen bezogen. Egal, ob sie den Kosmos vor sich sieht, Sexualität zu erklären versucht, Arzneien beschreibt oder Musik komponiert – immer geht es darum, dem Menschen zu einem maximal gesunden, glücklichen und sinnerfüllten Leben zu verhelfen. Hildegard ist der festen Überzeugung, dass dies ohne Gott nicht möglich ist. In ihrem Buch „Scivias" lässt sie die göttliche Liebe sprechen: „Ich bin der lebendige Hauch im Menschen, eingesenkt in das Zelt von Mark und Adern, von Gebein und Fleisch. Ich bin es, die diesem Zelt Wachstum gibt und es in all seinen Bewegungen trägt."

Ohne Gott ist der Mensch gar nichts. Mit Gott kann der Mensch alles sein, hat er alle Möglichkeiten. So klar ist das. Für Hildegard. Deshalb lässt sie den Menschen auf die Liebe Gottes antworten:

Gott, der mich erschaffen, der wie ein Herr seine Gewalt über mich hat, ist auch meine Kraft, weil ich ohne ihn nichts Gutes zu tun vermag, weil ich nur durch ihn den lebendigen Geist habe, durch den ich lebe und bewegt werde, durch den ich alle meine Wege kennenlerne.

Wie genau dieser und viele andere Texte entstanden sind, ist letztlich ein Geheimnis zwischen Hildegard, ihrem Mentor und ihrer geliebten Freundin geblieben. Wir haben nur Hildegards Selbstzeugnisse. Tatsächlich hat es im Zeitalter der empirischen Forschung einige „wissenschaftliche" Erklärungsversuche für Hildegards Visionen gegeben. Danach ist sie etwa gar nicht „ungebildet" gewesen – dies sei vielmehr nur eine zeittypische Demutsformel –, sondern tatsächlich hochbelesen. Ihre ungewöhnliche Phantasie und kreative Begabung hat sie dann ihr gesammeltes Wissen in Bildern sehen lassen, die aus ihrem Unterbewusstsein aufgestiegen sind.

Tatsache ist, dass Hildegard auf der göttlichen Inspiration ihrer Visionen bestanden hat und der päpstliche Persilschein für das Medium vom Rhein seitens des Vatikans niemals widerrufen worden ist. Natürlich irritiert diese direkte Berufung auf Gott schon deshalb – und macht Hildegard zu einer problematischen Figur –, weil sich hier ein Mensch letztlich unangreifbar macht. Hildegard hat ihre Theorien fast nie mit Sachargumenten untermauert, sondern immer nur behauptet, sie habe alles von göttlichen Stimmen. Wer im Mittelalter wagte, einem solchen Menschen zu widersprechen? Zumal wenn auch noch Päpste und Bischöfe ihre Autorität für die Seherin in die Waagschale werfen?

Andererseits ist vollkommen klar, dass Hildegard als Frau nicht den Hauch einer Chance auf Gehör gehabt hätte, wenn sie ihre Bücher als *eigene* Werke deklariert hätte. Wie auch immer die Schriften genau entstanden sind – Hildegard hatte so oder so ein Glaubwürdigkeitsproblem. Aber mit diesem Problem ist sie nicht allein. Hildegards Visionen sind Teil eines Wirklichkeitszugangs, der oft vorschnell als „Esoterik" bezeichnet wird. Es geht um etwas, was einige wenige intuitiv erkennen, ohne es anderen, denen dieser intuitive Zugang fehlt, rational beweisen zu können. So „spüren" zum Beispiel manche, was bioenergetisch in ihrem Körper vor sich geht – aber wenn sie das ihrem Hausarzt erklären sollen, sind Hopfen und Malz verloren.

Konfrontiert mit der Frage nach der „Echtheit" der Visionen Hildegards von Bingen, haben Bernhard von Clairvaux und Papst Eugen III. möglicherweise nicht die schlechteste Lösung gefunden. Sie haben sich angesehen, ob das, was da jemand für die Wahrheit hält, obwohl es nicht nachprüfbar ist, im Widerspruch mit den Wahrheiten steht, die allgemein anerkannt sind. Sie haben also die moderne „Kohärenztheorie" der Wahrheit angewendet. Motto: Immerhin *könnte* es so sein, auch wenn es keiner sicher weiß. Und wenn eine Erkenntnis Menschen hilft, ihr Leben in einen größeren Sinnzusammenhang einzuordnen, ist es vielleicht gar nicht immer so wichtig, woher genau sie stammt.

9 *Der rabbinische Aufklärer*

Mose ben Maimon, genannt Maimonides (1135–1204)

Cordoba muss den almohadischen Eroberern wie eine Stadt aus einer Märchenwelt vorgekommen sein, schillernd und faszinierend. Das Zentrum der Metropole bildet die „goldene Stadt", ein Ensemble aus Palästen, Regierungsbauten und Gotteshäusern, darunter auch die große Moschee.

Schluss mit Multikulti! Allah ist groß, und Mohammed ist sein Prophet! Es lebe der Gottesstaat! – Im Jahr 1148 erobern islamische Fundamentalisten Cordoba, die Hauptstadt von al-Andalus, des arabischsprachigen Teils der iberischen Halbinsel. Sie nennen sich al-Muwahhidun, Bekenner der Einheit Gottes. Die Almohaden, wie man sie später bezeichnet, stammen aus Nordafrika. Sie suchen eine neue Heimat mit genauso viel Sonne, aber weniger Sand und mehr Grün. Vielleicht sind sie auch gar nicht solche Fanatiker, wie die jüdische Geschichtsschreibung seit der zweiten Hälfte des 12. Jahrhunderts überliefert, sondern nur von etwas schlichtem Gemüt und etwas schnell mit der Hand am Schwert. Doch so oder so unterwerfen die Wüstensöhne – für die es nur *eine* wahre Religion, nur Gläubige und Ungläubige, nur Freunde und Feinde gibt – mit Cordoba eine weltoffene und tolerante Metropole, wie sie ihrer Mentalität fremder kaum sein könnte. Und ohne Zweifel ist das der Anfang vom Ende des viel besungenen „goldenen Zeitalters" von al-Andalus. Was hier nach knapp 450 Jahren zu welken beginnt, ist die vielleicht prächtigste kulturelle Blüte des europäischen Mittelalters – eine Zeit, in der Juden, Christen und Muslime in Südspanien friedlich und hochproduktiv zusammengelebt haben, vereint in dem wiederentdeckten Geist der griechischen Antike.

Cordoba, das „Athen des Westens", muss den almohadischen Eroberern wie eine Stadt aus einer Märchenwelt vorgekommen sein, schillernd und faszinierend. Überall in der Stadt grünt und blüht es. Ein ausgeklügeltes Bewässerungssystem leitet Flusswasser des Rio Guadalquivir überallhin, versorgt Pflanzen, treibt Mühlen an und lässt Brunnen plätschern. Die Häuser haben begrünte Innenhöfe im römischen Stil, und allerorts gibt es ummauerte Gärten, in denen es nach Blüten duftet. 300 Moscheen und ebenso viele öffentliche Bäder finden sich in der Stadt, von der Besucher berichten, sie habe 500.000 oder sogar eine Million Einwohner. Das ist mächtig übertrieben, doch die Lebendigkeit dieser gefühlten Million muss den Reisenden nachhaltig in Erinnerung geblieben sein. Überall auf den Straßen sind Menschen unterwegs, kommen vom Gebet, wollen zum Basar oder suchen einen der vielen Salons auf, in denen es Tee und Gespräche gibt.

Das Zentrum von Cordoba bildet die „goldene Stadt", ein Ensemble aus Gotteshäusern, Palästen und Regierungsbauten, das bei Sonnenuntergang in einem warmen Goldton schimmert. Umgeben von einem Orangenhain findet sich hier die große Moschee, die auch von den örtlichen Christen regelmäßig für festliche Gottesdienste genutzt wird. Die Juden bevorzugen ihre Hauptsynagoge, sie liegt westlich der Moschee in der „Juderia", dem alten Judenviertel. Doch Juden leben überall in der Stadt und ihren 21 Vororten, genau wie die muslimische Führungsschicht und die zahlreichen Christen. Ohnehin erkennt man weder an der Sprache noch an der Kleidung noch an der Haartracht, welcher Religionsgemeinschaft jemand angehört. Auf der Straße reden alle Arabisch – doch es ist nicht das Arabisch der Gelehrten von Bagdad oder der Nomaden des Maghreb, sondern ein Dialekt, der sich hier gebildet hat und den es sonst nirgendwo gibt. In der Synagoge und am Familientisch sprechen die Juden hebräisch, während die Christen zu Hause das Iberoromanische pflegen. Und so mancher gebildete Muslim beherrscht neben Arabisch auch Griechisch, Hebräisch und Romanisch.

Überhaupt, die Bildung! Man könnte meinen, allein wegen ihr seien alle hier. Man könnte glauben, alle diese duftenden Gärten mit ihren plätschernden Brunnen und schattenspendenden Bäumen seien nur dazu da, den Gelehrten, den Dichtern, den Künstlern und Musikern in ihren Schaffenspausen Erholung zu spenden. In der Bibliothek von Cordoba befinden sich 400.000 Schriften, nur Bagdad hat vielleicht noch mehr. Zu diesen Büchern und in die zahllosen Schulen der Stadt strömen die Intellektuellen jeden Tag. In al-Andalus hat die Bildung eine neue Heimat gefunden, denn hier sind jene Grundbedingungen gegeben, die Menschen brauchen, um sich innerlich zu entfalten: Freiheit und Respekt.

Warum hier? Im Jahr 529 schloss der byzantinische Kaiser Justinian, wie Sie wissen, die platonische Akademie in Athen. Dass die Philosophen alles so genau wissen wollten, erschien ihm unchristlich. Wohin gingen die Gelehrten? Der aufgehenden Sonne entgegen, nach Osten. In Persien gab es noch geistige Freiheit. Daran änderte auch die Eroberung durch die Araber nichts. Im Gegenteil, sie brachte das Wissen der Griechen auf Umwegen nach Bagdad, wo bald das geistige Zentrum des arabischen Reiches entstand. Und im Zuge der Islamischen Expansion fand das antike Bildungsideal über Kairo und Fes seinen Weg immer weiter nach Westen, schließlich im achten Jahrhundert nach al-Andalus.

Die arabische Welt damals war ein Vielvölkergemisch, in dem die Intellektuellen griechische, indische, babylonische, altpersische und altägyptische Einflüsse begierig aufnahmen und integrierten. Was in al-Andalus ankam, war also schon ein Bildungscocktail mit den besten Zutaten. Und je mehr diese Summe der Weisheit auf der iberischen Halbinsel gepflegt wurde, desto mehr Einwanderer aus allen Teilen der Welt kamen nach Cordoba, Toledo, Granada und in die anderen Städte von al-Andalus. Das mittelalterliche Spanien war ein Magnet für die besten Köpfe der Zeit geworden.

Mitte des 12. Jahrhunderts gehörte hier zur höheren Bildung unter anderem das meiste von Platon, der komplette Aristoteles, der spätantike Philosoph Themistios, Euklid, Ptolemäus und Pythagoras, Ibn Sina, Al-Farabi und Al-Ghazali – und natürlich die einheimischen Größen der letzten Jahre. Darunter etwa Salomon Ibn Gabriol, der mit 16 schon hervorragende Gedichte schrieb und dessen philosophisches Hauptwerk unter dem lateinischen Titel „Fons vitae" – Quell des Lebens – allen großen Denkern der christlichen Scholastik des 13. Jahrhunderts geläufig war.

Über hundert hebräische Dichter aus dem mittelalterlichen al-Andalus sind mit ihren Werken bis heute bekannt. Die Juden lebten fast so lange in Spanien, wie sie in Israel bis zur Zerstörung des zweiten Tempels durch die Römer gelebt hatten – gut und gerne ein Jahrtausend. Wahrscheinlich schon zur Zeit des Paulus, also im ersten christlichen Jahrhundert, mit Sicherheit aber um 300 gab es jüdische Gemeinden auf der iberischen Halbinsel. Die Herrschaft der Westgoten, mit denen sich Christen wie ein Isidor von Sevilla ja noch leidlich arrangieren konnten, hatte den Juden arg zugesetzt. Deshalb empfanden sie die Machtübernahme der Araber im Jahr 711, die einen Bürgerkrieg im westgotischen Reich geschickt ausgenutzt hatten, mehrheitlich als Befreiung.

In den folgenden Jahrhunderten blühte auch das Judentum wie kaum jemals zuvor. Konkurrenz und Wettbewerb wirken eben in aller Regel leistungsfördernd. Und die religiöse Konkurrenz aus Arabien litt nicht an Minderwertigkeitsgefühlen. Der Islam war „seinem Selbstverständnis nach die Vollendung des wahren Judentums, wahren Christentums und aller Geistesgeschichte schlechthin" (Herrmann Goldschmidt). Die politischen und militärischen Erfolge – in kurzer Zeit war ein stabiles Imperium entstanden – schienen den Muslimen recht zu geben. Zahllose Heiden und Christen bekehrten sich zum Islam. Die Juden blieben skeptisch – mussten sich aber nun anstrengen, ihr religiöses Erbe zu konsolidieren und neue spirituelle Kraft zu entfalten. Das gelang ihnen auch, vor allem in al-Andalus.

Es gelang ihnen, solange die muslimische Oberschicht sich dem antiken Bildungsideal verpflichtet fühlte. Solange man in den Teestuben und den Gärten über Platon und Aristoteles diskutierte und der Glaube Privatsache war. Solange es genügte, dass alle zu demselben Gott beteten, egal in welcher Sprache und nach welchen Riten. Dann kamen die Almohaden, die „Bekenner der Einheit Gottes". Die Schönheit der Hauptstadt von al-Andalus faszinierte sie so sehr, dass sie bleiben wollten. Aber dass diejenigen, die da zu dem einen Gott beteten, sich nicht auch alle dazu bekennen wollten, dass Mohammed sein Prophet ist, das konnten sie nicht dulden. Und dass sich nicht jeder an das Gesetz – die Scharia – hielt, war für sie nicht hinnehmbar. Bald brannten Synagogen und Kirchen. Bald sollte es für jeden Einwohner von Cordoba nur eine Alternative geben: Bekenntnis zum Islam – oder die Todesstrafe.

Geschafft haben es die Almohaden nie, tatsächlich einen Gottesstaat zu errichten. Dazu fehlten ihnen die Machtmittel moderner totalitärer Systeme. Und dazu waren die Wüstensöhne viel zu sehr auf die alten Eliten angewiesen, um eine Großstadt, deren Funktionsweise ihren Horizont weit überstieg, zu regieren. Aber mit der geistigen Freiheit war es vorbei. Das Lippenbekenntnis zum Islam, das nun von jedem verlangt wurde, hatte das Klima vergiftet. Die jüdischen und christlichen Gemeinden mussten sich auf einmal sehr zurückhalten. Angst ging um. Jene allgegenwärtige Angst, wie sie von Intoleranz und politischer Unterdrückung geschürt wird.

Auch die Familie Maimon hat jetzt auf einmal Angst. So etwas kannte sie bisher nicht. Rabbi Maimon ben Josef ist Mitglied des Rabbinatsgerichts in der jüdischen Gemeinde von Cordoba – einer der größten der westlichen Welt – und eine über die Grenzen der Stadt bekannte und geachtete Persönlichkeit. In seiner Muttersprache Arabisch schreibt er Bücher über die Auslegung der Thora. Sein ältester Sohn Mose ist hochbegabt und befasst sich bereits intensiv mit der Logik des Aristoteles. Der jüngere Sohn David hat eher einen Sinn fürs Praktische, ist aufgeweckt und sensibel und liebt seinen älteren Bruder über alles. Was soll Maimon bloß tun? Bleiben und darauf vertrauen, dass die Almohaden die Familie verschonen werden? Aber die wunderbaren Jahre der geistigen Freiheit sind ohnehin vorbei. Also auswandern?

Die Familie Maimon verlässt Cordoba schließlich. Aber noch nicht Spanien. Diese Entscheidung ist zu bitter, dieser Weg erscheint zu schwer. Erst rund zehn Jahre später kehren Maimon ben Josef, seine zweite Frau, seine Söhne Mose und David und seine kleine Tochter der iberischen Halbinsel den Rücken. Um 1160 kommt die Familie in die pulsierende marokkanische Hafenstadt Fes. Es gibt dort eine große jüdische Gemeinde, die enge Beziehungen nach al-Andalus unterhält, und vielleicht hat Rabbi Maimon hier bereits Freunde. Doch auch in Fes herrschen die Almohaden und auch hier betreiben sie ihre Religionspolitik. Im Jahr 1165 wird Rabbi Juda Hakohen Ibn Sussan öffentlich hingerichtet. Er war von dem Machthabern ultimativ aufgefordert worden, sich zum Islam zu bekehren, und hatte den Tod vorgezogen. Maimon ben Josef und seine Familie verlassen Fes und machen sich auf den Weg nach Palästina.

Mose ben Maimon, der Sohn des Maimon, ist 30 Jahre alt, als die Familie die Hafenstadt Akko erreicht, wo die größte jüdische Gemeinde Palästinas ansässig ist. Hier wie im ganzen Heiligen Land herrschen die christlichen Kreuzfahrer. Durch die Kreuzzüge und die gigantische europäische Pilgerbewegung ist Akko – das Tor nach Jerusalem – ein Ameisenhaufen. In der chaotischen Metropole, in der man alle Sprachen des Ostens und des Westens hört, werden Waren aus dem ganzen Mittelmeerraum umgeschlagen, jährlich zigtausende Soldaten und Pilger durchgeschleust und nicht zuletzt glänzende Geschäfte gemacht. Doch nach einem halben Jahr hat die fromme Familie ein neues Ziel im Auge: Jeruschaajim, das al-Quds ihrer arabischen Muttersprache – Jerusalem, die heilige Stadt. „Vergesse ich dich, Jerusalem, so verdorre meine rechte Hand", heißt es in Psalm 137, aufgeschrieben von Juden im fernen Babylon.

Die Kreuzfahrer hatten Jerusalem im Juli 1099 erobert und unter den Einheimischen ein Massaker angerichtet. Die christlichen Ritter waren jedoch militärisch zu schwach und hatten zu wenige taktische Verbündete in Palästina, um eine autoritäre Herrschaft errichten zu können. Sie mussten sich zumindest mit der muslimischen Bevölkerungsmehrheit arrangieren und sahen schließlich ein, dass religiöse Toleranz gegenüber allen Andersgläubigen der praktikabelste Weg war, um ihre wirtschaftlichen Vorteile zu erhalten. Als die Familie Maimon Jerusalem erreichte, durften dort Nichtchristen ihre jeweiligen religiösen Eigenarten pflegen, genossen weitgehende bürgerliche Freiheiten und konnten uneingeschränkt Geschäfte machen. Dennoch gab es nur wenige Juden in Jerusalem. Die Angst vor neuen Kreuzzügen, neuer Gewalt, neuer Intoleranz blieb. Außerdem war die Kriminalität in den Staaten der Kreuzfahrer, die mehr an persönlicher Bereicherung als einer funktionierenden öffentlichen Ordnung interessiert waren, extrem hoch.

Die Familie Maimon zieht deshalb weiter nach Alexandria in Ägypten, wo es rund 3000 jüdische Familien gibt, die von den islamischen Machthabern respektiert werden. Am Ende ihrer langen Reise sterben Rabbi Maimon und seine Frau. Mose und sein jüngerer Bruder David sind nun auf sich allein gestellt. Mose ist längst ein Gelehrter, der es mit den klügsten Köpfen seiner Heimatstadt Cordoba aufnehmen könnte. Schon in Fes hat er eine Einführung in die Logik des Aristoteles geschrieben. Mathematische und astronomische Schriften kamen bald hinzu. Er freundete sich mit Ärzten an und vertiefte die medizinischen Kenntnisse, die er sich schon seit seiner Jugend angeeignet hatte. Nach Logik, Mathematik und Naturwissenschaften wandte er sich schließlich der Königin der Wissenschaften, der Metaphysik, zu. Er las Al-Farabi und Ibn Sina, dann – durch diese Autoren inspiriert – die Metaphysik des Aristoteles. Über den griechischen Philosophen sagte Mose, sein Wissen sei „das Vollkommenste, das ein Mensch besitzen kann".

Dennoch war Mose ben Maimon, dem Sohn eines Rabbiners, die Thora wichtiger als alle Wissenschaft. Schon im Mutterleib habe die Thora ihn ersehen, sie auf Erden zu verbreiten, sagte er. Die Heilige Schrift sei seine Frau – und die übrigen Wissenschaften nur die Nebenfrauen. Tatsächlich heiratet Mose nie und geht in seiner Rolle als Rabbi, Wissenschaftler und später Arzt vollkommen auf. Er wird in 14 Büchern die gesamte Lehre der Juden – Heilige Schrift und Talmud – zusammenfassen und kommentieren. Diese Arbeit ist für das mittelalterliche Judentum so wichtig, dass schon bald nach seinem Tod in den jüdischen Gemeinden der Spruch kursieren wird: „Zwischen Mose und Mose gab es keinen wie Mose."

Es ist Moses Bruder David, der ihm in Alexandria ein Gelehrtendasein frei von wirtschaftlichen Zwängen ermöglicht. David ist inzwischen ein gewiefter Kaufmann und zwischen Ostasien und den Mittelmeerländern als Juwelenhändler unterwegs. Er verdient gern das Geld für seinen geliebten älteren Bruder, den Intellektuellen, der sich den höheren, göttlichen Dingen widmet. Zum Nutzen der ganzen jüdischen Gemeinschaft. Doch dann kommt der Schicksalsschlag. Davids Schiff sinkt im Indischen Ozean, der Kaufmann ertrinkt und mit ihm gehen sein gesamtes Handelsgut sowie anvertrautes Fremdkapital unter.

Mose ist jetzt ganz allein. Welche Möglichkeiten hat er, Geld zu verdienen? Er könnte sein Wissen des jüdischen Gesetzes als Rechtsgutachter versilbern. Doch solche Gutachten sind immer auch Gefälligkeiten für den Auftraggeber – genau wie jene Gutachten, die heute von Unternehmen, Verbänden und Parteien bestellt werden –, und dafür möchte sich der wahrheitsliebende Mose nicht hergeben. Lieber besinnt er sich auf seine medizinische Ausbildung und wird Arzt. Mose entwickelt bei allem, womit er sich beschäftigt, einen enormen Ehrgeiz und erledigt jede Aufgabe mit kühler Perfektion. Deshalb ist auch sein Ruf als Arzt bald so hervorragend, dass man ihn an den Hof nach Kairo ruft. Dort wird er zunächst der Arzt des Ministerpräsidenten, schließlich Leibarzt des Sultans Salah ad-Din, der im Westen unter dem Namen Saladin bekannt geworden ist.

Täglich muss sich Mose um jedes Zipperlein der islamischen Herrscherfamilie und der zahllosen Haremsmitglieder des Sultans kümmern. Und wenn er dann am Nachmittag nach Hause kommt, steht eine lange Schlange von Kranken – Juden wie Nichtjuden aus allen sozialen Schichten – vor seinem Haus und hofft auf Linderung ihres Leidens durch den berühmten Hofarzt. Geduldig nimmt sich Mose aller an. Wenn der letzte Patient geht, ist die Sonne längst untergegangen, manchmal ist es schon tiefe Nacht, und oft hat Mose seit dem Morgen nichts mehr gegessen.

So verbringt Mose seine Jahre in Kairo, als ägyptischer Mediziner, rabbinischer Gelehrter und aristotelischer Denker. Wie schon Ibn Sina bleibt auch diesem Arzt nur die Nacht zum Studieren, zum Nachdenken und zum Schreiben. Er schreibt zehn medizinische Bücher – die Verantwortung für die Gemeinschaft drängt ihn, sein Wissen als Arzt an andere weiterzugeben. Er vollendet seine Schriften über die jüdischen Gesetzesbücher.

Und er verfasst – über viele Jahre – sein großes philosophisches Werk. Auf Arabisch heißt es „Dalalat al-Ha'irin", was „Führer der Schwankenden" oder „Unschlüssigen" bedeutet. Mose möchte als gläubiger Jude mit den Skeptikern, den Zweifelnden, den Suchenden in einen philosophischen Dialog treten – denn in seinem Kopf und seinem Herzen ist der Hofarzt des Sultans immer noch ein Bürger von al-Andalus. Mittelalterliche christliche Autoren werden ihn als „Moses von Ägypten" zitieren. Doch zeitlebens unterschreibt er alle seine Briefe mit „Moscheh ha-Sefardiy", Mose aus dem Land der Sepharden, dem arabischsprachigen Spanien.

Elegant versteht es der Arzt, Naturwissenschaftler, Rabbiner und Philosoph, einen literarischen Bogen zwischen seinen Disziplinen zu schlagen. Das liest sich dann ungefähr so:

> *Unmöglich kann irgendein Organ des menschlichen Körpers für sich allein existieren und gleichzeitig ein lebendiger Teil des Körpers sein. Genauso kann kein Teil des Universums ohne die anderen Teile existieren, denn alle hängen mit allen zusammen. Und genau wie es im Menschen eine Kraft gibt, die den Organen des Körpers ihre Einheit verleiht, sie nährt und am Leben erhält und schützt (die Ärzte als „Lebensenergie" bezeichnen), so gibt es auch eine einigende Kraft in der Welt, die ihre Teile schützt und erhält.*
> *Im Universum gibt es auch eine Kraft, die alles beherrscht, die alle Hauptteile in Bewegung setzt und ihnen wiederum die Kraft gibt, die kleineren Teile zu bewegen. Kein Mensch soll denken, dass das Universum sich ohne diese Kraft bewegen könnte; denn ihre Abwesenheit würde das Ende der Galaxie und die Unterbrechung all ihrer erstrangigen und zweitrangigen Funktionen bedeuten. Ich nenne diese Kraft im Universum – Gott, gesegnet sei sein Name!*

Was findet sich nicht alles in diesem Text! Ein bisschen ägyptische und babylonische Esoterik. Die Weltseele der griechischen Philosophen vor Sokrates. Ein kräftiger Schuss Aristoteles – dessen „unbewegter Beweger“ die Erstursache aller Bewegung und Veränderung, alles „Seienden“ ist. Und als Pointe ein starker jüdischer Akzent – Jahwe, der Gott des Volkes Israel, dessen Name heilig ist. Dabei fällt besonders auf: Gott ist eine Kraft, eine *Energie*.

In der Heiligen Schrift begegnet einem Gott dagegen äußerst menschlich. Er scheint ein Wesen zu sein, das die Welt beobachtet, sie bewertet und sich dann entscheidet, in ihren Lauf einzugreifen. Ganz wie ein moderner Manager, der in der Chefetage sitzt, Verantwortung für die Mitarbeiter hat und eingreift, falls es nötig ist. So lässt etwa das Buch Exodus Gott sprechen: „Ich habe das Elend meines Volkes in Ägypten gesehen und ihr Schreien über ihre Unterdrücker gehört; ich habe ihr Leiden erkannt. Und ich bin herabgekommen, um sie zu erretten aus der Hand der Ägypter.“ So denken und handeln auch Menschen. Jedenfalls ganz ähnlich. Eine „Kraft“ oder „Energie“ kann weder sehen noch hören noch etwas erkennen noch beschließen, zu Hilfe zu kommen. Offenbar besteht für Mose ben Maimon zwischen Gott und Mensch ein gewaltiger Unterschied. Und diesen Unterschied – meint er – kann ein Philosoph erkennen, ein einfacher Gläubiger jedoch nicht:

> *Ich habe immer wieder betont, dass die Metaphysik eine schwierige und vielschichtige Disziplin ist, die man den Massen nicht nahebringen kann. Doch genau wie wir das einfache Volk und die Kinder lehren müssen, dass Gott der Eine ist und keine andere Gottheit neben ihm verehrt werden darf, so müssen wir die Gebildeten lehren, dass Gott unkörperlich ist, dass er sich auf gar keine Weise mit irgendeinem seiner Geschöpfe vergleichen lässt, dass seine Existenz ihm allein zukommt, dass sein Leben dem Leben keines seiner Geschöpfe gleicht, dass seine Weisheit nicht die des Menschen ist und dass Gott und seine Geschöpfe nicht dem Grad nach, sondern der Art nach verschieden sind.*

Wenn die Thora oder die Propheten Ausdrücke verwenden, die zu beinhalten scheinen, dass Gott menschliche Eigenschaften und Wesenszüge besitzt, dann ist das lediglich eine bildhafte Sprache – eine Allegorie – und dazu da, einfachen Menschen Gott auf eine Weise nahezubringen, die sie begreifen. Solche Ausdrücke sind selbstverständlich nicht wörtlich zu verstehen, denn die Thora spricht die Sprache der Menschen.

Ganz offensichtlich gibt es für Mose zwei unterschiedliche Zugänge zur Wahrheit der Bibel – und damit zu Gott. Es gibt das volkstümliche, intuitive Verstehen über Bilder und Geschichten. Und es gibt das wissenschaftliche, rationale Erkennen, bei dem sich langsam die Zusammenhänge erschließen. Der eine Weg zur Wahrheit steht jedem offen, für den anderen Weg sind eine breite Bildung und ein hohes Maß an Abstraktionsvermögen die Grundvoraussetzungen. Entscheidend ist aber: Der Erkenntnisgegenstand bleibt immer der gleiche. Es ist der *eine* Gott, der *eine* Kosmos, die *eine* Welt, die sich diesem so und jenem so erschließen. Glaube und Wissenschaft unterscheiden sich nicht in ihren Ergebnissen, sondern nur in ihrer Herangehensweise.

Die Bibel birgt deshalb auch keinerlei Geheimnis. Ihre Geschichten helfen dem einfachen Gläubigen, die Zusammenhänge des Kosmos zu erahnen. Doch der Intellektuelle kann noch einen Schritt weitergehen und genauer entschlüsseln, welche philosophische Weisheit in diesen Texten steckt. Das Denken des Mose ben Maimon durchweht somit ein elitärer Hauch – die Gotteserkenntnis ist zwar keine Geheimwissenschaft, aber sie ist nun mal den besten Köpfen vorbehalten. Nur wenige Menschen gelangen zu diesem „wahren Glück, das keine Bedrängnis zerstören kann“, wie Mose es beschreibt. In der Renaissance des 12. Jahrhunderts ist Mose ben Maimon somit ein früher Wegbereiter jener mit der europäischen Aufklärung einsetzenden kritischen Bibelauslegung, die die Bibel nicht wörtlich nimmt, sondern die eigentliche Aussage ihrer Geschichten, Bilder und Symbole sprachanalytisch und historisch zu verstehen versucht. Doch wenn der Zweck der Bibel die Erkenntnis Gottes ist, was ist das dann für ein Gott, auf den der Text hindeutet? Mose sagt: Gott, diese Kraft, die alles erhält, ist vollkommen jenseits unseres Vorstellungsvermögens. Deshalb können wir zwar mit einiger Bestimmtheit sagen, was Gott *nicht* ist, ihm aber keine positiven Attribute zuweisen, ohne ihn bereits auf menschliches Maß zurechtzustutzen. Der rabbinische Aufklärer schreibt:

> *Meiner Meinung nach sind die negativen Attribute Gottes die wahren; sie beinhalten keine falschen oder mangelhaften Vorstellungen in Bezug auf Gott, während positive Attribute immer auf Vielgötterei oder einen unvollkommenen Gott hinauslaufen. Gott existiert mit Notwendigkeit, und er ist nichts Zusammengesetztes. Wir können nur seine Existenz denken – nicht aber sein Wesen. Es ist falsch, ihm positive Attribute zuzuweisen, denn das würde bedeuten, seine Existenz von seinem Wesen zu trennen. Wir können Gott nur negative Attribute zuschreiben.*

Eine solche „negative Theologie" hat ihre Wurzeln – kaum überraschend – in Ägypten, wo Mose ben Maimon diese Zeilen schreibt. Philo von Alexandria, ein hellenistischer Jude des ersten Jahrhunderts unserer Zeitrechnung, formuliert sie zum ersten Mal. Bei Mose kommt noch ein Schuss Metaphysik des Aristoteles hinzu. Danach gibt es eine Grundunterscheidung zwischen Dasein und Wesen, Existenz und Essenz. Von Gott, so Mose, ist nur die Existenz aussagbar. Weil Aristoteles „bewiesen" hat, dass es, wenn alles auf der Welt eine Ursache hat, eine erste Ursache, einen ersten Beweger geben muss, der selbst unbewegt ist. Das ist Gott – und mehr lässt sich über Gott nicht sagen. Jeder Versuch, Gottes Wesen zu bestimmen, muss fehlschlagen, weil wesenhaftes Sein kein notwendiges Sein ist. Wenn Gott beispielsweise milde wäre, dann hieße das automatisch, dass er nicht jähzornig ist. Wenn etwas aber so ist, aber auch anders sein könnte, dann ist es nicht alles, was es ist, mit absoluter Notwendigkeit.

Am Ende hat Mose ben Maimon einen jüdischen Gott, der sich widerspruchsfrei auch aus der griechischen Philosophie ableiten lässt. Aber letztlich ist Gott jetzt eine Art Platzhalter, etwas, von dem man nur sagen kann, *dass* es ist, ohne bestimmen zu können, *was* es ist. Von hier ist es nur noch ein kurzer Weg zu Immanuel Kant, dem neuzeitlichen Aufklärer, für den Gott eine Idee, eine *Setzung* der menschlichen Vernunft ist. Das ist jene „Gotteshypothese" gegen die Atheisten wie Richard Dawkins heute Sturm laufen. Denn um schlüssige *Theorien* über das Entstehen und Vergehen der Welt zu entwickeln, ist die Hypothese „Schöpfergott" tatsächlich verzichtbar.

Man kann beispielsweise auch jedes Phänomen so deuten, dass es in die Evolutionstheorie von Charles Darwin passt. Dann fahren wir – um ein Beispiel des Autors Hans-Georg Häusel zu bemühen – allein deshalb in den Urlaub, weil die Evolution unser Gehirn darauf programmiert hat, neue Lebensräume für unsere Nachkommen zu erkunden. Andere Motive des Reisens – etwa das eines Francesco Petrarca, der 1336 den Mont Ventoux in der Provence besteigt, um sich tief in seinem Inneren von der Schönheit der Schöpfung berühren zu lassen – sind Illusion. Die Erfordernisse der Evolution bestimmen unser Handeln.

Solche Hypothesen können – und müssen – ihre Befürworter ebenso *glauben* wie Christen, Juden und Muslime glauben, dass Gott den Menschen für seine Sünden bestraft. Ist die Welt einmal ihres Geheimnisses beraubt und gilt alles als rational erklärbar, schießen die Theorien eben ins Kraut. Am Ende bastelt sich jeder seine eigene Metaphysik – und bestreitet heftig, dass es sich überhaupt um eine solche handelt. Das Paradox, irgendetwas sei „wissenschaftlich bewiesen", geht dem Volksmund leicht über die Lippen, obwohl moderne Wissenschaft erklärtermaßen nur mit Hypothesen und Modellen arbeitet.

Angesichts seiner Sprengkraft ist es kein Wunder, dass Mose ben Maimons „Führer der Unschlüssigen" in Kreisen orthodoxer Juden schon bald auf herbe Kritik und heftige Ablehnung stieß. Die Strenggläubigen warfen Mose, wenn sie sich weniger aufregten, intellektuelle Spitzfindigkeit und, wenn sie sich stärker empörten, Verrat an der Sache des Glaubens vor. Und tatsächlich – zumindest für die Gebildeten löst sich bei Mose der Glaube in Philosophie auf wie ein Löffel Honig in heißem Tee. Das provozierte nicht nur orthodoxe Juden, sondern auch große christliche Denker der Mittelalters.

Albertus Magnus und Thomas von Aquin lesen den „Führer der Unschlüssigen" im 13. Jahrhundert in lateinischer Übersetzung als „Dux neutrorum vel dubiorum". Der Autor dieses Führers für die „Gleichgültigen oder Zweifelnden" – in der Übersetzung setzt der Titel einen noch kritischeren Akzent – ist nun in Paris und Köln, Bologna und Oxford, ebenfalls latinisiert, als „Maimonides" bekannt. Thomas von Aquin entwickelt wesentliche Elemente seiner Theologie in der Auseinandersetzung mit Mose ben Maimon, jenen Maimonides, auf den er sich ausdrücklich bezieht und den er in seinen Schriften ausführlich zitiert. Thomas widerspricht Mose dabei nicht überall, setzt aber wesentliche Akzente anders.

Als ob Thomas den Weg in die neuzeitliche Vernunftreligion – und schließlich Vernunft ohne Religion – klar vor Augen sähe, zieht der tief in seinem Glauben verwurzelte Denker gewissermaßen die Notbremse. Damit die Offenbarung der Bibel gar nicht erst in Philosophie aufgelöst werden kann, trennt Thomas von Anfang an klar in Natur und Übernatur, Immanenz und Transzendenz. Es gibt eine absolute Schranke zwischen menschlicher und göttlicher Sphäre. So weit ginge Maimonides vielleicht noch mit. Doch Gott ist für Thomas keine Energie, sondern eine *Person*, eine autonom agierende Wesenheit. Gott kann dem Menschen aus freiem Entschluss Wahrheit offenbaren – und er hat dem Volk Israel durch die

Propheten sowie allen Menschen durch Jesus Christus tatsächlich Dinge offengelegt. Auf einen Teil davon hätten Menschen durch wissenschaftliches Forschen auch selbst kommen können, auf einen anderen Teil – hier widerspricht er Maimonides – jedoch nicht. An die Dreieinigkeit Gottes oder die Auferstehung der Toten zum Beispiel kann man nur glauben.

Aber Menschen können dennoch etwas vom Wesen Gottes begreifen. Gott ist *denkbar* – nie vollkommen, aber in menschlichem Verstand gemäßen Ausschnitten. In der dialektischen Auseinandersetzung mit der „negativen Theologie" Moses entwickelt Thomas seine berühmte „Seinsanalogie" – lateinisch: „analogia entis". Thomas sagt, der Mensch könne das Wesen Gottes zwar nicht direkt erkennen – insofern stimmt er Moses Argumenten zu –, aber immerhin „analog". Es ist möglich und stimmig, beispielsweise von Gottes Güte zu sprechen, auch wenn uns nur menschliche Güte vertraut ist. So sprechen wir ja etwa auch von „gesundem Essen", obwohl Gesundheit eine Eigenschaft ist, die dem Essen eigentlich nicht zukommen kann, sondern nur einem Lebewesen. „Gesundheit" wird deshalb primär von einem Lebewesen ausgesagt, kann aber sekundär auch über das dem Lebewesen bekömmliche Essen ausgesagt werden. Das haut logisch nicht ganz hin, ist aber auch nicht völlig unmöglich! Genauso ist es zwischen Gott und Mensch. Gottes Güte ist eine andere als die Güte der Menschen – und doch ist es nicht vollkommen falsch, von Gottes Güte zu sprechen.

Thomas trennt also einerseits genauer zwischen Immanenz und Transzendenz als Maimonides – und macht die Grenze gleichzeitig durchlässiger. Offenbarung ist hier eine Grenzüberschreitung, ein Einbrechen des Transzendenten in die Immanenz. Bei Mose ist dagegen Prophetie mehr oder weniger identisch mit Wissenschaft – wer lange genug nachdenkt, ist irgendwann ein Prophet. Das schaffen aber nur wenige Intellektuelle. Für Thomas ist Prophetie ein Geschenk Gottes, ein episodischer Einbruch der Übernatur. Gott kann somit auch jeden – ohne Bildungsvoraussetzungen – zum Propheten, zum Seher, zum Medium machen. Gott als Person wendet sich dem Menschen zu, und dieser kann diese Zuwendung nur als ein Geschenk annehmen. Jesus ist für alle da – nicht nur für Intellektuelle. So kann Thomas den berühmten Satz sprechen: „Das schlichte Gemüt einer alten Frau, die an Christus glaubt, ist den größten heidnischen Philosophen überlegen." Warum? Weil für Thomas der Grad der Nähe zu Gott – und nicht der Bildungsgrad – darüber entscheidet, wie viel Halt und Sicherheit ein Mensch im Leben hat.

Immerhin: Diese Gedanken des bekanntesten christlichen Denkers des Mittelalters wären ohne die Vorarbeit eines jüdischen Rabbiners und ägyptischen Arztes nicht denkbar gewesen. Und dieser Mose ben Maimon verdankte seiner Kindheit und Jugend im arabischsprachigen al-Andalus weit mehr als nur ein paar Erinnerungen an eine unbeschwerte Zeit. Der amerikanische Historiker Norman Roth schreibt:

> *Wäre er in einem anderen Land geboren worden, Frankreich oder Deutschland zum Beispiel, dann wäre er allerhöchstens einer jener so gut wie namenlosen Rabbiner geworden, die endlose Kommentare über Kommentare des Talmud schrieben. In diesem Fall würde sich heute nur eine kleine Handvoll jüdischer Gelehrter, die Spezialisten auf diesem Gebiet sind, für ihn interessieren. Stattdessen wurde dieser Mann eines der größten Genies seiner Epoche.*

Es war der Geist von al-Andalus, der Mose ben Maimon ermutigte, das Wissen der Welt wie ein Schwamm aufzusaugen und sich mit jeder Idee auseinanderzusetzen, egal, ob derjenige, der sie hatte, in den Tempel, die Synagoge, die Kirche oder die Moschee ging. Und ich bin mir sicher: Hätte „Maimonides" Mitte des 13. Jahrhunderts noch gelebt, dann hätte er die Argumente eines Thomas von Aquin sorgfältig erwogen, seinen Geist weiter geschärft und eine Antwort auf den christlichen Denker formuliert. Die Entgegnung wiederum hätte Thomas nicht auf sich sitzen lassen, und so weiter. Man nennt so etwas auch Diskurs.

„Prüft alles, und behaltet das Gute“ – das hatte Paulus von Tarsus auch den Christen empfohlen. Aber diese sahen schon bald nicht mehr ein, warum sie sich daran halten sollten. Mose ben Maimon erlebte den Anfang vom Ende des Geistes von al-Andalus durch die Zwangsmaßnahmen islamischer Fundamentalisten. Den Todesstoß der multikulturellen Intellektuellenrepublik durch die Lanzen christlicher Fundamentalisten bekam er – zu seinem Glück – nicht mehr mit. Als der spanische König Ferdinand III. 1236 Cordoba eroberte, ließ er auf der Moschee unverzüglich ein Kreuz aufstellen, verwandelte sie in eine Kirche und jagte die Muslime zum Teufel – buchstäblich, in seinem Weltbild. Ferdinand II. und Isabella I. von Aragón – die sogenannten „katholischen Könige“ – besiegten schließlich 1492 den letzten arabischsprachigen Herrscher von al-Andalus. Anschließend vertrieben sie sämtliche Muslime und Juden von der iberischen Halbinsel – eine ethnische Säuberung mit dem Segen des Papstes.

Ganz zum Schluss kamen die Bücher dran. Noch einmal Norman Roth:

> *Der größte Einzelverlust der Kulturgeschichte, die Zerstörung der Bibliothek von Alexandria, wiederholte sich beinahe im 15. Jahrhundert, als der fanatische spanische Kardinal Cisneros fast sämtliche arabischsprachige Manuskripte verbrennen ließ, die in seinem Land überlebt hatten.*

Nachdem der muslimische Kalif Omar Ibn al-Khattab im Jahr 642 die Stadt Alexandria erobert hatte, ließ er die Bücher aus der größten Bibliothek der Welt entfernen und als Brennmaterial in den Badehäusern buchstäblich verheizen. Sein Argument: Weil alle Wahrheit im Koran steht, braucht man nur noch dieses eine Buch. Großinquisitor Jiménez de Cisneros dachte ähnlich, als er hunderttausende Schriften der Philosophie, Medizin und Naturwissenschaft, die nicht ausdrücklich christliche Theologie sein wollten, im Jahr 1499 öffentlich verbrennen ließ. Die spanische Geschichtsschreibung nennt das damit besiegelte Ende von al-Andalus traditionell „Reconquista", auf Deutsch: „Rückeroberung". Eine gewaltsame Eroberung – ja, das war es. Aber was wurde hier „zurück" erobert?

10 *Der große Kommunikator*

Albert von Lauingen, genannt Albertus Magnus, (um 1200–1280)

In Köln rumorte es gewaltig. Schon im 11. Jahrhundert hatten Bürger den Aufstand gegen ihren damaligen Erzbischof und Landesfürsten Anno gewagt. Damit waren sie kläglich gescheitert – doch seitdem herrschte kalter Krieg in der größten und reichsten deutschen Stadt. Die Kaufleute wurden mit jedem geschäftlichen Erfolg selbstbewusster und ließen sich von den Herren mit dem Krummstäben immer weniger bieten. Die Bischöfe wiederum begnügten sich nicht mit der Herrschaft über das Rheinland und Westfalen, sondern tummelten sich zunehmend auf der Bühne der internationalen Politik. Gemeinsam mit ihren Kollegen aus anderen Bistümern besetzten sie Schlüsselpositionen im Machtgefüge des Reichs, das durch jahrhundertelange Kämpfe zwischen deutschen Kaisern und römischen Päpsten – ganz zu schweigen von den Querelen der Landesfürsten untereinander – in einer Dauerkrise steckte.

Erzbischof Konrad von Hochstaden, Mitte des 13. Jahrhunderts kirchlicher und politischer Machthaber in Köln, war ein Strippenzieher und Königsmacher besonderer Güte. Dieser mächtigste deutsche Bischof war in der komfortablen Lage, selbst darüber bestimmen zu können, wer außer ihm im Reich noch etwas zu melden hatte. Als er die Bischofsmütze aufgesetzt bekam, hatte sein Bistum noch hohe Schulden bei italienischen Banken. Konrads Sanierungskonzept war ebenso simpel wie effektiv: Er heuerte Truppen an, überfiel der Reihe nach alle seine Nachbarn und bereicherte sich an deren Kornkammern und Schatztruhen.

Im Frühjahr 1252 legte sich Konrad dann offen mit den Bürgern seiner Residenzstadt Köln an. Anders als bei seinem Vorgänger Anno sah es bald so aus, als würde er den Kürzeren ziehen. Worum es ging? Um Geld natürlich. Denn da hörte beim Bürgertum schon immer der Spaß auf. Konrad war finanziell wieder mal in der Bredouille, weil ihm Papst Innozenz – nur dem lateinischen Namen nach „der Unschuldige" – den Geldhahn zugedreht hatte. Nach dem plötzlichen Tod seines kaiserlichen Erzfeindes Friedrich II. war es dem Papst zu teuer geworden, sich die Loyalität des rheinischen Verbündeten Konrad mit regelmäßigen Überweisungen zu erkaufen.

Als ein mit allen Wassern gewaschener Politiker wartete Konrad angesichts dieser Einnahmeausfälle nicht auf den nächsten wirtschaftlichen Aufschwung, sondern griff zu einem fiskalischen Trick. Er ließ kurzerhand das umlaufende Silbergeld einziehen und durch neue, an Gewicht und Feingehalt geringerwertige Münzen ersetzen. Doch pikanterweise war der „Kölner Pfennig" die Leitwährung im gesamten nordeuropäischen Wirtschaftsraum. Ein dermaßen aufgeweichter Pfennig gefährdete die Vormachtstellung der Kölner Kaufleute im internationalen Handel. Für die Geschäftsleute stand also einiges auf dem Spiel. Jedenfalls sahen sie Grund genug für eine Fehde. Das Bürgertum griff in die Kriegskasse und mobilisierte Söldner gegen den Erzbischof. Der war außer sich angesichts dieses Säbelrasselns und ließ seine Truppen mit Wurfmaschinen auf die Handelsschiffe im Rheinhafen schießen.

Die bewaffneten Organe des Bischofs richteten keine größeren Schäden an. Doch war der Konflikt nun eskaliert und das Klima zwischen den Kontrahenten vergiftet. Die Situation schien ausweglos. Wenn es eine zweite Chance für eine gewaltfreie Lösung geben sollte, dann musste es jemand schaffen, den machtbesessensten Politiker und die arrogantesten Kapitalisten Deutschlands an den Verhandlungstisch zu bringen. Gelänge das nicht, würde der anschließende Bürgerkrieg auf dem Rücken der kleinen Handwerker und Tagelöhner ausgetragen werden. Und am Ende gäbe es, wie immer bei unsinnigen Machtproben, nichts als Verlierer.

In Köln gab es nur einen, der jetzt noch vermitteln konnte. Nur einer besaß gleichermaßen das Vertrauen des Klerus, des Bürgertums und der kleinen Leute. Nur einer konnte sich keinerlei materielle Vorteile von einem bestimmten Ausgang des Streits versprechen. Und nur einer verfügte über eine so umfassende politische Bildung, dass es durch ihn auch ohne rechtsstaatlichen Rahmen zu einem für alle Seiten akzeptablen Schiedsspruch kommen konnte. Dieser Mann war Albert von Lauingen. Von seinen Bewunderern wird er später „Albert der Große" – lateinisch: „Albertus Magnus" – genannt werden.

Alberts Größe war keine politische, sondern eine geistige. Er war vor seiner Kölner Zeit Professor an der Sorbonne gewesen. In Paris hatten die Studenten den Theologen wie einen Star am Katheter gefeiert. Die Theologie war damals allerdings auch kein „Orchideenfach" wie heute. Da man die ganze Welt als von Gottes Geist durchdrungen und von Gottes Willen gelenkt ansah, kam den Theologen folgerichtig die Rolle der Grundlagenforscher zu. Von ihnen erwartete man Aufschluss über die letzten Zusammenhänge der Welt, ja des Kosmos. Und dafür interessierten sich vor allem die klügsten Köpfe unter den Jugendlichen aus besseren Kreisen. Denken, Lernen, Wissen – das waren keine langweiligen Pflichtübungen, um Karriere zu machen und sich irgendwann ein schickes Haus kaufen zu können. Nein, es elektrisierte die Jugend, Gott und die Welt tiefer zu verstehen. Deshalb hingen die jungen Leute Albert nur so an den Lippen. Er galt als Mann, der alles wusste, was ein Mensch wissen kann.

Albert konnte sich seinen Arbeitsplatz dennoch nie aussuchen. Er war Mitglied des Ordens der Dominikaner und hatte sich den Weisungen der Ordensleitung zu fügen. Diese versetzte ihn 1248, im Jahr der Grundsteinlegung des Kölner Doms durch Konrad von Hochstaden, an den Rhein. In der künftigen Domstadt sollte Albert die Ordenshochschule der Dominikaner leiten. Voller Energie stürzte er sich in seine neue Aufgabe und brachte Abläufe und Inhalte des Studiums auf den neuesten Stand. Bald galt Köln als Exzellenzstandort der deutschen Geisteswissenschaft. Die Elite des Ordensnachwuchses studierte bei Albert. Wobei sich das Elitäre auf geistige Reichtümer beschränkte. Denn die Ordensregeln untersagten den Dominikanern jeglichen Privatbesitz. Nicht einmal Bücher durfte ein Bruder für sich allein beanspruchen.

Genau wie heutige Professoren war Albert von Lauingen ein gefragter Berater in Wirtschaft und Politik. Bloß dass er dafür keine Honorare verlangte. Diese Beratungstätigkeit sowie seine zahlreichen öffentlichen Auftritte als Prediger, durch die ihn auch die kleinen Leute kennen- und schätzengelernt hatten, bildeten die Basis für Alberts zweite Karriere als politischer Feuerwehrmann. Im Frühjahr 1252 brachte Albert Erzbischof Konrad von Hochstaden und die Kölner Kaufleute endlich an den runden Tisch.

Nach kurzen, harten Verhandlungen einigte man sich auf einen von Albert ausgearbeiteten Kompromiss. Die Bürger bekamen danach im Grundsatz recht. Der Austausch des Silbergelds wurde für ungerechtfertigt erklärt. Aber der Bischof und Landesherr musste sein Gesicht wahren können. Deshalb würde es jetzt trotzdem neue Münzen geben. Allerdings aus einem anderen Grund: Das Geld sollte fälschungssicherer werden. Für die Zukunft wurde jede weitere Währungsreform an klare Bedingungen geknüpft. Es musste ein volkswirtschaftlich begründeter Anlass bestehen, um den Pfennig abzuwerten. Mit diesem Kompromiss konnten alle Seiten leben. Und Köln hatte – zumindest bis auf Weiteres – seinen Frieden.

In der Folgezeit trat Albert in ganz Deutschland als Schlichter, Krisenmanager und Vermittler in festgefahrenen politischen Situationen auf. Man berief ihn zum Leiter der deutschen Ordensprovinz der Dominikaner, als konservative Kreise in Rom das Existenzrecht dieses noch jungen Ordens bestreiten wollten. Im Jahr 1260 wurde er als Sanierer im heruntergewirtschafteten

Bistum Regensburg gebraucht. Schließlich beriet er 1273 sogar den neu gewählten deutschen König Rudolf von Habsburg.

Akademisches Wissen gepaart mit Beratungskompetenz erklärt Alberts Erfolg indes nur zum Teil. Dieser Ordensmann hatte darüber hinaus eine Lebenshaltung, die mit seinen Kenntnissen korrespondierte und ihn authentisch und glaubwürdig machte. Er schaffte es, in einer Zeit der Krisen und Umbrüche ein autoritätsskeptischer Querdenker zu sein und dennoch Brücken zu bauen. Brücken zwischen Orient und Okzident. Brücken zwischen Theologie und Naturforschung. Brücken zwischen Klerikern und Kaufleuten.

„Es kommt darauf an", heißt es in einer seiner vielen Schriften, „dass du dich selber erkennst und dich selber zu Gott hinziehst und hinbringst". So etwas sagt niemand, der in seiner Klosterzelle über Büchern sitzen und den lieben Gott einen guten Mann sein lassen möchte. Hier will einer sein Leben aktiv gestalten und andere nach Kräften unterstützen. Strenge „dich selber" an, sagt Albert. Warte nicht darauf, dass Gott zu dir kommt und dich gnädig mit auf die Reise nimmt. Nein, lerne dich selbst kennen, damit du weißt, was in dir steckt und was du aus dir machen kannst!

Albert kannte den antiken Orakelspruch von Delphi: „Erkenne dich selbst." Durch die Worte des mittelalterlichen Denkers scheint er deutlich hindurch. Ohne Selbsterkenntnis, das wussten eben schon die griechischen Philosophen, vermag kein Mensch sich sinnvolle Lebensziele zu setzen. Denn der menschliche Wille als solcher ist blind und kann sich nur auf etwas richten, das der Verstand vorher erkannt hat. Wissensdurst und Lebensfreude sind deshalb für Albert keine Gegensätze, sondern immer aufeinander bezogen. Je mehr ein Mensch über sich und die Welt weiß, desto mehr kann er sich in ihr verwirklichen.

Nun war das mit der Selbstverwirklichung im Mittelalter so eine Sache. Man kann es drehen und wenden, wie man will – Chancengleichheit im Bildungssystem oder sozialen Aufstieg durch überzeugende Leistungen gab es so gut wie gar nicht. Albert, über dessen Kindheit und Jugend nichts überliefert ist, muss das Glück gehabt haben, ein Spross reicher Eltern zu sein. Man vermutet, dass sein Vater ein hoher kaiserlicher Beamter war. Jedenfalls zählte Albert zu den ganz wenigen, die sich ein Hochschulstudium leisten konnten. So etwa mit 22 Jahren verließ er seine Heimatstadt Lauingen an der Donau und begann, an der neu gegründeten Universität im oberitalienischen Padua zu studieren. Vermutlich war er zeitweise auch in Bologna eingeschrieben. Vieles spricht dafür, dass der junge Albert so ein richtiger Bummelstudent war, den heutige Kultusminister mit Strafgebühren und Entlassungsdrohungen traktieren würden. Nicht dass der künftige Professor faul gewesen wäre. Er interessierte sich bloß nicht so sehr für Studienordnungen, sondern war extrem neugierig auf die Welt und beschäftigte sich mit allen Arten von Wissenschaft. Statt zielstrebig auf einen Abschluss hinzuarbeiten, studierte Albert querbeet und saugte wie ein Schwamm auf, was er an Bildung bekommen konnte. Irgendwann muss es ihm dann in Oberitalien zu langweilig geworden sein. Er durchlief verschiedene Stationen als „Lektor" – also Hochschullehrer – und wurde dann 1245 in Paris „Magister" – also Professor – für Theologie.

Theologie war im Mittelalter nicht nur das faszinierendste, sondern auch das anspruchsvollste Fach. Man musste erst die ganze „Artistenfakultät" erfolgreich absolviert haben, also mit dem aktuellen Kenntnisstand in sämtlichen Geistes- und Naturwissenschaften vertraut sein, bevor man sich an das Studium der „letzten Dinge" heranwagen durfte. Und da Theologie ja Grundlagenforschung bedeutete, zählte dazu vieles, was heute als Philosophie oder als Psychologie bezeichnet würde. So ist auch Alberts gesamte Lehre vom Menschen – in der er sich beispielsweise mit der Bedeutung des Traums beschäftigt – Teil seines „theologischen" Werks.

Bei allem Unbehagen, das die Vorstellung eines von einer Religion bestimmten Wissenschaftsbetriebs heute auslöst, fällt die mittelalterliche Universität immerhin positiv mit ihrer interdisziplinären Offenheit auf. Es gab die heute üblichen Grabenkämpfe zwischen den wissenschaftlichen Fakultäten noch nicht. Geistes- und Naturwissenschaften standen sich noch nahe. Und so beschäftigte sich Albert mal mit der Unsterblichkeit der menschlichen Seele und mal mit der Fortbewegung der Fische.

Die wichtigste Zäsur im Leben Alberts hatte allerdings mit Forschung und Lehre nichts zu tun. Es war sein Eintritt in den Dominikanerorden als Student in Padua. Das sollten Sie sich nun nicht so vorstellen, als ob ein begabter junger Mann hinter modrigen Klostermauern die Gesellschaft rauschebärtiger Greise sucht. Den Predigerorden, wie die Dominikaner sich auch nannten, gab es erst gut fünf Jahre, als Albert dort eintrat. Und der Orden war so etwas wie eine „neue soziale Bewegung" des Mittelalters. Junge Akademiker brachen in dieser Gemeinschaft radikal mit gängigen Konventionen und provozierten damit Anfeindungen seitens etablierter kirchlicher Kreise. „Bettelorden" nannte man diese mittelalterlichen Postmateriellen bald, zu denen neben den Dominikanern auch die Franziskaner zählten. Und das mit dem Betteln war nicht immer als Kompliment gemeint. Die Päpste mussten lange mit sich ringen, diese Kommunarden als christliche Gemeinschaft anzuerkennen.

Dabei war es zunächst einmal nichts Ungewöhnliches für junge Männer und Frauen, keine eigene Familie zu wollen. Der Begriff Familie – lateinisch: „familia" – ist im Mittelalter ohnehin weiter und vielschichtiger als heute. Das familiäre Kollektiv in Stadt und Land war zwar immer auch Abstammungsgemeinschaft, wurde aber selten allein durch Verwandtschaftsbeziehungen bestimmt. Haus- und Hofverbände mitsamt Gesinde und – oft zahlreichen – unehelichen Kindern waren ebenso „familia" wie adelige Geschlechter oder klösterliche Gemeinschaften. Lebensformen, die heute als „Kernfamilie" bezeichnet werden, existierten parallel zu Mehrgenerationenhaushalten. Und außerdem gab es durchaus Einzelgänger, die einen autonomen Lebensstil kultivierten und beispielsweise als Gaukler von Dorf zu Dorf zogen. Erst im 19. und 20. Jahrhundert wird aus ideologischen Gründen ein normatives Familienbild auf das Mittelalter rückprojiziert.

Die – gleichgeschlechtliche – religiöse Gemeinschaft war im Mittelalter eine Lebensform unter vielen. Allerdings kam sie dem bis ins 12. Jahrhundert vorherrschenden Ideal eines weltabgeschiedenen, asketischen Lebens am nächsten. Die Solidarität eines größeren Kollektivs hatte dabei immer auch ganz praktische Vorteile. Arbeitsteilung und eine gemeinsame Kasse lassen einen eben besser über die Runden kommen als allein oder zu zweit. Und für ein gelungenes Leben im Sinne der christlichen Lehre kam es mehr darauf an, wie sehr man sich persönlich auf Gott einzulassen bereit war. Wie man das alltägliche soziale Miteinander organisierte, war demgegenüber zweitrangig.

Die jahrhundertealten Orden mit ihren mächtigen Klöstern und riesigen Ländereien galten im 13. Jahrhundert allerdings als materialistisch, korrupt und weltfremd. Die Jugend suchte nach Lebensformen, die noch echte Alternativen zum satten Wohlleben ihrer Eltern waren. Und so wollten auch die Dominikaner alles besser machen. Keine Reichtümer anhäufen, nicht einmal Privateigentum gestatten – aber dafür mitten in die Städte gehen und sich dort den Alltagsproblemen der Menschen stellen. Wissenschaft betreiben, wie viele Mönche zuvor – aber das Wissen auch auf verständliche Weise an das einfache Volk weitergeben. Da die Predigt hierfür das Medium der Wahl war, kam es zu dem Namen Predigerorden. Wer wie Albert dort Mitglied war, gehörte also zu einer Gemeinschaft reformorientierter Christen, die sich immer wieder Ärger einhandelte. Erst nach und nach fanden die „Bettelorden“ Anerkennung und wurden zur gesellschaftlichen Mitte hin integriert.

Doch als Professor provozierte Albert seine Zeitgenossen dann schon wieder. Er hatte sich nämlich in den Kopf gesetzt, die geistige Elite Europas mit einem Philosophen vertraut zu machen, der jahrhundertelang ein Schattendasein geführt hatte und nun vielen unvereinbar mit dem christlichen Gedankengebäude erschien. Albert hatte als erster christlicher Theologe sämtliche Werke von Aristoteles durchgearbeitet und wollte das Denken dieses Heiden nun unbedingt in das fromme Weltbild seiner Zeit integrieren. Bloß war Aristoteles ausgerechnet durch jüdische und muslimische Gelehrte überliefert worden, mit denen die meisten christlichen Kleriker nichts zu schaffen haben wollten. Die Ausdehnung des deutschen Reichs nach Süditalien und der folgende rege Handel hatten den Import der arabisch-islamischen Kultur ermöglicht. Und so kamen aus Sizilien neue Aristoteles-Übersetzungen nach Nordeuropa. Es waren Übertragungen aus dem Arabischen ins Lateinische.

Die Schriften des griechischen Philosophen und Naturforschers aus dem vierten Jahrhundert vor Christus wurden gleich dreimal – 1210, 1215 und 1231 – mit kirchlichen Verboten belegt. Weil Aristoteles als mit der Bibel unvereinbar galt, durften seine naturphilosophischen Schriften und seine Metaphysik – die Lehre von den letzten Zusammenhängen des Seins – in den Vorlesungen der Universitäten nicht verwendet werden. Sie können sich die damaligen kulturellen und wissenschaftlichen Widerstände gegen Aristoteles ungefähr so vorstellen, als ob heute ein deutscher Medizinprofessor die Erkenntnisse der traditionellen chinesischen Medizin mit der westlichen Schulmedizin verschmelzen wollte. Von seinen Fachkollegen und den Ärztekammern wird er dafür keine Glückwunschkarten bekommen.

Albert aber hatte in Aristoteles einen Seelenverwandten entdeckt. Jemanden, der 1500 Jahre zuvor schon die gesamte Wirklichkeit geistig zu durchdringen versucht hatte. Und der dabei zu einer solchen Fülle von Erkenntnissen gelangt war, dass die Werke manches berühmten christlichen Theologen der jüngeren Zeit daneben blass aussahen. Albert war so begeistert von Aristoteles, dass er dessen Schriften zum Anlass nahm, sein eigenes theologisches Wissen noch einmal komplett zu überdenken. Es war aber kaum die Fülle des Wissens allein, die Albert an Aristoteles beeindruckte. Der alte Grieche passte einfach wieder in die Zeit! Jahrhundertelang waren die Christen von der durch die späten Römer überlieferten und in ihrem Sinne zurechtgebogenen Philosophie Platons beeinflusst gewesen. Danach war die menschliche Seele ein göttlicher Funke in einem düsteren irdischen Jammertal. Man konnte nur hoffen und beten, aus dieser finsteren Welt so bald wie möglich erlöst zu werden, um zum göttlichen Licht zurückkehren zu dürfen.

Alberts Generation konnte sich für das Ideal einer frommen Weltflucht immer weniger erwärmen. Die jungen Menschen wollten ihr Leben hier und jetzt intensiver ausschöpfen. Man glaubte zu erkennen, dass die Welt bei aller Hinfälligkeit ihren eigenen Wert hatte, wollte sich mit ihrer Fülle beschäftigen und nicht alles immer nur als blasses Abbild des Jenseits betrachten. Die Städte blühten auf, der Handel florierte, der Wohlstand stieg. Da war es Zeit für ein frisches Denken. Es galt, die Wirklichkeit neu zu bewerten. Und wenn es dazu Ansätze gab, die aus alten Zeiten stammten, manchen Älteren als sündhaft galten und vielerorts die Zensur auf den Plan riefen, war das umso verlockender. Die Jugend wollte den faszinierenden Geist der Antike für die Gegenwart neu entdecken und mit den Erkenntnissen des christlichen Zeitalters verbinden.

Für Albert, der anders als viele Kleriker in seinem Umfeld den Zeitgeist des 13. Jahrhunderts positiv sah und in ihm neue geistige Möglichkeiten erkannte, stand das wichtigste wissenschaftliche Projekt seines Lebens damit fest: Von Aristoteles wollte er, wie er selbst formulierte, „alle Bücher den Lateinern verständlich machen" und sogar „die fehlenden Texte seiner unvollendeten Bücher ersetzen, egal, ob sie nun deshalb fehlen, weil Aristoteles sie nicht geschrieben hat, oder weil sie uns nicht überliefert sind". Letzteres war ganz schön frech: Den Christen einen verrufenen heidnischen Philosophen präsentieren und dessen Gedanken dann auch noch nach eigenem Geschmack weiterspinnen. Dabei zählte Albert selbst zu den „Lateinern", jenen Gelehrten also, deren Wissenschaftssprache Latein war, und die normalerweise kein Wort Griechisch konnten, sondern bei ursprünglich griechischen Texten immer auf Übersetzungen zurückgriffen. Im Vergleich zu vielen seiner Zeitgenossen war Albert als Forscher sehr gewissenhaft und nahm weite Reisen auf sich, um Quellen im Original zu studieren. Aber es fehlte ihm eben auch nicht an Selbstbewusstsein, die eine oder andere Lücke hinzunehmen und mit eigenen Gedanken zu füllen.

Dieses Selbstbewusstsein, dem auch Alberts Neigung entspricht, Autoritäten infrage zu stellen, dürfen Sie sich nun aber nicht als ketzerische Selbstherrlichkeit vorstellen. Albert betete sehr viel und wollte zeitlebens – wie er selbst einmal schrieb – „ein Mensch nach dem Willen Gottes sein". Die Nähe Gottes als realer Person war ihm eine absolute Gewissheit. Und als Philosoph war er sich vollkommen sicher, dass Gott eine gute, in sich widerspruchsfreie und der menschlichen Erkenntnis zugängliche Welt geschaffen hatte. Diese Überzeugung verlieh Albert seine Souveränität im Denken. Durch sie konnte er sich Aristoteles vorurteilsfrei nähern. Es konnte für Albert einfach keine gespaltene Wahrheit geben – eine Wahrheit des Glaubens und eine der Wissenschaft, eine Wahrheit der Offenbarung und eine der Vernunft. Deshalb musste sich alles, was Aristoteles über den Kosmos und das menschliche Leben gesagt hatte, von einem Christen entweder vernünftig nachvollziehen oder mit guten Gründen widerlegen lassen.

Es konnte auch nicht sein, dass aus der Beobachtung der Natur und der vernünftigen Schlussfolgerung ein anderes Wirklichkeitsmodell entstünde als das der christlichen Theologen. Denn der eine Gott hatte ja dieselbe Natur geschaffen, die auch die alten Griechen schon vorgefunden hatten. Und es spielte erst recht keine Rolle, in welcher Sprache und Kultur ein Text überliefert worden war oder ob ein Argument von einem Christen, einem Juden oder eine Moslem stammte. Es kam Albert darauf an, welche These zur Diskussion stand, und nicht, wer sie formuliert hatte. Denn durch Gott wurde ja alles zusammengehalten.

Inspiriert von Aristoteles schrieb Albert Bücher unter anderem über Zoologie, Botanik, Medizin, Mineralogie, Astronomie und Geografie. Er war ein unermüdlicher Leser auch weiterer ursprünglich fremdsprachiger Autoren und verschlang alles, was er an Lektüre auftreiben konnte. Dass Menschen zu anderen Beobachtungen und anderen Schlüssen kommen konnten, als es der Lehre der Kirche entsprach, empfand er nie als Bedrohung, sondern immer als Herausforderung. Man musste eben so lange nachdenken, bis man die Widersprüche auflösen konnte. Oder es zumindest versuchen. Albert selbst fehlte es nicht an „Mut, sich seines eigenen Verstandes zu bedienen", wie es Immanuel Kant später als Programm der Aufklärung formuliert hat. Alberts Ziel war und blieb indessen, mit allem Denken Gott näher zu kommen. Einmal bezeichnet er sogar das Gebet als ein „Instrument der Theologie". Er wollte alle Möglichkeiten der Vernunft ausschöpfen – aber nicht ohne und nicht gegen Gott.

Um 1242 schrieb Albert ein kleines Buch, das wahrscheinlich aus den täglichen Seminardiskussionen mit seinen Pariser Studenten hervorging und schnell große Verbreitung fand. Es heißt „Über den Menschen" und gehört zu den wenigen Werken, in denen Albert nicht Bücher von Aristoteles interpretiert, sondern eigene Gedanken ausführt. Alberts Haltung als Wissenschaftler und als politischer Mensch kommt in diesem Buch besonders markant zum Ausdruck. Schon das Thema ist für die damalige Zeit eine Sensation. Zum ersten Mal in der Geistesgeschichte macht ein Autor das Wesen des Menschen zum Gegenstand eines ganzen Buches.

Natürlich ist auch in der antiken Philosophie oder in der Bibel vom Menschen die Rede. Aber eher indirekt, in einem bestimmten Zusammenhang oder bezogen auf eine konkrete Situation. Albert will jetzt alles durchdenken, was sich über den Menschen als Menschen sagen lässt. Der Mensch soll „nach seinem Stand in sich selbst untersucht werden", wie es auf den ersten Seiten heißt. Und dazu stellt Albert, wie es an den Universitäten damals üblich war, systematisch bestimmte Leitfragen und trägt alles zusammen, was sich in der Bibel, bei den christlichen Autoritäten – die er die „Heiligen" nennt –, den antiken Philosophen sowie den arabischen und jüdischen Denkern des Mittelalters dazu findet. Er stellt das alles erst einmal gleichberechtigt gegenüber, wägt vernünftig ab, präsentiert dann seine eigene Lösung und widerlegt schließlich die mit dieser Lösung unvereinbaren Argumente der anderen.

Mit dieser gängigen Methode kommt Albert zu einer folgenreichen Feststellung: „Man muss gemäß der Auffassung aller Heiligen, Philosophen und Naturforscher sagen, dass Vegetatives, Sinnenhaftes und Vernunfthaftes im Menschen *eine* Substanz, *eine* Seele und *ein* Akt sind." Was heißt das? Kurz gesagt, dass der Mensch eine untrennbare Einheit aus Geist und Körper ist. Albert denkt den Menschen ganzheitlich – das tat die Philosophie vor ihm selten und das wird sie kurz nach Albert und seinem Schüler Thomas von Aquin auch nicht oft schaffen.

Die meisten christlichen Denker zur Zeit Alberts waren eben ganz von den bereits erwähnten römischen „Neuplatonikern" geprägt. Für Platon war der menschliche Körper ein trauriges „Grab der Seele" gewesen. Ich kann das verstehen. Platon war so fasziniert von den geistigen Möglichkeiten des Menschen, seiner Fähigkeit, gedanklich zu den letzten Zusammenhängen vorzudringen, dass er mit dem Körper am Ende nicht mehr viel anfangen konnte. Und Platon sah viel körperliches Leid um sich herum, das ihn darin bestärkte.

Als die Christen der ersten Jahrhunderte neuer Zeitrechnung die griechische Philosophie für sich entdeckten und mit ihrem Wissen über Gott verbanden, kam ihnen der von den Römern modifizierte Platon gerade recht. Jesus war am Kreuz gestorben, sagte man sich, aber seine Seele hatte überlebt. Und so, dachte man, würde jedes Menschen Seele den irdischen Tod des Körpers überleben. Aber wenn das so ist, muss man sich dann mit dem todgeweihten Körper noch groß aufhalten? Die Römer der Spätzeit waren ziemliche Pessimisten gewesen. Eine düstere Untergangsstimmung machte sich in ihrem Imperium breit. Und die Christen unter den Bewohnern dieses Reichs konnten sich dem Zeitgeist nicht vollkommen entziehen.

Albert nimmt Platon durchaus ernst, genauso wie er die antiken Naturforscher und die christlichen Denker der Jahrhunderte vor ihm gewissenhaft studiert. Er sieht sich alle Argumente genau an und kommt dann zu dem Schluss: Zwischen unsterblicher Seele und vergänglichem Körper muss es gar keinen so harten Gegensatz geben. Hier auf der Welt bilden beide eine Einheit. Und mit dem Tod des Menschen werden die Karten neu gemischt.

Und was kommt nach dem Tod? Hier widerspricht Albert auch Aristoteles. Dieser sah die Seele des Einzelnen sich nach dem Tod mit einer Art kosmischer Urseele verbinden. Albert besteht darauf, dass die individuelle Seele des Menschen unsterblich ist und mit ihren charakteristischen Eigenschaften erhalten bleibt. Warum? Weil es untrennbar zum Wesen des Menschen gehört, unverwechselbar zu sein und einzigartige Fähigkeiten zu haben. Entweder die Seele des Menschen wird mit dem Tod ausgelöscht oder sie lebt weiter. Lebt sie aber weiter, dann muss sie als Unikat weiterleben.

Ganzheitlichkeit ist eben Alberts großes Thema, das er konsequent zu Ende denken will. Bis heute sehen sich Wissenschaftler lieber einzelne Teile des Menschen genauer an. Die Mediziner betrachten das „Vegetative" – den Körper –, die Psychologen das „Sinnenhafte" – die Gefühle – und die Philosophen das „Vernunfthafte" – Verstand und Willen. In jüngster Zeit kommen bei den Medizinern noch die Hirnforscher hinzu, die jede menschliche Regung mit ihren Computerscans unseres Oberstübchens erklären wollen. Aber nach Albert ist es immer nur der *eine* Mensch, den alle – je nach persönlichen Interessen und Fähigkeiten – lediglich unter verschiedenen Aspekten betrachten.

Albert sagt sich einfach: Warum soll der Mensch denn in Teile zerfallen? So wie ich hier sitze und mit meinen Studenten diskutiere, bin ich mit meinem lebendigen Körper genauso hier wie mit meinen Gefühlen und meinen Gedanken. Das alles passiert gleichzeitig – es ist *ein* „Akt". Und alles, was da gleichzeitig passiert, bin „ich" – es ist *eine* „Substanz". Ich bin Körper wie die Tiere, habe Gefühle wie sie, aber ich besitze auch noch einen Geist, mit dem ich die animalische Natur überschreiten kann. Mit meinem Intellekt kann ich selbstverständlich einzelne Teile meiner Person auch getrennt betrachten. Nur führt diese getrennte Betrachtungsweise von „Leib und Seele" eben nicht dazu, die Einheit meiner Person auch in der Realität auseinanderzureißen.

Dieses ganzheitliche Menschenbild wird von Thomas von Aquin philosophisch noch klarer gefasst und begründet werden. Albert, der seinen Meisterschüler Thomas sogar um ein paar Jahre überlebte, ist ohnehin so etwas wie die geistige Klammer um diesen vielleicht bekanntesten christlichen Denker des Mittelalters. Der Ältere hatte den Durchbruch zu einem neuen Denken geschafft und überließ die Details gerne seinen Nachfolgern. Er hatte die Brücke zu lange verlorenen und nun mit Vorurteilen behafteten Wissensschätzen geschlagen und für ihre Verbreitung gesorgt. Und er hatte über den Menschen und seine Stellung in der Welt neu nachgedacht.

Ich denke, dieses neue, ganzheitliche Verständnis vom Menschen trug entscheidend dazu bei, dass Albert selbst zu einer so vielseitigen und für andere beeindruckenden Persönlichkeit werden konnte. Es ermöglichte ihm, seine in Forschung und Lehre erworbenen Kenntnisse auch in der Politik einzusetzen. Denn immer geht es ihm um den einen, unteilbaren Menschen. Eben darum, „dass du dich selber erkennst und dich selber zu Gott hinbringst".

Und da sollte es selbstverständlich sein, dass die Wissenschaftler der einzelnen Disziplinen auch mal über den Tellerrand schauen. Und vor allem, dass sie sich über ihre Erkenntnisse bezüglich des Menschen und seiner Welt austauschen.

Was Albert vielleicht am meisten von anderen Theologen unterschied, war seine Leidenschaft für die Naturforschung. Er reiste quer durch Europa – auch noch mit über siebzig Jahren immer zu Fuß –, diskutierte mit jedem und war vor allem immer wieder neugierig wie ein Kind auf die Phänomene der Natur. Seinem Vorbild Aristoteles getreu, beobachtete und beschrieb er sie systematisch. Hier ein kleines Beispiel:

> *Ich habe die Bienen in ihren verschiedenen Arten anatomisch untersucht. Man findet bei der Biene im Hinterleib nach der Einschnürung ein glänzendes, durchsichtiges Säckchen, und wenn man dies auf den Geschmack hin untersucht, zeigt es einen sehr feinen Honiggeschmack. Sonst finden sich in ihrem Leib nur noch ein sehr dünner und kaum gewundener Darm sowie fadenartige Stränge, an denen der Stachel befestigt ist. Da herum ist in ihrem Körper ein klebriger Saft. Ihre Beine haben alle ihr Gelenk im Brustteil, der vor der abteilenden Einschnürung liegt.*

So schreibt Albert in seinem Buch „Von den Tieren". Es dauerte lange Zeit, ja eigentlich bis zu einem Alexander von Humboldt, bis die Naturwissenschaft da weitermachte, wo Albert aufgehört hatte, die Welt zu durchstreifen und jede Einzelheit festzuhalten.

Dieser unbedingte Wille Alberts, alles zu durchdenken und alle Möglichkeiten seiner Zeit zu nutzen, ist auch die beste Erklärung dafür, warum er sich den ganzen Ärger mit den streitlustigen Kölnern immer wieder angetan hat. In jener Stadt, die innerhalb weniger Jahre zur wirtschaftlich dynamischsten des Deutschen Reichs geworden war, herrschte eben trotz aller Konflikte eine enorme Aufbruchsstimmung. Albert wollte dabei sein, wenn Menschen das Leben ausschöpfen, und brachte in Kopf und Herz etwas mit, das hier Nutzen stiften konnte. Nach Köln kehrte Albert immer wieder zurück, auch wenn es Phasen in seinem Leben gab, in denen er fast nur auf Reisen war. Köln war der Ort, an dem sich Albert bis ins hohe Alter am besten entfalten konnte und wo er auch immer wieder aus Überzeugung Streit schlichtete.

Diesen politischen Streit hat er vielleicht ganz gelassen als Schattenseite des modernen Großstadtlebens hingenommen. Was seine Aufgabe als Schlichter allerdings nicht einfacher machte. Denn kaum hatten sich die Kölner über die kreative Geldpolitik ihre Bischofs wieder abgeregt, knallte es im Jahr 1258 erst so richtig. Eine ziemlich groteske Entführungsgeschichte war hier der Anlass zur drohenden Fehde. Aber es ging eigentlich gar nicht um den entführten Würdenträger, sondern um den aufgestauten Ärger der jetzt noch reicher und selbstbewusster gewordenen Bürger.

Albert konnte auch diesmal vermitteln und verfasste einen sehr umfangreichen und differenzierten Schiedsspruch, der die Rechte und Pflichten beider Parteien – der Bürger und des Bischofs – genau regelte. Dieses als „Großer Schied" bekannt gewordene Dokument – im Gegensatz zum „Kleinen Schied" von 1252 – lief darauf hinaus, den Bischof nur noch formal als Herrscher über Stadt und Land anzusehen. Den Bürgern sollte aus Gewohnheitsrecht die Verwaltung der Stadt weitgehend überlassen werden. Es ist eine frühe Form der Volkssouveränität, die sich hier abzeichnet.

Auch beim Großen Schied konnte Albert Theorie und Praxis miteinander verbinden. Seine wissenschaftliche Methode, alle Argumente – gleich welcher Herkunft – sachlich zusammenzutragen, sie dann zu analysieren und schließlich gegeneinander abzuwägen, half ihm bei der politischen Konfliktlösung. Er schaffte es, die zerstrittenen Parteien unter dem Aspekt des fairen Interessenausgleichs an den Verhandlungstisch zu bringen. Nicht zuletzt kam Albert zugute, das Buch mit dem schlichten Titel „Politik" des Athener Stadtbürgers Aristoteles sehr genau gelesen zu haben. Denn in der Antike war man schon einmal weiter gewesen. Für Aristoteles hatten Bürger Rechte, die sich aus der Natur des Menschen herleiteten und nicht erst von den Mächtigen verliehen werden mussten. Albert erkannte darin den zukunftsweisenden Gedanken der bürgerlichen Freiheit.

Das Volk sollte über sich selbst bestimmen – und die Freiheit musste das Ziel sein. Die nach Freiheit strebenden Kölner machten Alberts Schiedsspruch deshalb Jahre nach dem Tod seines Autors sogar zum Teil ihrer neuen Stadtverfassung. Um sich selbst eine Verfassung geben zu können, mussten die Bürger aber erst ihren Bischof aus der Stadt jagen. Das geschah leider nicht auf friedlichem Wege, sondern in der Schlacht bei Worringen im Jahr 1288.

Wenn Albert sich immer wieder für Köln engagierte, dann schließlich auch deshalb, weil er als Philosoph erkannte, welche Chancen die moderne Stadt den Menschen eröffnete. Das hatte Aristoteles schon von den antiken Städten behauptet. Und nun erlebte man die Renaissance der Stadt als einer sozialen Organisationsform, die auf arbeitsteiligem Streben nach gemeinsamen Zielen beruhte. In der Stadt konnte sich der Mensch als „Gesellschaftswesen" – wie die antiken Philosophen ihn genannt hatten – optimal verwirklichen.

Vielen Klerikern des 13. Jahrhunderts waren städtische Lebenswelten und bürgerliche Selbstverwaltung nicht geheuer. Albert dagegen sah einen engen Zusammenhang zwischen dem naturgemäßen Leben des Menschen und seiner Einbindung in eine komplexe Sozialstruktur, in der die Talente und Fähigkeiten von Individuen einander ergänzen. Der Schlüsselbegriff seiner politischen Schriften ist daher „Kommunikation" – lateinisch: „communicatio". Damit meint Albert Handel und Handwerk genauso wie gemeinsames politisches Handeln.

Wenn der Mensch im ständigen Austausch – eben der Kommunikation – mit anderen lebt, dann nicht aus Zufall, sondern weil es seinem Wesen entspricht und natürlich ist. Das hatte Albert von Aristoteles gelernt. Er ergänzte es um den Gedanken, dass alles, was natürlich und vernünftig ist, auch von Gott so angelegt ist. Die Freiheit muss dem Menschen also nicht erst von Bischöfen verliehen werden. Gott hat sie ihm geschenkt. Aber Gott will auch die Verbindung zwischen Menschen, ja, durch seinen Geist sind und bleiben Menschen untrennbar verbunden. Albert dachte deshalb auch hier wieder ganzheitlich. Gesellschaftliche „Kommunikation" auf allen Ebenen ist ein vernünftiges Geben und Nehmen, bei dem trotz individueller Lasten letztlich alle Individuen profitieren. Und Albert redete nicht bloß von Kommunikation, sondern war selbst der große Kommunikator. So vermittelte er Wissen, so löste er Konflikte, so stiftete er Frieden.

11 *Der rastlose Professor*

Thomas von Aquin (um 1225–1274)

Magister Thomas thront am Katheder wie ein Fürst. Bis zum Osterfest wird von den Pariser Studenten noch einmal höchste Konzentration erwartet. Und in der Fastenzeit, so ist es guter Brauch, dürfen alle Angehörigen der Universität an jeder beliebigen Disputation teilnehmen. Da lassen es sich die Juristen, Mediziner und „Artisten" natürlich nicht nehmen, den europaweit berühmten Theologen Thomas von Aquin zu hören. Der Hörsaal ist vollkommen überfüllt. Die jungen Studiosi, die fortgeschrittenen Baccalaurii, die Kollegen Magistri aus den anderen Fakultäten sowie die Wissbegierigen aus der Schar der Dienstkräfte – Schreiber, Bibliothekare, Buchhändler – stehen gedrängt bis auf die Straße. Der bullige Mittvierziger am Katheder, in der schwarzen Ordenstracht der Dominikaner, scheint den ganzen Rummel überhaupt nicht mitzubekommen. Schweigend, in sich gekehrt, geht Magister Thomas noch einmal seine Papiere durch. Ständig macht er sich Notizen an den Rändern bereits dicht beschriebener Seiten. Oder er nimmt ein neues Blatt, beschreibt es in seiner ebenmäßigen Schrift, unterstreicht die wichtigsten Wörter mit schnurgeraden Linien und reicht das Papier dann wortlos und ohne vom Pult aufzublicken an seinen persönlichen Baccalaureus weiter.

Der Baccalaureus sitzt seinem Magister buchstäblich zu Füßen. Das modisch schicke, mit nach oben strebenden Ornamenten verzierte Katheder ist aus Holz und steht auf einem ebenfalls hölzernen Podium. Auf diesem Podium hat der Baccalaureus Platz genommen, und Magister Thomas, der über ihm thront, könnte von hinten über seinen Kopf hinweg schauen. Wenn er denn nur einmal von seinen Papieren aufblicken würde! Dann sähe der schwergewichtige Italiener auch, wer sich inzwischen auf den Bänken ringsum versammelt hat. Es sind einige der scharfsinnigsten Denker der Universität – Kleriker ebenso wie Laien. Durch die hohen, bunten Spitzbogenfenster fällt die Frühlingssonne auf ihre Köpfe und lässt sie in allen Farben des Spektrums leuchten.

Jetzt erhebt sich der Baccalaureus, ein hagerer, etwas erschöpft wirkender junger Mann, und ruft mit seiner hohen Stimme so laut er kann: „Silentium!" Dann holt er tief Luft und wiederholt: „Silentium! Silentium!" Noch ein paar geflüsterte Bemerkungen hier und dort, dann hat die Aufforderung zum Schweigen gewirkt. Erwartungsvolle Blicke aus hunderten Augenpaaren richten sich auf Magister Thomas, der aus allen Ecken des Saales gut zu sehen ist. Er schaut auf und fragt dann mit seiner tiefen, festen Stimme:

Dienen Gesetze stets dem Wohl der Allgemeinheit?

Ein Raunen geht durch die Reihen. Einige Studenten tuscheln, andere nicken zustimmend oder wiegen den Kopf skeptisch, während die Magister konzentriert an die nächstgelegene Wand starren. Nur Magister Thomas hat sich sofort wieder in seine Papiere versenkt. Sichtlich nervös richtet sein persönlicher Baccalaureus sich auf und ergreift das Wort:

Scheinbar zielen Gesetze nicht immer auf das Wohl der Allgemeinheit. Denn zu einem Gesetz gehören Anordnung und Verbot. Anordnungen betreffen aber immer Individuelles. Außerdem bestimmen Gesetze das Handeln von Menschen. Menschliche Handlungen haben es aber immer mit konkreten Einzeldingen zu tun.
Außerdem sagt Isidor von Sevilla: „Wenn das Gesetz auf der Vernunft basiert, dann ist alles Vernünftige Gesetz." Aber die Vernunft ist nicht nur die Basis für das Wohl der Allgemeinheit, sondern auch für das private Wohlergehen. Deshalb rich-

tet sich ein Gesetz nicht bloß auf das für alle Gute, sondern auch auf das, was einem Individuum privat zugutekommt. Aber dagegen spricht, was Isidor auch sagt, nämlich: „Gesetze werden nicht zum privaten Vorteil Einzelner erlassen, sondern zum gemeinschaftlichen Nutzen der Bürger.“

Wieder Unruhe in dem überfüllten Raum. Einige Studenten und Baccalaurii beginnen zu diskutieren und gestikulieren dabei lebhaft. Auch der eine oder andere Magister flüstert seinem Banknachbarn etwas zu. Nicht alle hören deshalb die helle Stimme des ältesten Baccalaureus, als er wieder ruft: „Silentium! Silentium!“ Dann hebt Magister Thomas seinen Blick und sagt in gemessenem Ton: „Ich antworte.“ Plötzlich ist es still. Mit ruhiger Stimme fährt der Mann am Katheder fort:

Gesetze geben dem Handeln der Menschen Regeln und Maß. Da nun das menschliche Handeln vernünftigen Prinzipien folgt, muss auch das Gesetz sich an der Vernunft orientieren. Nun sind alle praktischen Dinge – und auf diese bezieht sich die praktische Vernunft – von ihrem Ziel her bestimmt. Und das letzte Ziel des Lebens als Mensch ist Wohlergehen oder Glück. Deshalb müssen Gesetze in erster Linie darauf hinführen. Weil außerdem jeder Teil in einer Beziehung zum Ganzen steht wie das Unvollkommene zum Vollkommenen, und weil der einzelne Mensch ein Teil einer vollkommenen Gemeinschaft ist, muss das Gesetz das Verhältnis des Einzelnen zum Wohlergehen aller berücksichtigen. Deshalb setzt Aristoteles, der Philosoph, das Glück des Einzelnen in Zusammenhang mit der politischen Gemeinschaft und nennt eine Gesetzgebung gerecht, wenn sie das Glück der politischen Gemeinschaft fördert und erhält. Denn erst die politische Gemeinschaft ist die vollkommene Gemeinschaft, sagt Aristoteles. Wenn Gesetze also die vernünftigen Prinzipien menschlicher Handlungen sein sollen, dann müssen sie sich auf das Wohl

der Allgemeinheit richten, denn alles individuelle Glück ist dem nachgeordnet und folgt daraus.
Also zum ersten Einwand: Eine Anordnung ist eine Anwendung des dem Wohl aller dienenden Gesetzes auf den Einzelfall.
Zum zweiten Einwand: Menschliche Handlungen richten sich zwar auf Einzeldinge, aber diese Einzeldinge richten sich auf ein gemeinsames Ziel und stehen im Zusammenhang mit dem Wohl der Allgemeinheit.
Und zum dritten Einwand: Alles praktisch Vernünftige ist nur insofern vernünftig, als es auf das letzte Ziel des Wohls der Allgemeinheit hinführt. Und was insofern vernünftig ist, hat auch die Natur eines Gesetzes.

So ungefähr könnte es um 1270 an der theologischen Fakultät der Universität Paris zugegangen sein. Der Magister – im heutigen Sprachgebrauch: Professor – Thomas von Aquin hält eine öffentliche Lehrveranstaltung ab. Sie findet in einem der großen Hörsäle links der Seine statt. Zu den Privilegien, aber auch Pflichten eines Hochschullehrers gehören solche regelmäßigen „Disputationen" im größeren Kreis. Dabei stellt der Magister eine These, von deren Richtigkeit er überzeugt ist, als zu klärende Frage zur Diskussion. Sein Baccalaureus – in diesem Zusammenhang eine Art wissenschaftlicher Assistent – hat dann zunächst die mehr oder weniger rühmliche Aufgabe, seinem Chef zu widersprechen. Er bringt Argumente gegen die These vor und zitiert dabei vorzugsweise die Autoritäten. Je nachdem, um welche Art von Disputation es sich handelt, sammelt er auch Einwände aus den Reihen der Zuhörer. Bei einer „öffentlichen Disputation" darf sich jeder Universitätsangehörige beteiligen.

Sind alle Gegenargumente vorgetragen, gibt der Baccalaureus einen ersten Lösungshinweis, indem er Argumente – oder ein einzelnes, besonders schlagkräftiges Argument – *für* die Ausgangsthese in den Ring wirft. Jetzt ist der Magister dran, der sich bisher nur schweigend auf seinem Thron alle Gegenargumente angehört hat. Entweder präsentiert er die Lösung sofort und widerlegt federstrichartig alle Gegenargumente. Oder er hat einen Tag Zeit zum Nachdenken und trägt in der nächsten Sitzung seine Ergebnisse vor.

So oder so liefert der Magister zunächst eine ausführliche Begründung – lateinisch: „determinatio" – für seine Ausgangsthese. Nach Möglichkeit wiederum gespickt mit treffenden Zitaten der Autoritäten. Dann nimmt er sich systematisch alle vorgebrachten Gegenargumente zur Brust und zerpflückt sie genussvoll. Zumindest im Idealfall. Wenn seine These etwas taugt. Sonst hat er jetzt ein Problem. Kommt der Magister ins Schwimmen, kann er sich nicht hinter Fußnotengebirgen verstecken, sondern ist öffentlich bloßgestellt. Eine Situation, die sich noch erheblich verschärfen kann, wenn zwei Magistri in einer öffentlichen Disputation gegeneinander antreten. Solche akademischen Hahnenkämpfe waren bei den Studenten natürlich besonders beliebt.
Ist die Diskussion beendet, wird eine beglaubigte Mitschrift beim Universitätsbuchhändler abgeliefert. Dort ist sie dann als „Quaestio disputata" – also „ausdiskutierte Frage" oder auch „erörtertes Problem" – für alle Studenten erhältlich. Der Buchhändler – lateinisch: „stationarius" – hat übrigens eine andere Stellung und eine andere Rolle als in heutigen Universitätsstädten, wo er einfach auf eigene Rechnung bei den Verlagen „Semestertitel" ordert und diese dann an die Studenten verkauft. An der europäischen Universität des 13. Jahrhunderts ist der Buchhändler ein bestallter und vereidigter Universitätsangehöriger, der dafür verantwortlich ist, alle für den Lehrbetrieb notwendigen Schriften zur Verfügung zu stellen.

Bis Johannes Gutenberg sind es noch gut 200 Jahre, deshalb sind das ausschließlich Handschriften. Die Studenten können sie sich gegen eine Gebühr ausleihen und dann zu Hause abschreiben. Wohlhabende Studenten überlassen das Abschreiben aber einem professionellen Schreiber. Der Stationarius handelt schließlich auch mit den gebrauchten Abschriften ehemaliger Studenten, wobei die Höhe seiner Provision von der Universität genau festgesetzt ist. Die Buchpreisbindung – Sie hätten es wahrscheinlich erraten – stammt also auch aus dem Mittelalter.

Von Thomas von Aquin haben insgesamt 29 „Quaestiones disputatae" den Zerfall des Papiers überlebt, darunter „Über die Wahrheit" – lateinisch: „De veritate" – und „Über die Seele" – lateinisch: „De anima". Sein berühmtestes Werk ist allerdings keine Disputation eines Einzelproblems, sondern eine sogenannte „Summe", ein systematisches Lehrbuch. Die „Summa theologiae" – das „Lehrbuch der Theologie" – schrieb Thomas etwa ab 1260 bis zu seinem Tod 1274. Dabei unterstützten ihn sein Sekretär Reginald von Piperno und mehrere Hilfskräfte.

Thomas schrieb seine „Summa theologiae" wahrscheinlich ganz bewusst als Ersatz für die Sentenzen des Petrus Lombardus, die bisher das Lehrbuch der Theologen überall in Europa gewesen waren. Unzählige „Kommentare" – neben Disputation und Summe die dritte Buchgattung im akademischen Betrieb – waren zu den Sentenzen des Petrus im Umlauf. Thomas wollte ein Lehrbuch schaffen, das nicht nur Bibel und Kirchenväter berücksichtigte, sondern auch dem gesamten *philosophischen* Wissen der Zeit – insbesondere dem wiederentdeckten Aristoteles – Raum gab. Seine Summe setzte sich schließlich durch. Darin stand jetzt das Examenswissen der Theologen.

Die „Summa theologiae" ist schon deshalb eine sperrige Lektüre, weil sie den Lehrbetrieb an den Universitäten eins zu eins abbildet und im Stil von „Quaestionen" gegliedert ist. Die Diskussion aus der fiktiven Eingangsszene dieses Kapitels ist denn auch an die „Summa theologiae" angelehnt – ich habe den Text des zweiten Artikels der Quaestio 90 aus der ersten Hälfte des zweiten Teils verwendet und um der besseren Verständlichkeit willen recht frei übersetzt sowie leicht gekürzt. Was Sie da gelesen haben, ist zwar kein authentisches Protokoll einer Lehrveranstaltung des 13. Jahrhunderts, doch in diesem Rahmen und über solche Themen hat man im „Quartier latin" diskutiert.

Aber Moment mal – haben Sie Paris nicht ganz anders in Erinnerung? Gab es da nicht bis vor Kurzem die Kathedralschule des Bischofs und die „freien Magister", denen die Studenten folgten wie einem Guru und deren „Schulen" lediglich aus dem Ort bestanden, an dem sie sich zufällig aufhielten? Und gerade einmal ein Jahrhundert später geht es hier – im Großen und Ganzen – so zu, wie Sie es von unseren heutigen Universitäten kennen? Professoren unterschiedlicher Fakultäten lesen in vollen Hörsälen, unterstützt von ehrgeizigen Assistenten. Und die Studenten hören erst mal zu und lesen dann ein Buch nach dem anderen, bis sie irgendwann – eventuell – ihr Examen machen und dann selbst das Recht haben, Lehrveranstaltungen abzuhalten. Wie konnten sich bloß so schnell diese Strukturen herausbilden?

Entgegen unserem Mittelalterklischee, demzufolge ein entmündigtes Volk auf Anordnungen von Päpsten und Bischöfen, Königen und Fürsten wartete, kam die Initiative zu einem professionell und europaweit einheitlich organisierten Hochschulwesen aus den Reihen der Wissenschaftler und Studenten selbst. Mit der Renaissance der Wissenschaften im 12. Jahrhundert war die Zahl der Studenten sprunghaft angestiegen. Im 13. Jahrhundert haben allein in Paris Tausende studiert – bei einer Einwohnerzahl von nicht viel mehr als 100.000. Gleichzeitig hatten die Magister einen enormen sozialen Aufstieg erlebt, waren zu Ansehen und Wohlstand gelangt. Hinzu kamen der Aufschwung der Städte, der Fernhandel, die allgemeine Politisierung und Verrechtlichung des Lebens. Da war klar, dass man auf die Dauer keine Vorlesungen irgendwo auf der grünen Wiese improvisieren konnte.

Die bestehenden Schulen schlossen sich also nach und nach zu Institutionen zusammen. Im Großen und Ganzen standen die Bischöfe und Landesfürsten dieser Entwicklung eher skeptisch gegenüber, weil sie Machteinbußen fürchteten, während

Könige und Päpste die Universitäten förderten. Denn in einer Zeit zunehmender Verstaatlichung brauchten sie eine Funktionselite – vor allem aus Juristen und Theologen. So verlieh der französische König im Jahr 1200 den Magistern und Studenten von Paris ein Privileg, das ihre Einheit und Unabhängigkeit sicherte. Rasch kristallisierten sich fachliche Schwerpunkte heraus. Paris wurde Europas erste Adresse für Theologie und Philosophie, während die Juristen in Bologna und die Mediziner in Montpellier ihr Eldorado fanden.

Überall in Europa verstand sich die Universität als ein freier Zusammenschluss von Lehrern und Schülern – lateinisch: „universitas magistrorum et scholarium" – zu einer autonomen Institution. Heute, wo Professoren staatliche Beamte sind und wie Abteilungsleiter einer Behörde besoldet werden, kann man sich so viel Idealismus kaum noch vorstellen. Aber die Universität als selbstbestimmte Körperschaft funktionierte! In Bologna beispielsweise taten sich die Studenten zusammen, suchten sich ihre Magister aus, nahmen sie unter Vertrag und bezahlten sie dieser Vereinbarung gemäß.

Dank der königlichen, im Laufe der Zeit aber auch bischöflichen und fürstlichen Privilegien konnte jede Universität ihre spezifische Form der Selbstverwaltung finden. Man beschloss Statuten in mehrheitlicher Abstimmung, einigte sich auf Regeln für die Zulassung weiterer Studenten und Magister und wählte Dekane und Rektoren aus den eigenen Reihen. Kaum zu überschätzen ist die Rolle der „Mendikanten", der „Bettelorden", insbesondere der Dominikaner, in den Kindertagen der europäischen Universität. In Paris und Oxford wurden sie zwischen 1220 und 1230 vollständig in das Hochschulleben integriert.

Jede Universität legte ihre Studienprogramme, Vorlesungs- und Ferienzeiten selbst fest. Die Abschlüsse und akademischen Grade wurden jedoch überall in der christlichen Welt anerkannt. Das garantierten die Päpste. Die Schattenseite war – Sie ahnen es –, dass Rom auch die Inhalte kontrollierte und einem missliebigen Professor die Lehrbefugnis entziehen konnte. Dieses Problem der eingeschränkten Meinungsfreiheit haben katholische Theologen heute noch – Stichworte: Küng, Drewermann, Hasenhüttl –, doch damals erstreckte sie sich auf alle Fakultäten. Auch Juristen und Mediziner durften es sich mit dem Papst nicht verscherzen. Allerdings war der meistens weit weg und hatte vieles andere um die Ohren.

Trotz der inhaltlichen Kontrolle durch die Kirche war die politische Freiheit des Universitätsverbands erstaunlich. Seine drei großen Gruppen – Lehrende, Studierende und Dienstkräfte – waren in den Städten sozial privilegiert und hatten beispielsweise Anspruch auf Mietzuschüsse und Steuervergünstigungen. Oft war die Uni fast so etwas wie eine Stadt in der Stadt, die nach eigenen Regeln funktionierte und ihre Angehörigen dem direkten Zugriff des Stadtoberen oder des Landesfürsten entzog. Wurde den Akademikern ihre Freiheit streitig gemacht, griffen sie zu Kampfmitteln wie dem Streik – lateinisch: „cessatio" – oder gingen einfach in eine andere Stadt.

Das war ja überhaupt einer der großen Vorteile des Mittelalters: Wenn einem etwas nicht passte, ging man woanders hin. Grundsätzlich war man überall willkommen, denn – wie unter anderen Jacques Le Goff nicht müde wird zu betonen – es gab im Mittelalter kaum Fremdenfeindlichkeit. Alle großen europäischen Universitäten waren denn auch ein bunter Haufen von Dozenten und Studenten aus allen Winkeln des Kontinents. Auf Latein konnte man sich immer problemlos verständigen. Was allerdings die Studenten nicht davon abhielt, sich ihrer Herkunft gemäß zu „nationes" – Engländer, Iren, Deutsche, Italiener und so weiter – zusammenzuschließen und in dieser Mannschaftsaufstellung einander regelmäßig zu verprügeln. Doch das ist eine andere Geschichte.

Wenn Sie sich Thomas von Aquin als einen Menschen vorstellen, der in dem damals hochmodernen System der Universität intellektuell und menschlich ganz aufging, dann kommen Sie seiner Persönlichkeit wahrscheinlich recht nahe. Er tritt hinter sein Werk fast vollständig zurück. Dabei fiel der jüngste Sohn des süditalienischen Grafen von Aquino schon als Kind durch seine Begabung auf. Und die Familie war ein gewisses Niveau gewohnt, gehörte sie doch zum engeren Freundeskreis des Stauferkaisers Friedrich II., der mit Recht als der Weltmann unter den europäischen Politikern des Mittelalters gilt. Der aber auch – wie so viele seiner Vorgänger auf dem römischen Kaiserthron – einen Dauerkrach mit den Päpsten kultivierte.

Bei aller Freundschaft zum Kaiser hielt Familie Aquino wohl immer mehr zum Papst, was insbesondere für Onkel Sinnibald galt, der Abt des mächtigen Benediktinerklosters Monte Cassino war und dem der fünfjährige Thomas zum Zweck einer möglichst guten und umfassenden Erziehung anvertraut wurde.

Die Familie des kleinen Thomas jedenfalls hatte praktisch schon bei der Geburt entschieden, dass ihr Jüngster Karriere in der Kirche machen sollte. Den machtpolitischen Interessen einer Adelssippe kam es eben entgegen, möglichst überall, wo die Musik spielte, Leute des eigenen Geblüts sitzen zu haben. Doch Thomas muss auf dem Klosterhügel seines Onkels nicht nur fleißig gelernt, sondern auch eigene Interessen entwickelt haben. Denn mit 14 Jahren geht er als Student an die Universität Neapel – und das will so gar nicht zu dem von den Eltern vorgegebenen Karriereziel Top-Kleriker passen.

Neapel ist eine junge Uni, gerade mal so alt wie Thomas selbst. Kein geringerer als Kaiser Friedrich hat sie 1224 gegründet – als Leuchtturm der modernen Wissenschaft und als Gegengewicht zur papsttreuen Universität Bologna. Neapel ist für Friedrich eine Kaderschmiede, in der er junge Männer für den kaiserlichen Dienst heranziehen will. Weltoffen sollen diese sein und gebildet. Und in puncto Bildung ist der Kaiser – der selbst sechs Sprachen spricht und arabische Literatur im Original liest – durchaus anspruchsvoll. Anders als an den konservativen Hochschulen seines römischen Widersachers sollen an „seiner“ Uni sämtliche Texte des modernen Geisteslebens vorbehaltlos studiert werden: die arabischen Wissenschaften, die nur über den arabischen Sprachraum überlieferten Texte der alten Griechen und darunter allen voran – Aristoteles! Endlich sind wieder alle seine wissenschaftlichen Schriften in Europa verfügbar.

Thomas saugt das Wissen seiner Zeit auf wie der sprichwörtliche Schwamm. Anders als in Bologna oder Paris kann er in Neapel alles von Aristoteles lesen – auch die von der Kirche verbotenen Stellen. Petrus von Hibernia, ein bekannter Aristoteliker, weist Thomas den Weg und weckt seine lebenslange Liebe zur Philosophie. Doch eine andere Begegnung wird für Thomas noch entscheidender. Er trifft auf Mitglieder der jungen und dynamischen Bettelorden, bei denen sein späterer Lehrer Albert von Lauingen bereits Mitglied ist. Die Mendikanten wollen die verkrusteten Strukturen der Amtskirche aufbrechen und einem Leben nach dem Beispiel Jesu neuen Schwung verleihen. Die Franziskaner legen dabei den Schwerpunkt auf den sozialen Bereich und kümmern sich um das neue städtische Proletariat, während die Dominikaner Intelektuelle sind, die sich aus der Sicht eines evangeliumstreuen Christentums mit den neuen gnostischen und manichäischen Sekten – Katharer, Waldenser – und dem beeindruckenden Schrifttum der Muslime auseinandersetzen wollen.

Thomas ist vom radikal alternativen Lebensstil und dem intellektuellen Anspruch dieser mittelalterlichen Kommunarden fasziniert. Mit 19 Jahren tritt der hochbegabte, schweigsame Junge in den Dominikanerorden ein. Seine Familie hat er vorher nicht gefragt. Als sie von der Sache erfährt, steht die mit allen Mächtigen Europas vernetzte Sippschaft unter Schock. Sie können sich das ungefähr so ausmalen, als ob der jüngste Sohn von Franz Josef Strauß 1980 zu den Grünen gegangen wäre. Was Thomas angeht, so erkennt die Leitung des „Predigerordens" schnell, welches Ausnahmetalent sich da ihren Reihen angeschlossen hat. Der Junge muss so schnell wie möglich nach Paris – in die Hauptstadt der europäischen Intellektuellen!

Das war der nächste Schock für die Familie. Der Adelsspross als Jesusfreak in der Großstadt – vor allem für die mittlerweile verwitwete Gräfin eine Horrorvorstellung. Die Familie beharrte auf einer Klerikerkarriere – und zwar bei den konservativen Benediktinern. Mit dem Placet des Kaisers wird Thomas von seinen leiblichen Brüdern gekidnappt, kaum dass er die ersten Schritte in Richtung Paris gemacht hat. Auf einer familieneigenen Burg hält man Thomas ein Jahr lang fest und lässt ihn im eigenen Saft schmoren. Natürlich kann man seinen Willen nicht wie bei einem gemeinen Verbrecher mit Folter brechen – *noblesse oblige* –, doch irgendwann wird der Junge sich schon einsichtig zeigen. Meint die alte Gräfin. Doch Thomas bleibt stur. Er will als Dominikaner in Paris seine Studien fortsetzen. Basta! Schließlich gibt die Familie auf. Und so macht sich ein ziemlich zielbewusster und willensstarker 20-Jähriger auf den Weg nach Paris – zu Fuß, wie alle Mendikanten auf ihren Reisen kreuz und quer durch Europa.

In Paris erwarten Thomas drei entscheidende Dinge: Erstens eine bereits institutionell gefestigte Universität mit dem Schwerpunkt Theologie und Philosophie. Zweitens ein eingespielter theologisch-philosophischer Schulbetrieb, der heute unter dem Schlagwort „Scholastik“ bekannt ist. Und drittens ein leuchtendes Vorbild, nämlich kein Geringerer als Albert von Lauingen, der bekannteste europäische Intellektuelle der Zeit. Unter Scholastik wird zunächst einmal jenes methodische Vorgehen verstanden, wie es in der Eingangsszene dieses Kapitels hoffentlich ein wenig anschaulich geworden ist. Man ist bestrebt, wissenschaftliche Gegenstände möglichst scharf in Fragen – „quaestiones“ – und Einzelprobleme zu zerlegen. Man bemüht sich um eine Abgrenzung und Unterscheidung – „distinctio“ – der Begriffe. Und schließlich will man in einer formal streng geregelten Erörterung – „disputatio“ – der Probleme mithilfe logischer Urteile und stringenter Beweise zu den Argumenten pro und contra Stellung beziehen. Von alledem kaum zu trennen, sind eine intensive Quellenkritik und die kritische Auseinandersetzung mit den christlichen Autoritäten.

Das alles klingt nicht nach lockerem Studentenleben, sondern richtig nach Arbeit. Und das war es wohl auch. Die Universitäten des 13. Jahrhunderts arbeiteten innerhalb weniger Jahrzehnte ein gewaltiges Pensum ab, und wie sie das taten, sollte für die europäische Geistesgeschichte prägend werden. Denn obwohl hier unter dem Dach der christlichen Kirche philosophiert wurde, gab es alles andere als Einvernehmlichkeit und Frieden. Es herrschte ein erheblicher, teilweise erbitterter Richtungsstreit. Und keineswegs waren alle christlichen Theologen ihrer Sache absolut sicher, sondern man liebäugelte mit heidnisch-antiken, islamischen oder manichäischen Ideen.

Die Gretchenfrage im Geistesleben der Zeit lautete: Wie hältst du es mit Aristoteles und den Arabern? Deren Schriften – zunächst – zu verbieten, hielten die Kirchenoberen nicht umsonst für geboten. Denn es gab bereits ein fest gefügtes, christlich-philosophisches Weltbild auf der Basis der neuplatonisch gesinnten Kirchenväter, allen voran Augustinus. Man wähnte sich bereits im Besitz der Wahrheit. Wieso das alles noch einmal infrage stellen? Tatsächlich gab es eine Richtung der Scholastik, die das gesamte mittelalterliche Universitätsleben hindurch einen konservativen Augustinismus pflegte und von Aristoteles nichts wissen wollte. Diese Strömung wurde als „Ältere Franziskanerschule" bekannt, ihr berühmtester Exponent ist Bonaventura von Bagnoregio. Die Reformation, die Aristoteles verabscheute, wird hier anknüpfen und Augustinus erneut als größten Theologen aller Zeiten etablieren.

Die entgegengesetzte Richtung der Scholastik war von Aristoteles und den Arabern derart fasziniert, dass der christliche Boden unter ihren Füßen erheblich ins Schwanken geriet. Insbesondere Siger von Brabant hatte in Paris viele Anhänger. Er wollte zurück zu einem „reinen" Aristoteles ohne die Einflüsse beispielsweise Ibn Sinas und der christlichen Neuplatoniker. In dem islamischen Denker Ibn Ruschd glaubte er hierfür einen Bruder im Geiste gefunden zu haben. Da Ibn Ruschd im lateinischen Westen Averroës genannt wurde, galt die so entwickelte Lehre als „Averroismus". Insbesondere die Vorstellung einer „Weltseele", die *in den* einzelnen Menschen denkt und *in der* die Seele des Individuums nach dem Tod aufgeht, war mit der biblischen Botschaft der Auferstehung der Toten unvereinbar. Ibn Ruschd hatte dennoch einen großen Einfluss, und wo die Scholastik Aristoteles nur „den Philosophen" nennt, da bezeichnet sie Ibn Ruschd – wegen seines Aristoteles-Kommentars – schlicht als „den Kommentator".

Thomas hielt es in Paris mit seinem rund 25 Jahre älteren Mitbruder Albert von Lauingen, der einen modernen christlichen Aristotelismus – die dritte Hauptströmung der Scholastik dieser Zeit – vertrat. Ganz im Geiste der aristotelischen Ethik stand Albert für „mesos", die vernünftige *Mitte* zwischen den extremen Lehrmeinungen der Konservativen und der Averroisten. Thomas hatte sein Studium der „Freien Künste" schon beendet und durfte sich der Theologie widmen, als er seinem Mentor zum ersten Mal begegnete. Albert, der die große Synthese des christlichen Denkens mit dem von Muslimen und Juden weitergedachten Aristoteles einleitete, weckte nicht zuletzt auch das politische Interesse des jungen Thomas.

War Albert ein im ganzen deutschsprachigen Raum gefragter Vermittler, so sollte Thomas – unter anderem – der scharfsinnigste politische Denker seit Aristoteles werden. Was Thomas hingegen von seinem Vorbild *nicht* übernahm, war das wache Interesse an Naturforschung. Zeitlebens blieb er ganz Theologe und Geisteswissenschaftler, hinterließ aber auf diesem Gebiet ein unvergleichlich systematischeres und umfangreicheres Werk als Albert. Thomas und Albert sollten sich mit ihrer Denkweise in Paris schließlich durchsetzen – bis die „Jüngere Franziskanerschule", angeführt von Johannes Duns Scotus, den „Thomisten" wieder die Butter vom Brot nahm.

Um 1270 ist Thomas von Aquin also der angesehene Magister Thomas an der Universität Paris, hält regelmäßig öffentliche Disputationen ab, schreibt den zweiten Teil seiner „Summa theologiae" und widmet sich darin Fragen wie dieser:

Dienen Gesetze stets dem Wohl der Allgemeinheit?

Eine solche Frage überhaupt zu stellen, ist an Voraussetzungen geknüpft. Ein Anselm von Canterbury hätte sie nicht gestellt und ein Peter Abaelard wohl auch nicht. Erst die Kultur der boomenden mittelalterlichen Städte machte differenziertes politisches Denken überhaupt – seit der Antike erstmals wieder – sinnvoll. Die These aus der „Politeia" des Aristoteles, dass der Mensch erst in der politischen Gemeinschaft sein Glück finde, erst in einer arbeitsteiligen Gesellschaft freier Individuen seine Anlagen voll entfalten könne, hätte in einem ländlichen Kloster des 11. Jahrhunderts auch dann niemand richtig verstanden, wenn die aristotelischen Schriften dort bekannt gewesen wären.

Der ursprüngliche Ort moderner Gesellschaft ist nicht der Staat, sondern die Stadt. Albert von Lauingen zitiert in seinen Predigten Cicero mit dem Satz: „Eine Stadt setzt sich nicht aus Steinen, sondern aus Menschen, aus Bürgern zusammen." In der Stadt des 13. Jahrhunderts ist der Mensch „civis", freier und gleicher Bürger in einer ökonomisch von Handel und Handwerk, theologisch und politisch von den Predigten der Mendikanten geprägten Gesellschaft. „Frieden, Gerechtigkeit und Sicherheit" – so charakterisiert Albert das städtische Ideal. Jetzt wird der antike Gedanke des *Gemeinwohls* neu entdeckt und den Umständen der Zeit angepasst. Thomas von Aquin, der rastlose Professor und akribische Systematiker, nahm sich auch auf diesem Gebiet vor, alles verfügbare Wissen aufzubereiten und nach klaren Prinzipien zu bewerten.

Dreht sich der erste Teil der „Summa theologiae" um Gott, Kosmos und Metaphysik, so handelt der zweite Teil von der

Freiheit und Verantwortung des Menschen, seinem auf Ziele ausgerichteten Leben, seinen Fähigkeiten, seinen Gefühlen und Leidenschaften, seinen inneren Haltungen und Dispositionen. Nirgendwo wird die bei Thomas vollzogene Abkehr von der bisher vorherrschenden christlichen Doktrin deutlicher als in seiner praktischen Philosophie. Die Neuplatoniker, Augustinus und die ländlichen Klosterbrüder des Mittelalters einte die Devise: Rückzug von der Welt! Das „Flieht, flieht!" eines Bernhard von Clairvaux hallte nach wie vor durch die Kreuzgänge Europas. Die philosophische Grundierung dieser Weltflucht ist ein ausgeprägter *Dualismus,* ein klares Entweder-oder: Diesseits und Jenseits, Leiblichkeit und Seelenheil, Gott und Welt, Gut und Böse sind messerscharf getrennt. Verwechslungen sind unwahrscheinlich, Vermischungen unmöglich – hier ist Schatten, dort Licht, hier ist Leiden, dort Erlösung, hier ist Niedertracht, dort Gnade.

Thomas, der erfolgreiche Professor in einer pulsierenden Großstadt, kann damit nicht mehr viel anfangen. Augustinus, der theologische Übervater, der immer wieder die Befreiung des Geistes von seiner Bindung an die Sinnenwelt predigte, scheint für das moderne Leben nicht mehr stimmig. Jedenfalls nicht im Vergleich zum aristotelischen Denken, das aus der vielfach überlegenen islamischen Kultur nach Europa kommt, und zu deren Aufschwung es offenbar einiges beigetragen hat. Das vorbehaltlose Ja zur irdischen Welt – darin unterscheidet sich Aristoteles am meisten von seinem Lehrer Platon und dem christlichen Platoniker Augustinus. Wie so viele Menschen des 13. Jahrhunderts ist Thomas fasziniert von der weltbejahenden Urbanität des aristotelischen Denkens. Man blickt auf die kosmopolitischen Orte der Zeit, man sieht al-Andalus, einen blühenden Vorderen Orient, ein weltoffenes, kulturgesättigtes Süditalien – und fragt sich, ob man vor alledem tatsächlich in die Klöster flüchten muss.

Gleichzeitig sehen die selbstbewussten Städter des 13. Jahrhunderts, die erfolgreichen Kaufleute, Handwerker und Intellektuellen, den Machtzuwachs und die Prachtentfaltung der römischen Kirche mit zunehmender Skepsis. Die Päpste betrachten sich jetzt ausdrücklich als „Stellvertreter Gottes auf Erden". Für viele Laien eine ungeheuerliche Provokation! In den Städten bildet sich eine bürgerliche Opposition gegen den totalen Machtanspruch der Kirche. Man ist in der Lage, die Bibel selbst zu studieren, und wünscht sich eine Rückkehr zum Geist des Evangeliums. Berief Jesus nicht zupackende, mit beiden Beinen im Leben stehende Gewerbetreibende zu seinen Jüngern? Oder rief er zur Gründung eines klerikalen Gottesstaates auf?

In dieser kulturellen, politischen und spirituellen Gemengelage sucht Thomas nach Maß und Mitte, nach Klarheit und Ordnung. Er zieht alle verfügbaren Quellen heran, stellt jede These auf den Prüfstand und entscheidet sich für eine vernünftige Lösung. Ohne die Diskussion damit für alle Zeiten beenden zu wollen. So fasziniert Thomas – genau wie Albert – vom weltläufigen Geist der Antike sein mag, so will er doch keineswegs zurück zur bloßen heidnischen Vernunftethik, die den Lebenssinn des Menschen allein in Anstand und Wohlstand erblickt. Thomas hält vielmehr an der zentralen Botschaft des Evangeliums Jesu fest, dass das menschliche Leben eine transzendente Dimension hat, es über das Irdische und Zeitliche hinausragt, hin zu Gott strebt.

Thomas wagt die *Synthese* – getreu dem Jesuswort „Gebt dem Kaiser, was des Kaisers ist und Gott, was Gottes ist" will er dem menschlichen Leben im Hier und Jetzt voll und ganz gerecht werden und *gleichzeitig* die Rückkehr des Menschen zu Gott als letztes Ziel seines Lebens in allen Konsequenzen durchdenken. Und so kann er Aristoteles zustimmen, dass das höchste Gut *auf dieser Welt* das Gemeinwohl ist. Erst in der politisch verfassten, arbeitsteiligen Gesellschaft kann der Mensch alle seine Kräfte entfalten. Fehlt ihm diese Gemeinschaft, bleibt er zu sehr im Existenzkampf gefangen. Er kann sich nicht auf seine Talente spezialisieren, und es fehlt ihm erst recht die geistige Anregung im Austausch mit anderen. Sicherlich kann auch eine Familie auf einem abgeschiedenen Landgut ein angenehmes Leben führen – aber niemals wird einer ihrer Söhne Professor für Theologie werden oder eine Kathedrale bauen. Dazu bedarf es des komplexen, geistigen und materiellen Zusammenwirkens vieler anderer Menschen. Dazu braucht es Gemeinschaft.

Aber warum ist Gemeinschaft denn so viel besser als Rückzug, Askese, Weltflucht? Warum soll der Mensch sich überhaupt so anstrengen, warum Bücher schreiben und Kathedralen bauen? Antwort: Weil er es kann! Der Mensch trägt ein Ziel in sich, hat Anlagen und Talente, die er entfalten kann. Alles in der Natur ist darauf angelegt, sich so weit wie möglich zu entwickeln – das ist der aristotelische Gedanke der „Entelechie". Der Mensch braucht zu seiner vollkommenen Entfaltung aber immer die Gesellschaft anderer Menschen. Das wurde in den mittelalterlichen Städten auf einmal wieder mit Händen greifbar, als Architektur und Technik, Handel und Gewerbe, Kunst, Literatur und Wissenschaft florierten.

Doch man sah auch das größte Problem: Menschen sind Individuen. Menschen haben unterschiedliche Interessen und Neigungen, sie ergänzen sich im Idealfall perfekt, aber im weniger günstigen Fall behindern und bekämpfen sie einander. Denn Menschen haben auch eine fatale Neigung zum Egoismus und zur Selbstüberschätzung. Sie verlieren gern aus dem Auge, wie alles mit allem zusammenhängt. Sie vergessen manchmal, dass jeder von jedem abhängig ist – aber auch alle von anderen profitieren. Deshalb braucht das menschliche Zusammenleben vernünftige Regeln. Wenn das Ziel dieser Regeln das Gemeinwohl ist, dann spricht man von Gesetzen. Und deshalb kann Thomas sagen:

> *Wenn Gesetze also die vernünftigen Prinzipien menschlicher Handlungen sein sollen, dann müssen sie sich auf das Wohl der Allgemeinheit richten, denn alles individuelle Glück ist dem nachgeordnet und folgt daraus.*

Doch Vorsicht: Das Gemeinwohl steht zwar über den Interessen des Individuums, doch das bedeutet keinesfalls, dass der Einzelne in der Gemeinschaft aufginge und seine Individualität verlöre. Nichts liegt Thomas ferner als der Satz moderner Kollektivisten: „Die Gemeinschaft ist alles, der Einzelne ist nichts." Denn die Gemeinschaft ist ja gerade dazu da, dass *der Einzelne* sich entwickeln kann! Eine politische Ordnung ist umso vernünftiger, schreibt Thomas, je mehr sie dem Einzelmenschen ermöglicht, seine vernünftigen Anlagen zu entfalten. Gleichzeitig sagt er auch: Gott schafft Menschen als Individuen und stattet sie mit unterschiedlichen Talenten aus, *damit* sie zusammenkommen, sich ergänzen, Gemeinschaft suchen.

Wie genau sind nun aber Individuum und Gemeinschaft aufeinander bezogen? Thomas unterscheidet an anderen Stellen der „Summa theologiae" zwischen „Natur" und „Person" des Menschen. Von seiner *Natur* her ist der Mensch ganz auf die Gemeinschaft hingeordnet. Er kann ohne die Fürsorge anderer gar nicht körperlich überleben, und ohne dass andere Menschen ihn etwas lehren, ihn anleiten und inspirieren, liegen auch seine geistigen Potenziale brach. Selbst ein Rüdiger Nehberg, der sich zum „Survival" monatelang allein in der tropischen Regenwald begibt, hat alles notwendige Wissen, um diesen Egotrip tatsächlich zu überleben, vorher von anderen Menschen vermittelt bekommen. Kaspar Hauser allein im Dschungel wäre nach wenigen Tagen tot. Und in den verbleibenden Tagen schriebe er bestimmt kein großes philosophisches Werk.

Nun gibt es aber einen Wesenskern der Persönlichkeit, der – so Thomas – letztlich keinem anderen Menschen, sondern nur Gott zugänglich ist. Für diesen Kern seiner Persönlichkeit ist jeder Mensch selbst verantwortlich. Keine Familie, kein Orden, keine politische Gemeinschaft kann ihm die Aufgabe abnehmen, seine Persönlichkeit zu entwickeln. Der Mensch kann nur im Gebet Gott bitten, ihm die nötige Kraft zur Weiterentwicklung seines substanziellen Kerns zu geben. Weil das so ist, weil jedes

Individuum sein ganz eigenes Ziel in sich trägt und dafür verantwortlich ist, gibt es eine klare Grenze für die Ansprüche der Gemeinschaft an den Einzelnen.

Niemals dürfen Fürsten und Bischöfe, Kaiser und Päpste, Theologen und Prälaten den Wesenskern des Individuums, den Ort seiner persönlichen Freiheit und individuellen Beziehung zu Gott, zu manipulieren versuchen. Deshalb lehnt Thomas den „Gottesstaat" des Augustinus strikt ab. Und deshalb wären ihm auch alle totalitären politischen Systeme der Neuzeit und Moderne ein Gräuel. Denn „Totalitarismus" bedeutet je genau dies: den *totalen* Anspruch der Gemeinschaft – ihrer Mehrheit, ihrer Mächtigen – auf das Individuum, bis in dessen Kern hinein. Das widerspricht dem Menschen als *Person*. Seiner *Natur* widerspricht es jedoch keineswegs, weshalb totalitäre Systeme unter Menschen, die sich mit der eigenverantwortlichen Entwicklung ihres Wesenskerns schwertun, massenhaft Anhänger finden. Diese Masse fühlt sich in der Diktatur ihrer anspruchsvollsten Lebensaufgabe entbunden – und somit entlastet.

Auch der römischen Kirche des 13. Jahrhunderts, mit ihrem zwar nicht totalitären, aber weitreichenden Machtanspruch, war das politische Denken des Thomas, seine Philosophie einer auf vernünftigen Gesetzen basierenden „Bürgergesellschaft" – lateinisch: „communitas civilis" – nicht immer geheuer. Mehrfach wurden Lehrsätze von Magister Thomas kirchlich verurteilt. Obwohl er die Autorität der Kirche nie infrage stellte. Obwohl er die Monarchie, die alten Orden, die gewachsenen Strukturen seiner Zeit nie angriff, sondern, im Gegenteil, verteidigte. Als Thomas 1274 auf dem Weg zum Konzil von Lyon im Alter von nicht einmal 50 Jahren starb, wandte sich die Universität Paris bald darauf an den Dominikanerorden mit der Bitte, Thomas in der Metropole an der Seine begraben zu lassen. Beim Blick auf das Bittschreiben fällt dem Philosophen und Mittelalterexperten Maximilian Forschner auf:

Signifikant ist, dass in dem Schreiben neben dem Rektor alle Professoren der Artistenfakultät, nicht aber die Professoren der Theologischen Fakultät genannt sind. Obwohl Thomas etwa zehn Jahre als Baccalaureus und Magister der theologischen Fakultät von Paris angehört hatte, sind es die „Philosophen", die seine gewaltige Lebensleistung umstandslos anerkennen und ihn auch als Toten in ihrer Nähe wissen möchten. Die Theologen empfanden diese wohl mehrheitlich eher als Herausforderung und Bedrohung ihrer traditionalen geistigen, geistlichen und machtpolitischen Überzeugungen und Ansprüche.

Die gewaltige Lebensleistung hatte für Thomas ihren Preis. Mit seiner „Summe" des theologischen und philosophischen Wissens, seinem Anspruch, den ganzen Kosmos vernünftig zu durchdenken und zu systematisieren, verausgabte er sich restlos. In der Adventszeit 1273 erlitt er einen Zusammenbruch. Der dritte Teil seiner gigantischen „Summa theologiae" blieb Fragment. Selbst Thomas, der Workaholic am Katheder, konnte in dieser Welt nicht alle seine Ziele erreichen. Überrascht hat ihn das vermutlich nicht. *Homo viator est* – der Mensch ist ein Reisender, immer unterwegs, immer weiter fortschreitend, nie am Ziel.

12 *Der volkstümliche Intellektuelle*

Eckhart von Hochheim, genannt Meister Eckhart (um 1260–1328)

„Sur le pont d'Avignon, on y danse" – auf der Brücke von Avignon, da wird getanzt. Dieses volkstümliche Lied kennt heute – nicht nur in Frankreich – jedes Kind. Ich weiß nicht, wann genau der Gassenhauer entstanden ist, aber das 14. Jahrhundert würde gut passen. Denn da kam die besungene provenzalische Stadt, deren Wahrzeichen die Steinbrücke über die Rhône ist, gleichsam über Nacht zu Weltgeltung. Und schließlich lautet – was heute nicht mehr jeder weiß – die ursprüngliche Fassung des Liedes „*Sous* le pont d'Avignon". Nicht „auf", sondern „unter" der Brücke ging die Post ab. Und das sicher nicht am Sonntagnachmittag zur Kaffeezeit, sondern in der Nacht. Denn unter der Rhônebrücke war man den Blicken aus dem Bischofspalast entzogen. Hier konnte ausgelebt werden, was tagsüber zur Sünde erklärt wurde. Unter der Brücke und in den angrenzenden Spelunken warteten natürlich auch die Huren und Stricher auf ihre Freier. Seit 1309 kamen die Freier reichlich. So reichlich, dass bald ganz Frankreich Grund genug hatte, in den Schänken das Spottlied „Sous le pont d'Avignon" zu grölen, um sich in Stimmung zu bringen. Denn ab 1309 residierten die Päpste und das oberste Verwaltungsorgan der Kirche – die sogenannte Kurie – in Avignon.

Nein, die „babylonische Gefangenschaft der Kirche" – wie der temporäre Umzug der Spitzenkleriker von Rom nach Südfrankreich später romantisch-verklärend genannt wurde – ist kein Ruhmesblatt der christlichen Kirchengeschichte. Zu der sexuellen Doppelmoral, die Spötter zu ihren Liedern inspirierte, gesellten sich politische Intrigen in bisher nicht gekanntem Ausmaß. Hinzu kam eine Prunksucht, eine Prasserei, mit der die Päpste die mächtigsten europäischen Könige und Fürsten zu übertrumpfen versuchten. Ab 1335 entstand mit dem Papstpalast in Avignon das größte Gebäude des Mittelalters – ein Bauwerk wie eine Konzernzentrale, hoch über der Stadt, repräsentativ, einschüchternd, doch ohne Eleganz und Leichtigkeit, ein Klotz, letztlich ein riesiger Zweckbau.

Was trieb Papst und Kurie überhaupt nach Avignon? Nun, durchaus ähnliche Gründe wie jene, die eine deutsche Regierung einmal von Berlin nach Bonn führten. Man hatte sich in seiner Kapitale – Rom, der „ewigen Stadt" – machtpolitisch so sehr verschätzt, dass man in die schützenden Arme der Westmächte fliehen musste. Wobei der rechte dieser schützenden Arme ein unterjochendes Schwert in der Hand hielt. Im Klartext: Frankreichs Könige hatten sich die Päpste gefügig gemacht. Doch das erst, nachdem sich die Kirchenfürsten vollends auf das Spielfeld der Politik begeben und dabei übernommen hatten.

Kaiser Friedrich II. hatte 1213 das Existenzrecht eines Kirchenstaats auf italienischem Boden anerkannt. Papst Bonifaz VIII. genügte das als weltliche Machtbasis jedoch nicht. In seiner Konstitution „Unam Sanctam" von 1302 verkündete er, Christus habe dem Apostel Petrus – der als Amtsvorgänger des Papstes galt – sämtliche „Schwerter" – also irdischen Vollmachten – verliehen. Wenn irgendein König oder Fürst überhaupt etwas zu melden habe, dann nur im Auftrag der Kirche. Letztlich seien alle weltlichen Herrscher dem Papst untertan. Doch solches Säbelrasseln hätte sich gut überlegen sollen, wer kaum über militärische Druckmittel verfügte. Und so ließ der französische König, der sich provoziert fühlte, den Papst am 8. September 1303 kurzerhand in seiner Residenz überfallen und gefangen nehmen. Papst Clemens V. – gebürtiger Franzose und seit 1205 Nachfolger des großsprecherischen Bonifaz – bekam dann auch noch richtigen Ärger mit dem italienischen Adel, der sich durch den Kirchenstaat in seiner Machtposition gefährdet sah. Schließlich zog Clemens mitsamt der ganzen Kurie nach Avignon um.

Als 1327 der deutsche Gelehrte und Seelsorger Eckhart von Hochheim – den alle seit seiner Zeit als Magister an der Universität Paris nur „Meister Eckhart" nennen – den Papst dringend sprechen will, muss er sich also auf den Weg nach Südfrankreich machen. Eckhart ist stocksauer. Neider haben den populären Prediger beim Erzbischof von Köln angeschwärzt und ihn der Irrlehre – der Häresie – bezichtigt. Erzbischof Heinrich von Virneburg hat deshalb ein Inquisitionsverfahren gegen Eckhart eröffnet. Immer wieder musste sich Eckhart für einzelne Sätze aus seinen Predigten und Traktaten vor dem rheinischen Inquisitionsgericht rechtfertigen. Bis es ihm gereicht hat und er pauschal und öffentlich erklärte, er widerrufe alles, was er je gesagt habe, sofern sich darin „etwas Irrtümliches finden sollte". Gleichzeitig appellierte er offiziell an den Papst, die Sache letztinstanzlich zu entscheiden. Jetzt hat er das Antwortschreiben der Kurie in der Tasche. Darin heißt es im besten „Beamtisch":

> *Wir haben es nicht für recht befunden, der Appellation, die Magister Eckhart neulich vor uns und durch uns an den Heiligen Vater eingelegt hat, stattzugeben, weil sie evident unbegründet ist, wie sich aus den von uns geführten Verhandlungen in Sachen des gegen denselben Magister Eckhart schwebenden Inquisitionsverfahrens offenbar ergibt.*

Diese Abfuhr will Eckhart nicht auf sich sitzen lassen. Der mit 67 Jahren nicht mehr ganz junge und vielleicht schon von Krankheit gezeichnete Gelehrte macht sich also auf den rund 900 Kilometer langen Fußweg von Köln nach Avignon. Er will sich vor der obersten Kirchenleitung unbedingt persönlich erklären. Begleitet wird er von seinem Vorgesetzten, dem Chef der deutschen Dominikaner, Heinrich von Cigno, sowie drei besonders fähigen Lektoren des Kölner Generalstudiums, die gewissermaßen als seine Anwälte fungieren. Nach wahrscheinlich rund sechswöchiger Reise erreichen die Männer die Machtzentrale der Kirche an der Rhône.

Dort hat man es keineswegs eilig, die Deutschen zu empfangen. Der alte Bischofspalast und die angrenzenden Räumlichkeiten gleichen einem Ameisenhaufen. Die Leitung der Kirche, das ist längst eine riesige Behörde, eine gut geölte Verwaltungsmaschine, und die Funktionäre und klerikalen Karrieristen tummeln sich überall in der aus den Nähten platzenden Provinzstadt. In Avignon warten allein hunderte als Ketzer angezeigte Kleriker auf ihre Verfahren, ständig werden Aktenberge hin und her geschleppt, und an einem Werktag vergeht keine Stunde, in der nicht irgendwo ein Ausschuss oder eine Kommission ihren Geschäften nachginge. Trotzdem ist die anstehende Arbeit kaum noch zu bewältigen. Wilhelm von Ockham, der berühmte Oxforder Gelehrte, wartet hier nun schon über ein Jahr auf den Beginn seines Ketzerprozesses. Nach einem weiteren Jahr Wartezeit wird er sich einfach aus dem Staub machen.

Fast zur selben Zeit wie Eckhart und seine Begleiter treffen die Abgesandten des Erzbischofs von Köln – gewissermaßen die Kronzeugen der Anklage – in Avignon ein und übergeben ihre Akten der päpstlichen Behörde. Und nun kommt es, wie es kommen muss. Das Verfahren zieht sich hin, nach jeder Sitzung irgendeiner päpstlichen Kommission steht in den Akten wieder etwas anderes, und bei den wahrscheinlich nur wenigen persönlichen Anhörungen gerät Eckhart vollständig in die Fallstricke der kirchlichen Justiz. Der Gelehrte hat wohl tatsächlich gehofft, seine Theologie und Philosophie im Zusammenhang darstellen und erklären zu können. Doch hier wird nach Aktenlage entschieden und keine philosophische Disputation veranstaltet. Zermürbt und von Krankheit weiter geschwächt, stirbt Eckhart irgendwann Anfang des Jahres 1328, entweder im Kloster seiner Mitbrüder in Avignon oder schon auf dem Rückweg nach Köln.

Von den Päpsten in Avignon zu sprechen heißt, sich mit einer Epoche zu beschäftigen, der Historiker das Etikett der „Krise des Spätmittelalters" aufgeklebt haben. Die Jahrzehnte des Aufschwungs sind vorbei – die Renaissance der Wissenschaften erzeugt keine Aufbruchsstimmung mehr, das Universitätsleben ist Routine geworden, und die Blüte der Städte hält zwar vielerorts an, doch die Begeisterung über ein neues Lebensgefühl hat sich gelegt. Papsttum und Kaisertum haben sich als Ergebnis ihres jahrhundertelangen Machtkampfs letztlich nur gegenseitig geschwächt. Es gibt eine geistige und politische Führungskrise in Europa.

Hinzu kommt die wirtschaftliche Depression. Die Wertschöpfung hat sich in die Städte verlagert, die agrarische Basis der Gesellschaft ist gefährdet. In der Landwirtschaft steigen die Kosten, während die Erträge sinken. Die Folgen sind klar – die Produktion geht zurück, Dörfer entvölkern sich, ganze Landstriche liegen brach. Mit verheerenden Konsequenzen für das gesamtwirtschaftliche Gleichgewicht. Denn die wachsende Bevölkerung will ernährt sein. Eine seit zwei Jahrhunderten sich dynamisch entwickelnde Gesellschaft muss plötzlich mit dem Abschwung leben. Kathedralen bleiben unvollendet, Warenströme stocken. Gewohnte Strukturen und Lebensformen geraten ins Wanken. Erstmals taucht unter den Christen so etwas wie „Angst vor der Zukunft" auf.

Die Angst ist berechtigt. Die Pestkatastrophe von 1347 bis 1353 fordert schätzungsweise 25 Millionen Todesopfer, was einem Drittel der damaligen europäischen Bevölkerung entspricht. Entdeckte man gestern noch – zumindest in den gehobenen Schichten – eine Lebensfreude, wie es sie seit der Antike nicht mehr gegeben hatte, so war man nun überall vom Tod umgeben. Wo jeder Dritte sterbenskrank ist, da kann das Lebensgefühl nur kippen. Apokalyptische Ängste lassen Büßerbewegungen entstehen, die in radikaler Askese ihr Heil suchen, führen aber auch zur Verfolgung von Minderheiten, insbesondere der Juden. Auch die „Hexenverbrennungen" – tragende Säule unseres heutigen Mittelalterklischees – gehören in diesen Kontext, wobei sie ihren Höhepunkt in Deutschland erst in der frühen Neuzeit unter protestantischen Landesfürsten erreichen.

Schon Anfang des 14. Jahrhunderts wird jedoch die Kritik an der Kirche immer lauter. Es ist eine Kirche, die in den „fetten Jahren“ zu nie gekannter Pracht und Herrlichkeit gelangt ist. Bußprediger und Mystiker werfen ihr nun vor, sich für das Seelenheil der Gläubigen nicht mehr zu interessieren. Und es bleibt nicht bei verbalen Attacken gegen die Mächtigen. Bauernaufstände und innerstädtische Unruhen, Rebellionen eines dem zunehmenden wirtschaftlichen Druck nicht mehr gewachsenen Prekariats, erschüttern ab Mitte des 14. Jahrhunderts ganz Europa. Die Welle der Empörung und des Protests trifft nicht zuletzt auch die Theologen an den renommierten Universitäten. „Kalte Spekulanten“ seien die akademischen Theologen, schimpft Meister Eckharts Schüler Heinrich Seuse. Sie interessierten sich nur noch für ihre Karriere und für ihre Wirkung in der Öffentlichkeit.

So beginnen Theologie und Spiritualität, sich mehr und mehr auseinanderzuentwickeln. Neue Frömmigkeitsbewegungen entstehen, welche die Abkehr von einer als Hort von Katastrophen empfundenen Welt propagieren. Als Alternative zu der erschütterten Glaubensgewissheit des Hochmittelalters – deren Garanten der Papst und die universitären Theologen waren – kristallisieren sich Formen privater Frömmigkeit heraus, deren Ideal eine persönliche Beziehung des Einzelnen zu Jesus Christus ist. Die vor allem in Flandern und den Niederlanden erfolgreiche „Devotio moderna“ – neue Frömmigkeit – begeistert im 15. Jahrhundert das wohlhabende Bürgertum und findet ihren Niederschlag in den Meisterwerken der altniederländischen Malerei eines Jan van Eyck, Rogier van der Weyden oder Dierck Bouts.

Zurück ins Jahr 1328, zurück zum Anfang der Krisenzeit, zurück nach Avignon. Nach dem Tod des Angeklagten Meister Eckhart stellt die Kurie das Inquisitionsverfahren keineswegs ein. Vielmehr beeilt sich der Papst, seinem Kölner Bischof Heinrich von Virneburg zu versichern, der Prozess gegen Eckhart laufe weiter. „Es ist nicht nötig, dass du dich, Bruder, ängstigst“, schreibt er, denn es werde, „wenn Gott es gibt, schnell zur gebührenden Entscheidung vorangeschritten". Tatsächlich arbeitet Kardinal Jacques Fournier, der spätere Papst Benedikt XII., wohl schon seit Monaten an einem Gutachten über Eckhart. Im März 1329 verurteilt Papst Johannes XXII. in einer Bulle – also offiziellen Urkunde – schließlich 17 Thesen Eckharts – so wie Avignon sie vorliegen hatte – als häretisch und weitere elf als anstößig. Daraufhin lässt der Dominikanerorden seinen verstorbenen Mitbruder fallen, schweigt zu dem Prozess und distanziert sich von Eckharts Lehre.

Heute ist die Frage, inwiefern theologische oder philosophische Thesen mit einer offiziellen christlichen Lehre übereinstimmen, nur noch ein innerkirchliches Problem. In der vatikanischen „Glaubenskongregation" und im evangelischen „Lehrzuchtverfahren" darf der Geist der Inquisition noch ein wenig fortleben, ohne dass Menschenleben davon abhingen. In Deutschland sind nicht einmal lukrative C4-Professuren jemals wirklich gefährdet, da der Staat kirchlicherseits geschasste Theologen an seinen Universitäten weiterbeschäftigen muss. Umso mehr interessiert heute der Blick auf das, was Eckhart in seiner Zeit eigentlich wollte. Seine Theologie steht nicht in einem sozialen, politischen und ökonomischen Vakuum. Vielmehr bedeutet sie nicht weniger als den – gleichwohl gescheiterten – Versuch, in einer Zeit der Spaltungen, der Krisen und des Zerfalls die Christen unter dem Aspekt einer universellen Spiritualität mit und in Gott zu vereinen. Man übertreibt kaum, wenn man Eckhart als einen Denker bezeichnet, der von dem Gedanken der Einheit und des Einsseins geradezu besessen ist. Damit tut er das, was Intellektuelle gern tun – er bezieht Position gegen den vorherrschenden Konsens und das Establishment.

Dabei verlief das Leben Eckharts – abgesehen von dem Eklat in Avignon – eher unaufgeregt. Um 1275 wurde er in Erfurt Mitglied des Dominikanerordens, bald darauf zum Priester geweiht. Er ging nach Köln, wo er vielleicht noch seinen hochbetagten Ordensbruder Albert von Lauingen kennenlernte, der ja zeitlebens den hochbegabten Nachwuchs nach Kräften förderte. Vielleicht war es sogar Albert, der Eckhart in Paris, dem Dorado der christlichen Theologen, die Türen öffnete. An der Seine wurde er 1302 zum Magister der Theologie ernannt. Er hatte dieselbe Karriere gemacht wie Thomas von Aquin und saß nun sogar auf dessen Lehrstuhl. Doch der bodenständige Intellektuelle aus Deutschland fühlt sich als bloßer Akademiker nicht wohl.

Die Predigerkirche der Dominikaner in Erfurt. Hier, an einem der bedeutendsten Orte des Christentums in Deutschland, trat Eckhart in den Dominikanerorden ein.

An verschiedenen Stationen in Europa – unter anderem wohl ein ganzes Jahrzehnt in Straßburg – führt er ein berufliches Doppelleben. Einerseits bleibt er ganz Scholastiker und schreibt ein gewaltiges Werk an lateinischer Fachliteratur. Andererseits widmet er sich im Dienst seines Ordens der praktischen Seelsorge und verfasst in dieser Funktion eine Fülle deutschsprachiger Predigten und Traktate. Der Zusammenhang zwischen beiden Tätigkeiten scheint einigermaßen klar – Eckhart wollte, anders als Thomas von Aquin, nicht nur wissenschaftlicher Theologe sein, sondern breitere Schichten an dem Wissen der Theologen teilhaben lassen. Mit diesem Anspruch waren die Dominikaner schließlich einmal angetreten, als junger, unkonventioneller „Predigerorden". Doch die Universitäten waren längst eine Welt für sich und ihre Diskussionen fanden innerhalb einer Elite statt.

Es ist kein Zufall, dass sich die deutschsprachigen Texte Eckharts zum Großteil an Frauen richteten. Die Dominikaner hatten zu Eckharts Lebzeiten im deutschsprachigen Raum die Seelsorge für die Frauenklöster und die Beginen übertragen bekommen. Da nur Männer zu Priestern geweiht wurden, die regelmäßige Feier der Heiligen Messe aber zum Kernbestand des spirituellen Lebens gehörte, wurden überall, wo Frauen sich zu neuartigen Gemeinschaften zusammenschlossen, auch Männer gebraucht. Trotzdem gingen von den Frauen entscheidende Impulse aus, an denen auch die männlichen Prediger nicht vorbeikamen. Die „mittelalterliche Frauenbewegung" forcierte am nachdrücklichsten eine volkssprachliche Theologie und machte sich am konsequentesten auf die Suche nach alternativen Lebensformen. Spirituelle Frauenliteratur – wie etwa die Schriften Mechthilds von Magdeburg – sowie die unzähligen landessprachlichen „Nonnenviten" – eine Form der *spiritual autobiography* – schmiedeten diese „neue soziale Bewegung" zusammen.

Ein typischer Text Eckharts für eine spirituell aufgeschlossene Leserin ist sein – später von den Inquisitoren in Avignon sogenanntes – „Liber benedictus". Dieses „Buch der göttlichen Tröstung", einen auf Deutsch verfassten Traktat, schrieb Eckhart in seinem „Straßburger Jahrzehnt" zwischen 1314 und 1324 für die habsburgische Königinwitwe Agnes. Der berühmteste deutsche Gelehrte der Zeit kannte seine Leserin wohlgemerkt nicht persönlich, sondern ließ ihr das fertige Buch per Boten zustellen. Agnes leitete eine wohltätige habsburgische Stiftung in Königsfelden, im heutigen Schweizer Kanton Aargau. Sie war selbst keine Nonne, sondern bewohnte in Königsfelden ein bescheidenes Haus, hatte aber vom Papst persönlich das Privileg verliehen bekommen, im benachbarten Kloster ein- und auszugehen. Diese Mischung aus geistlichem und weltlichem Lebensstil ist durchaus typisch für die damalige Frauenbewegung.

Agnes darf sich nun also über ihr persönliches, spirituelles Trostbuch aus der Feder eines der führenden europäischen Theologen freuen. Allerdings nimmt Eckhart an keiner Stelle Bezug auf die Adressatin und geht nirgendwo auf ihr Leben oder ihre persönlichen Schicksalsschläge ein. Insofern bleibt er ein typischer Professor – Leserorientierung ist nicht seine Stärke. Alle seine Aussagen sind abstrakt und allgemein gehalten. Weil aber das Individuum für Eckhart auch philosophisch nicht viel zählt, ist er insoweit konsequent. Immerhin schreibt er auf Deutsch – und damit für das ganze Volk verständlich. Zum ersten Mal erhebt ein großer mittelalterlicher Denker seine Stimme in der Landessprache. Und das klingt dann so:

In gote enist niht truricheit noch leit noch ungemach. Wiltu ledic sin alles ungemaches und leides so halt dich und kere dich luterliche ze gote aleine. Sicherliche, allez leit kumet da von, daz du dich niht enkerest in got noch ze gote aleine.

Pardon, ich habe noch eine Kleinigkeit vergessen. Wenn zu dieser Zeit auf „Deutsch“ geschrieben wird, dann ist natürlich das Mittelhochdeutsche gemeint. Bestimmt haben Sie das Zitat einigermaßen verstanden. Trotzdem kehre ich der unkomplizierteren Lektüre wegen lieber zu Übersetzungen unserer großen Denker zurück. Eckhart schreibt hier also:

In Gott ist weder Traurigkeit noch Leid noch Ungemach. Willst du alles Ungemachs und Leides ledig sein, so halte dich und kehre dich in Lauterkeit nur zu Gott. Sicherlich kommt alles Leid nur daher, dass du dich nicht allein in Gott und zu Gott kehrst.

Muss man einem Christen oder einer Christin dieser Zeit erst ausdrücklich empfehlen, sich Gott zuzuwenden? Oh ja! Denn die Theologen an den Universitäten interessierten sich für ihre Wissenschaft – und nicht für eine Beziehung zu Gott. Die kurialen Beamten in Avignon interessierten sich für ihre Verwaltungsverfahren – und nicht für eine Beziehung zu Gott. Die Aufrührer in den Städten interessierten sich für soziale Gleichheit – und nicht für eine Beziehung zu Gott. Doch Eckhart geht es um mehr als einen Appell zu mehr persönlicher Frömmigkeit. In dieser und anderen Schriften formuliert er ein radikales Programm der Versenkung – und letztlich Auflösung – der gesamten Person in Gott.

Man lese genau. Eckhart sagt: Kehre dich *nur* zu Gott. Wenn Sie wollen, können Sie hier das vorreformatorische Echo eines „soli Deo gratia“ – *allein* durch Gottes Gnade – heraushören. Wichtiger ist aber die Begründung, warum sich der Mensch ganz und gar Gott zuwenden soll. Es geht – in einer Zeit aufziehender Katastrophen – um nicht weniger als die Utopie der Überwindung menschlichen Leidens. Bei Gott gibt es keine Trauer, kein Leiden und keine Last. In der Bibel steht das anders. Jeder kannte die Stelle in der Vulgata, wo Jesus spricht: „Si quis vult post me sequi deneget se ipsum et tollat crucem suam et sequatur me.“ (Markus 8,34) Wer Jesus nachfolgen will, der verleugne sich selbst, *nehme sein Kreuz auf sich* und folge ihm. Der Christ akzeptiere das Leiden – er kommt nicht darum herum.

Eckhart aber argumentiert: Wenn du immer noch Leid empfindest, dann „sicherlich“ nur deshalb, weil du noch nicht genug in Gott bist. Diese Aussage ist zweischneidig. Einerseits ist da ein Erlösungsversprechen – versenke dich vollständig in Gott, und dein Schmerz löst sich auf wie in der Aspirin-Werbung die Brausetablette im Wasserglas. Doch was, wenn der Schmerz *nicht* aufhört? Dann war es noch nicht genug! Dann bist du noch zu sehr bei dir und zu wenig bei Gott. Genauso – und das ist die andere Seite der Medaille – argumentieren aber auch alle modernen esoterischen Sekten. Das versprochene Glück ist noch nicht da? Dann hast du etwas falsch gemacht. Dann bist du noch nicht so weit. Werde noch radikaler! Bemühe dich noch mehr! Kaufe noch eine DVD und belege noch ein Seminar!

Zugegeben, ich spitze zu. Aber Eckharts Botschaft *ist* radikal und zugespitzt. Die Nähe zu Gott gibt es nicht in der Probierpackung, sondern nur absolut und total. Und das bedeutet auch, dass derjenige, der ganz bei Gott sein will, sich rückhaltlos von anderen Menschen distanzieren muss. Wer bei anderen Menschen noch Trost sucht, wer von ihnen noch etwas erhofft, der ist noch nicht bei Gott. Eckhart schreibt:

> *Alle Neigung, Lust und Liebe kommt von dem, was einem gleich ist, denn alle Dinge neigen ihresgleichen zu und lieben es. Der reine Mensch liebt alle Reinheit, der Gerechte liebt die Gerechtigkeit und neigt nur ihr zu. Drum ist es ein wahres Zeichen, dass nicht Gott, sondern die Kreatur im Herzen des Menschen wohnt, wenn er noch draußen Neigung und Trost findet.*

Nicht nur den materiellen Verlockungen des Konsums muss der Fromme also abschwören – das war ja mittelalterlich-monastischer Mainstream –, nein, die menschliche Gesellschaft überhaupt soll hinter sich lassen, wer bei Gott, wer von allem Leiden erlöst sein will. Der Kontrast zum aristotelischen Denken, der Gegensatz zur politischen Philosophie des Thomas von Aquin könnte größer nicht sein. Für Thomas findet der Mensch in der politischen Gemeinschaft überhaupt erst die Bedingungen vor, sich als Mensch zu entfalten. Für Eckhart ist jeder Rest an menschlicher Bindung ein Hindernis für das erlösende Aufgehen in Gott. Wer bei Gott sein will, der muss bereit sein, ihn ganz aufzunehmen. Und da hat im Herzen der Menschen nichts und niemand anderes mehr Platz:

> *Kein Gefäß kann zweierlei Trank in sich fassen. Soll es Wein enthalten, so muss man notgedrungen das Wasser ausgießen. Das Gefäß muss leer und ledig werden. Darum: Sollst du göttliche Freude und Gott aufnehmen, so musst du notwendig die Kreaturen ausgießen. Sankt Augustinus spricht: „Gieß aus, auf dass du erfüllt werdest. Lerne nicht lieben, auf dass du lieben lernst. Kehre dich ab, auf dass du zugekehrt werdest. Kurz gesagt: Alles, was aufnehmen und empfänglich sein soll, das soll und muss leer sein.*

„Die Kreaturen ausgießen" – das bedeutet, sich von allen Bindungen an Menschen und Menschliches befreien. Doch wem verdankt – so könnte man vorsichtig fragen – der Autor dieses Traktats überhaupt sein Leben, seine Bildung, seinen Glauben? Wer bezahlt seine Spesenrechnungen, wenn er unterwegs ist, wer kauft seine Bücher und wer verteidigt ihn gegen Neider und Denunzianten? Wirklich Gott allein? Nun, im real existierenden religiösen Leben sicher nicht. Aber eben doch als utopisches Ziel am Ende eines mystischen Wegs:

> *Und wie vorhin vom Leersein oder Bloßsein gesagt wurde, dass die Seele, je lauterer, entblößter und ärmer sie ist und je weniger Kreaturen sie hat und je leerer an allen Dingen sie ist, die nicht Gott sind, umso reiner Gott und umso mehr in Gott erfasst und mehr eins mit Gott wird und in Gott schaut, und Gott in sie von Antlitz zu Antlitz, wie in einem Bilde überbildet, wie Sankt Paulus sagt, ganz so sage ich's nun auch von der Gleichheit [mit Gott]. Da Gleichheit aus dem Einen fließt und durch die Kraft und in der Kraft des Einen zieht und lockt, drum wird Ruhe noch Genüge weder dem, das zieht, noch dem, das gezogen wird, bis dass sie in eins vereint werden. Darum bat unser Herr seinen Vater, dass wir mit ihm und in ihm eins würden, nicht nur vereint.*

Und schließlich heißt es, gewissermaßen als Fazit dieser Überlegungen:

> *Herz zu Herzen, eins in Einem, das liebt Gott. Alles, was dem fremd und fern ist, das hasst Gott.*

Leer werden, um völlig eins zu werden mit Gott – ist das „Erlösung"? Für einen leidgeprüften Menschen mag es zumindest eine angenehme Phantasie sein. Die moderne Psychoanalyse betrachtet solche Phantasien des erwachsenen Menschen, in denen er mit allem eins sein, sich komplett in der Welt und in Gott auflösen, letztlich mit Gott identisch sein möchte, als krankhaften Narzissmus. Das Kleinkind trennt nicht zwischen Ich und Welt, sieht die Welt vollkommen auf sich bezogen und sich als ihren Mittelpunkt, ist sein eigener kleiner Gott. Das erwachsene Individuum hat dagegen gelernt, dass es immer ein Ich, ein Du und dazwischen eine Grenze gibt. Das Zurück zum Einssein des Kleinkinds ist da eine regressive – und unter Umständen bedenkliche – Phantasie, die den Individuationsprozess leugnet.

Wie auch immer Sie zu dieser psychologischen Deutung und zum Gedanken des Einsseins stehen – ein Thomas von Aquin hätte seinem Mitbruder Eckhart schlicht zugerufen: Vergiss es! Was du da phantasierst, ist einfach unrealistisch. Gott und Mensch sind beide „seiend", doch das Sein Gottes ist für den Menschen nur in der Analogie intellektuell erfassbar. Erfahrbar und erlebbar ist das Wesen Gottes niemals, denn Gott und Mensch sind wesensfremd. Die Menschennatur ist nicht dazu geschaffen, sich mit Gott zu vereinen. Vielmehr kann und soll der Mensch seine eigene Natur entwickeln. Auf Gott hin – doch ohne ihn je zu erreichen. „Ultimus finis est deo assimilari", das letzte Ziel ist die Angleichung an Gott. Doch der ontologische Graben bleibt unüberwindbar. Und warum sollte der Mensch sich auch mit Gott vereinen? Stecken nicht in ihm selbst schon unendlich viele Möglichkeiten, die er verwirklichen kann?

Meister Eckhart, der einstige Professor auf dem Lehrstuhl des Thomas von Aquin, ist angetreten, die Theologie allen Menschen zugänglich zu machen. Er hat sich vorgenommen, Brücken zu bauen. Und er will das, was bisher nur in der Gelehrtensprache Latein verhandelt wird, in der Sprache des Volkes ausdrücken. Welch eine Chance, Theorie und Praxis zu vereinen! Welch eine Chance auch, nach der Renaissance der Wissenschaften und der Blüte der Universität, nach dem „zweiten Anfang der Philosophie" (Ludger Honnefelder) den nächsten Schritt zu gehen – den Schritt hin zu einer Demokratisierung des Wissens. Doch Eckhart versteigt sich in Irrationalität, fordert radikale Hingabe und Selbstaufgabe, traut dem Wissen seiner Lehrer und Förderer nicht mehr.

Eckhart ist der Denker der „Gelassenheit" – in dieser mittelalterlich-mystischen Philosophie hat das Wort seinen Ursprung –, denn er sieht den Christen als einen Menschen, der „loslässt" und sich „um Gottes willen" aufgibt. Der Christ, schreibt Eckhart, „muss sich selbst und diese ganze Welt gelassen haben". An einer Stelle beschriebt er das in einer Sprache, die die moderne Existenzphilosophie vorwegzunehmen scheint: „Du sollst allzumal entsinken deiner Deinesheit und sollst zerfließen in seine [Gottes] Seinesheit, und es soll dein Dein in seinem Mein ein Mein also werden gänzlich."

Der Dominikaner Eckhart von Hochheim wird so gewissermaßen zum „Anti-Thomas". Wo der Italiener dazu auffordert, sich die Welt erkennend anzueignen, sein Leben rational zu gestalten und alle Möglichkeiten der eigenen Person und der Kommunikation in der Gemeinschaft auszuschöpfen, wo er die Welt vorbehaltlos bejaht und sich voller Elan auf alles stürzen will, was sie an Gutem bereithält, da predigt der Deutsche: Lass los, lass dich fallen, gib auf, werde leer, löse dich von allen Bindungen, richte dich ganz und gar nur auf Gott und gehe ein in ihn. Schon die Antike war hin- und hergerissen gewesen zwischen den Vorstellungen einer „vita activa" und einer „vita contemplativa", einem aktiv gestaltenden und einem geistig betrachtenden Leben. Doch für den gebildeten Römer war immer klar, dass eine mehr kontemplative Existenz nur auf der Basis einer anerkannten Lebensleistung sinnvoll ist. Sich in Geistiges zu versenken, war etwas für die letzten Lebensjahre – und vorher für jene raren und kostbaren Mußestunden, die das Leben dem verantwortungsbewussten Staatsbürger gönnte.

In der Krise des Spätmittelalters geht hier das Maß verloren. Aus der Kontemplation, der reflexiven Komponente eines in Freiheit und Verantwortung gestalteten Lebens, wird mystische Versenkung in etwas Numinoses, etwas Unfassbares und Unbegreifliches, das zwar noch das Etikett „Gott" trägt, aber letztlich für einen mystisch weniger Bemittelten eine kosmische Nebelschwade ist. Das Gottesbild des Mose ben Maimon klingt hier an – von dem rabbinischen Denker ist Eckhart, neueren Forschungen zufolge, ganz erheblich beeinflusst; er übernimmt dessen „negative Theologie" ebenso wie die durch ihn vermittelten Elemente arabischer Mystik.

Doch der Deutsche ist – man kann es nicht oft genug betonen – radikaler als alle seine Vorbilder, fanatisch geradezu in seiner Forderung nach Selbstaufgabe und Willenlosigkeit. Sein Ideal ist der „Mensch, der nichts will und nichts begehrt", so Eckhart wörtlich. Mit dem Einwand, dass dies in letzter Konsequenz der politisch passive, sich jeder eigenen Verantwortung entziehende Mensch ist, muss der Mystiker leben – und kann es sicher auch, da ihm die Welt nichts bedeutet. Es sollte auch niemanden wundern, wenn die Nationalsozialisten den „Deutschen Mystiker" Eckhart begeistert vereinnahmen – scheint ihnen doch der Gedanke der radikalen Selbstaufgabe des Individuums für etwas Größeres und Höheres ihren Zwecken überaus dienlich. Natürlich haben die Nazis vieles für sich in Beschlag genommen – vom sportlichen Wettkampf bis hin zur klassizistischen Architektur –, das allein dadurch nicht diskreditiert ist. Dennoch scheint es mir legitim, jede Philosophie und

Theologie auch unter dem Aspekt ihres möglichen politischen Missbrauchs zu betrachten.

Allerdings – und jetzt kommt das große Aber – kann man Eckhart auch anders lesen, ihn weniger radikal verstehen, sondern mehr als Mahner, als einen Prediger, der provoziert und aufrüttelt. Dann lautet seine Botschaft an die Christen: Vergesst Gott nicht! Richtet eure Gedanken immer wieder auf ihn! Dann ist Eckhart der Stachel im Fleisch eines Christentums, das in Wissenschaft und Politik schon seine ganze Erfüllung zu finden glaubt und auf Gottes liebende Nähe – die „gratia Dei" – meint verzichten zu können. Eckharts bleibendes Verdienst ist es, dass er versucht hat, die Erkenntnisse einer geisteswissenschaftlichen Elite breiteren Bevölkerungsschichten in ihrer Sprache und in ihren Worten zugänglich zu machen. Es ging ihm um einen Weg zu Gott, den jeder – unabhängig von Intelligenz und Bildung – beschreiten kann. In Avignon interessierte nichts weniger als das.

13 *Der kluge Theologe*

Johannes Duns Scotus (um 1266–1308)

Die Minoritenkirche ist ein unauffälliger Bau in der an mittelalterlicher Sakralarchitektur so reichen Stadt Köln. Wer von der brutal hinbetonierten „Domplatte", einer Kombination aus Kathedralplatz und Tiefgarage, in Richtung Oper schlendert, vorbei an Ladengeschäften, deren Design vor dreißig, vierzig Jahren in Mode war, kann die Hallenkirche aus dem 13. Jahrhundert leicht übersehen. Während meiner Studienjahre im Rheinland ging ich oft in diese manchmal fast menschenleere Kirche – zum stillen Gebet, aber auch, um ein paar Minuten an den Gräbern zweier bedeutender Männer zu verweilen. Der eine, Adolph Kolping, ist der weitaus bekanntere der beiden. Ihm zur Ehre heißt der Platz an der Minoritenkirche heute „Kolpingplatz". Vor dem Kirchenportal sind Fahnenmasten aufgestellt, damit hier an Festtagen die orange-schwarzen Flaggen des „Kolpingwerks", einer großen katholischen Laienorganisation, gehisst werden können. Das Grab des Priesters, Sozialreformers und Publizisten Kolping, der 1865 starb, befindet sich rechts an den Altarstufen. Fast immer brennen hier Kerzen. Kolping, der gelernte Schuster, trat zur Zeit der Industrialisierung, die bestehende Sozialstrukturen sprengte und ein handwerkliches Prekariat produzierte, unermüdlich für das Recht junger Menschen auf Teilhabe an Bildungs- und Berufschancen ein.

Im vorderen Teil der Minoritenkirche, etwas versteckt links an der Wand, findet man das Grab von Johannes Duns Scotus. Der Theologe und Philosoph, der zu den größten Denkern des Mittelalters gezählt werden darf, ist heute fast nur noch Experten ein Begriff. Das liegt nicht zuletzt daran, dass sich die katholische Mittelalterbegeisterung des 19. Jahrhunderts einseitig auf Thomas von Aquin kaprizierte und diesen – in völligem

Widerspruch zum diskursiven Temperament des großen Wissenschaftlers – zu einer konfessionspolitischen Galionsfigur und Posaune vermeintlich ewiger Wahrheit stilisierte. Am Grab von Johannes Duns Scotus bringt eine Schautafel neugierigen, aber unwissenden Besuchern nahe, wer dieser kluge Kopf war.

Informativ ist dabei eigentlich schon die Grabplatte, allerdings in lateinischer Sprache. Dort steht, wenn ich es noch einigermaßen hinbekomme: „Te Scotia genuit, te Anglia docuit, te Francia suscepit, sed Colonia in tumolo tenet." Also: Schottland hat dich geboren, England hat dich gelehrt, Frankreich hat dich aufgenommen, doch Köln hält dich im Grab. Sehr viel mehr ist über die Biografie des Johannes auch gar nicht bekannt. Immerhin ist klar, was den im schottischen Duns zur Welt gekommenen Magister in seinem vorletzten Lebensjahr nach Köln führte. Er wurde nämlich Dozent an der Hochschule seines Ordens, der Franziskaner, so wie hier einst Albert von Lauingen das Generalstudium der Dominikaner geleitet hatte. Und genau wie Albert kam Johannes als Starprofessor von der Universität Paris und hatte bereits zahllose begeisterte Anhänger.

Am 8. November 1307 starb Johannes Duns Scotus im Alter von wohl gerade einmal 42 Jahren. Manche sagen, die Pest habe ihn dahingerafft, doch das ist Spekulation. Er wurde in der Kirche der „Minoriten", der dem Vorbild des bescheidenen Franz von Assisi folgenden „Minderbrüder", beigesetzt. Schon als Student in Oxford hatte er sich den Franziskanern angeschlossen und wurde kurz darauf zum Priester geweiht. Theologie lehrte er schließlich außer in Paris auch in Oxford sowie möglicherweise für kurze Zeit in Cambridge. Immer verstand er sich ganz als Theologe, lästerte bisweilen über „die Philosophen" – und zitierte doch Aristoteles häufiger als die Bibel. Die Fakultäten hatten sich eben noch nicht intellektuell eingemauert.

Der frühe Tod des Johannes ist wohl ein Hauptgrund dafür, dass er beinahe in Vergessenheit geriet. Er hinterließ ein umfangreiches, gemessen an seiner Lebensspanne sogar gigantisches Werk – doch es blieb in vielfacher Hinsicht unvollendet, unstrukturiert und ungesichert. Seine Materialsammlungen vermischten sich mit den Vorlesungsmitschriften seiner Schüler und den Werken begeisterter „Scotisten", die ihre Gedanken dreist als solche ihres Gurus ausgaben, zu einem Knäuel, das trotz großer Forschungserfolge der letzten Jahrzehnte noch nicht komplett entwirrt ist. Immerhin sind wir heute Zeugen eines regelrechten Scotus-Revivals – allerdings fast ausschließlich unter Philosophen und kaum unter Theologen.

„Man geht nicht zu weit", schwärmt denn auch der Philosoph Ludger Honnefelder in seiner 2005 erschienenen Monographie, „wenn man Johannes Duns Scotus zu jenen Denkern zählt, die das philosophische Denken so sehr beeinflusst haben, dass man sagen kann, die Philosophie nach ihnen sei eine andere gewesen als zuvor." Solche Wertungen sind natürlich immer auch eine Frage der Interpretation eines bestimmten Denkers. Mit guten Begründungen lassen sich Verbindungslinien von Johannes über Descartes und Kant zur modernen analytischen Philosophie ziehen. Doch mit demselben Recht betonen andere, dass Johannes Duns Scotus den von Albert und Thomas nach der Wiederentdeckung des Aristoteles bereiteten Boden nirgendwo wirklich verlässt. In diesem Licht erscheint der gebürtige Schotte weniger als Querdenker oder Vordenker, sondern mehr als kluger und gewissenhafter „Nachdenker", der am Ende eines Zeitalters großer wissenschaftlicher Leistungen noch einmal Rückschau hält, viele Fäden wieder aufnimmt und dabei manches korrigiert oder weiterführt, was bisher nicht ganz überzeugen konnte.

Diese etwas weniger enthusiastische Sicht auf Johannes zu vertreten, heißt nicht, seine Verdienste zu schmälern. Vielleicht bedeutet es im Gegenteil sogar, seine Leistung unter den Umständen der Zeit deutlicher zu sehen. Johannes bricht nicht mit Albert und Thomas – aber er gibt ihrem Denken eine „individualistische Wendung", widmet sich der geschaffenen, endlichen Welt völlig ohne platonisches Naserümpfen und entdeckt schließlich den ganz und gar freien und selbstverantwortlichen Menschen, der einem ebenso freien, souveränen, nicht zu vereinnahmenden Gott gegenübersteht. Damit leistet er möglicherweise nicht weniger, als der Scholastik einen Weg in die Moderne zu weisen – Freiheit, Individualität und Dynamik sind nach Johannes Duns Scotus kein Widerspruch zu einem von Gott her gedachten und auf Gott bezogenen Weltbild. Dass die Kirche nie wirklich modern sein wollte, und die Moderne die Scholastik über Bord geworfen hat wie ein Fass mit faulem Wasser, steht auf einem anderen Blatt.

Es schadet jedenfalls nicht, Johannes beim Wort zu nehmen und ihn so zu verstehen, wie er verstanden werden wollte – mehr als Theologe denn als Philosoph. Immer wieder geht es diesem Denker um Gott und den Menschen, um das Wesen Gottes, um die Schöpfung, um die „Freiheit" Gottes und den freien Willen des Menschen, um die Art und den Umfang der Schranke zwischen Gott und Mensch, Diesseits und Jenseits, schließlich um Gottes Gebote, die dem Christen getreu seiner innersten Überzeugung in der Bibel offenbart sind. Und hier, bei den göttlichen Geboten, wird die Theologie des Johannes sofort spannend.

Lassen Sie uns ein Beispiel anschauen. Was ist für Sie der Inbegriff der Anordnungen Gottes in der Bibel? Egal, wie nah oder fern Sie dem Christentum stehen und wie es um Ihre Bibelkenntnisse bestellt ist – ich nehme an, es sind die „Zehn Gebote". Lassen wir einmal außer Acht, dass sie an verschiedenen Stellen des Alten Testaments in unterschiedlichen Fassungen begegnen und überall ohne Aufzählungspunkte stehen. Sehen wir auch davon ab, dass sie erst von der späteren Tradition in die Form eines „Dekalogs" gegossen wurden. Dann lauten Gottes Gebote sinngemäß, nach der in unseren Breiten gängigsten Zählung von Martin Luther und etwas verkürzt, so:

Schaffe dir keine anderen Götter neben mir!
Missbrauche meinen Namen nicht!

Halte den Feiertag in Ehren!
Halte Vater und Mutter in Ehren!
Töte nicht!
Brich die Ehe nicht!
Stiehl nicht!
Sag die Wahrheit!
Sei nicht neidisch auf das Haus deines Nachbarn!
Sei nicht neidisch auf das, was deine Mitmenschen besitzen!

Das nur als Gedächtnisstütze – theologische Puristen mögen mir die Formulierungen verzeihen. Worauf es mir ankommt: In der mittelalterlichen Schulphilosophie gab es mit dem Dekalog eine Liste etablierter Normen, die als von Gott offenbarte Grundlage christlicher Ethik allgemein anerkannt waren. Nun ist es aber immer wieder Teil des intellektuellen Großprojekts des Mittelalters, Glaube und Vernunft, göttliche Offenbarung und rationales Denken, miteinander in Einklang zu bringen. Das betrifft nicht nur das Christentum, sondern auch Judentum und Islam. Und so ist es kein Wunder, dass sich Thomas von Aquin in seinen umfangreichen Texten zu Recht und Gerechtigkeit auch der Zehn Gebote angenommen hat.

Die Grundthese des Thomas überrascht ebenso wenig: Es gebe hier, wie so oft, keinen Widerspruch zwischen Offenbarung und Vernunft. Die Zehn Gebote sind demnach Gottes Gesetz, aber sie sind auch vernünftig, wie Thomas in einer ausführlichen Argumentation nachzuweisen versucht. Dann geht er aber noch einen Schritt weiter. Die Zehn Gebote lassen sich nicht nur widerspruchsfrei mit einer vernünftig durchdachten Lebensführung vereinbaren – nein, sie folgen, so wie sie sind, auch zwingend dem Wesen Gottes, der göttlichen Vernunft. Gott konnte gewissermaßen gar nicht anders, als diese Gebote so – und nur so – zu erlassen. Alle zehn Gebote sind deshalb auch ewig unveränderlich – zumindest wäre alles andere unvernünftig. Was Gott, der Vollkommene und ewig Unveränderliche einmal erlassen hat, das muss auch so bleiben. Aber selbst wenn Gott die Zehn Gebote dem Volk Israel nicht offenbart hätte, wären sie gültig! Denn sie sind Teil des „lex naturalis“, des natürlichen, zwar göttlicher Vernunft entspringenden, aber doch jedem vernünftig denkenden Menschen einsichtigen Rechts.

Nun hat diese Argumentation des Thomas einen wesentlichen theologischen Schwachpunkt, den Johannes Duns Scotus auch glasklar sieht: Es ist der statische, sozusagen in seiner eigenen Vollkommenheit „erstarrte“ Gott, der alles, was er schafft, „mit Notwendigkeit“ so schafft, wie es ist. Schon ein früherer Namensvetter des schottischen Denkers, Johannes Scotus Eriugena, hatte ja behauptet, Gott sein kein starres Prinzip, das Philosophen mit seiner Unveränderlichkeit ihre Arbeit erleichtert, sondern lebendiges, dynamisches Sein. Das hatte er aus der keltischen Tradition übernommen, und er fand weder einen biblischen noch einen philosophischen Grund, sich Gott als jemanden vorzustellen, mit dem vor lauter Vollkommenheit nichts mehr los ist. In der Bibel ist doch im Gegenteil ständig davon die Rede, dass Gott die Menschen prüft, böse auf sie ist, dann wieder ein Einsehen hat, ihnen vergibt, und so weiter. Lebendigkeit ohne Ende! Doch Eriugena blieb ein intellektueller Außenseiter ohne Nachwirkung.

Alles Bilder, Metaphern, Anschauungsmaterial fürs Volk, sagten denn auch die strengen Aristoteliker des Mittelalters zu den biblischen Geschichten – und nicht nur die christlichen, sondern auch die jüdischen Denker meinten das, erinnern Sie sich nur an Mose ben Maimon! Aristoteles hatte ja vom „unbewegten Beweger“ als sowohl erster Ursache wie auch letztem Ziel der Welt gesprochen. Und er hatte dessen „Unbewegtheit“ – scheinbar – streng logisch bewiesen. Die christlichen und jüdischen Aristoteliker hatten dann in dem „Beweger“ des Aristoteles niemand anderen als den Gott der Bibel erkennen wollen. Und die islamischen Denker den Gott des Koran. Es gibt eben nur *einen* Gott – jede Kultur beschreibt ihn anders. So weit, so gut.

Doch für Aristoteles war der Kosmos, ja war sogar diese Welt *ewig*. Getreu der Bibel ist dagegen alles eine Schöpfung Gottes. Die christlichen, jüdischen und islamischen Aristoteliker, die diese beiden widersprüchlichen Gedanken unter einen Hut bringen wollten, haben dazu die aberwitzigsten Gedankengebäude errichtet. Beispielsweise: Gott schafft zwar die Welt, aber er schafft sie schon seit Ewigkeit und weiter in Permanenz, weil er sich in der Schöpfung ständig selbst erkennt. Na ja. Eigentlich blieb es doch eher ein Dilemma mit dem biblischen Schöpfergott und dem Gott der griechischen Philosophen. Die aristotelische Metaphysik brachte das Christentum auf geniale Gedanken. Aber es schlich sich auch eine unübersehbare Fixierung auf das Absolute, Seinsnotwendige, Unveränderliche ein. Alles „Kontingente", „Zufällige" wurde ganz griechisch mit der Beschaffenheit der Materie erklärt. Man war dann erleichtert und zufrieden, wenn man das, was die Kirche lehrte, für absolut vernünftig, notwendig und unveränderlich erklären konnte. Dabei erkennen wir diese Zeit heute als eine Epoche dynamischen Wandels!

Johannes Duns Scotus sucht den Ausweg aus diesem Dilemma – und der Weg, den er schließlich geht, kommt einer kleinen theologischen Sensation gleich. Johannes sagt: Die Zehn Gebote müssten nicht unbedingt so sein, wie sie sind. Zumindest nicht alle davon. Es stimmt nicht, dass Gott nur diese Gebote und diese Gebote nur in dieser Form hätte erlassen können. Vielmehr hat Gott sich – aus vernünftigen und nachvollziehbaren Gründen! – dazu entschieden, seinem Volk – unter den gegebenen Umständen, in einer bestimmten historischen Situation – diese Gebote zu geben. Gott hätte sich aber – mindestens in Teilen – auch anders entscheiden können.

Johannes scheut sich keineswegs, für Letzteres konkrete Beispiele zu nennen. Er sagt: Es wäre auch eine Schöpfung denkbar, in der es keine Ehe gäbe, sondern die Menschen in polygamen Beziehungen lebten. Gebot Nummer sechs wäre dann sinnlos.

Ebenso wäre eine Welt möglich, in der es kein Privateigentum gäbe, sondern nur kollektives Eigentum – warum sollte das absolut undenkbar sein? Bloß: Gebote Nummer neun und zehn hätten sich damit erledigt. Auch wäre vorstellbar, dass Menschen einander auf legitime Weise töteten, sagt Johannes. Schließlich sind auch die allermeisten Tiere – Gottes Geschöpfe – Teil einer Nahrungskette! Der knuffige kleine Eisbär hat überhaupt keine Hemmungen, süße Robbenbabys zu verfrühstücken, und wenn der Tierpfleger nicht aufpasst, steht er ebenfalls auf dem Speiseplan. Das ist Realität der Schöpfung!

Aber Gott – so sagt es Johannes – hat für den Menschen im alten Israel *andere Entscheidungen* getroffen. Und er hat diese Entscheidungen seinem Volk mitgeteilt. Unter anderem möchte Gott, dass Menschen in stabilen Beziehungen leben, das Eigentum des anderen respektieren und sich nicht gegenseitig umbringen. Gott hätte sich auch anders entscheiden können, aber er hat sich so entschieden. Was nicht heißen muss, dass er seinen Willen nie wieder ändert. Er ist Gott, er ist der Chef. Warum soll er sich nicht – zumindest in bestimmten Dingen – auch noch einmal anders entscheiden?

Plötzlich ist aus dem „unbewegten Beweger" ein *Gott der Freiheit* geworden. Johannes ist sich sicher, dass der göttliche Wille vollkommen frei sein muss. Gott schafft die Welt aus freiem Entschluss – und gibt dem Menschen seine Hausaufgaben, wie immer er das für richtig hält. Dieser Gott der Freiheit ist allerdings um einiges unbequemer als ein Gott nach strengem aristotelischen Muster, der alles „mit Notwendigkeit" tut, der „absolut transzendent" ist und in seiner Vollkommenheit „sich selbst erkennt". Solch ein Gott wirkt auf die Menschen ja eher – harmlos. Mit einem Gott der Freiheit kann man sich dagegen richtigen Ärger einhandeln. „Memento irae in die consummationis", hatte jeder mittelalterliche Denker in der lateinischen Bibel gelesen – gedenke des Zorns Gottes am Tag der Vollendung. Und dachte meistens lieber nicht daran. Denn ein freier Gott kann Angst machen. Darauf ist die einzig mögliche Antwort des Menschen – *Gottvertrauen*. Beim philosophischen Vernunftgott genügt es dagegen, auf die Vernunft zu vertrauen.

Wie bekommt Johannes aber einen Gott der Freiheit, der bei der Erschaffung der Welt und im Umgang mit den Menschen unter mehreren Optionen wählt, philosophisch auf die Reihe? Zunächst einmal: Gott handelt nicht willkürlich, sondern seinem Wesen gemäß. Der Wille an sich ist „blind" – da folgt Johannes dem großen Thomas von Aquin problemlos. Aber der Wille des allmächtigen Gottes unterliegt seiner vernünftigen *Selbstbindung*. Die Frage ist dann allerdings, ob ein Gott, der sich auf etwas verpflichtet, noch ein allmächtiger Gott ist? Denn Verpflichtung bedeutet immer auch Bindung.

Johannes betrachtet die Macht Gottes deshalb differenziert. Er unterscheidet eine „potentia Dei absoluta" und eine „potentia Dei ordinata". Das Erste ist die „vollkommene Macht Gottes". Gott ist ganz allgemein gesehen zu nichts gezwungen. Doch das Zweite ist die „geordnete und ordnende Macht", mit der Gott in Beziehung zu seiner Schöpfung tritt. Gott hat beschlossen, die Welt zu erschaffen, hat ihr eine Ordnung und Gesetze gegeben, und sich damit auch – wiederum freiwillig – entschieden, sich selbst an bestimmte Gesetze zu halten.

Das alles hat theologische Konsequenzen. „Eines der wichtigsten reformatorischen Anliegen, die Betonung der absoluten Unverfügbarkeit Gottes ... hat Duns Scotus schon 200 Jahre vor Luther in einer sehr engagierten und fundierten Weise vertreten", schreibt der evangelische Theologe Werner Dettloff. Der Mensch kann sich eines freien Gottes nicht für seine Zwecke bemächtigen – das gehört, jenseits aller konfessionspolitischen Ideologie, zum Wesenskern der Reformation und ist ein wichtiger gedanklicher Schritt über die Scholastik hinaus. Den allerdings der Scholastiker Johannes Duns Scotus auch schon zu gehen bereit war.

Doch war Thomas von Aquin etwa der Ansicht, der Mensch könne sich durch „gute Werke" die Gnade Gottes „verdienen"?

Zweifel sind angebracht. Lassen Sie uns einen Blick in den Text der „Summa theologiae" werfen. In jenem „Rechtfertigungsstreit", der das westliche Christentum im 16. Jahrhundert entzweite, wurde ein Satz des Thomas viel zitiert: „Facienti quod est in se Deus non denegat gratiam." Wer in der „Summa" danach sucht, stößt auf den dritten Artikel der Quaestio 112 der „Prima Secundae", der ersten Hälfte des zweiten Teils. Doch steht der Satz weder im Corpus articuli noch ist er Teil einer der Erwiderungen. Vielmehr ist er Teil der These. Erinnern Sie sich an die „Scholastische Methode": Der Magister stellt eine These zur Diskussion. Was Thomas später wie ein von ihm verkündetes Dogma vorgehalten wurde, ist also eine Arbeitshypothese, zu der er Argumente zusammenträgt und gegeneinander abwägt.

Doch wie ist der Satz nun zu übersetzen? Mit „Wer tut, was er kann" oder „Wer sein Bestes gibt, dem verweigert Gott die Gnade nicht"? So liest man es oft. Aber bei Thomas steht „quod est in se" – also wörtlich: wer tut, „was *in ihm* ist". Und die Folgerung lautet ja auch nicht: „der hat die Gnade Gottes sicher", sondern, vorsichtiger, mit einer doppelten Verneinung: „dem verwehrt Gott die Gnade nicht". Entscheidend ist für mich aber das „quod est in se". Diese Formulierung ist ohne ihren aristotelischen Hintergrund überhaupt nicht zu verstehen. Sie bezieht sich auf das „en-telos", auf die Vorstellung, dass der Mensch sein Lebensziel dann erreicht, wenn er verwirklicht, was in ihm angelegt ist. Die Übersetzung sollte also am besten lauten: „Wer verwirklicht, was in ihm angelegt ist, dem wird Gott seine Gnade nicht vorenthalten."

Denn was ist denn im Menschen angelegt? Antwort des *christlichen* Aristotelikers Thomas: das, was *Gott* in ihn hineingelegt und ihm zur Aufgabe gemacht hat. Aber wenn Gott in jedem Menschen eine Idee angelegt hat und der Mensch diese Idee verwirklicht, zur Entfaltung bringt, kurzum: etwas aus seinem Leben macht – dann kann Gott das doch wohl nicht so schlecht finden. Schließlich ist es seine Idee. Schließlich macht der Mensch, der das von Gott in ihm angelegte Ziel verfolgt, nichts anderes, als Gottes Willen zu tun. Nicht mehr und nicht weniger sagt der zitierte Satz. Jedenfalls kann ich Thomas nicht anders verstehen. Und definitiv ist Thomas weit davon entfernt, in Artikel 3 der Quaestio 112 zu behaupten, der Mensch könne sich „die Gnade Gottes verdienen". Im Gegenteil, Thomas sagt im Corpus articuli ausdrücklich, dass die „Vorbereitung" – praeparatio – für alles Gute, das der Mensch von Gott empfängt, wiederum von Gott selbst stammt.

Warum ist das so? Jetzt könnte Johannes Duns Scotus zum Zuge kommen und den Gedanken fortführen. Durch die „potentia Dei ordinata" erlegt Gott es sich in freiwilliger Selbstbindung auf, das, was er im Menschen als Möglichkeit angelegt hat, sich auch entfalten zu lassen. Und den Menschen, der sich anstrengt, etwas aus sich zu machen – und zwar das, was *Gott* in ihm angelegt hat –, wird er am Ende schon nicht enttäuschen. Kann der Mensch also Gott zu etwas zwingen? Nein, auf keinen Fall. Kann der Mensch auf die freiwillige Selbstbindung Gottes vertrauen? Ja, unbedingt! So weit liegen die Theologen des späten Mittelalters also vielleicht doch nicht auseinander. Jedenfalls nicht so weit, dass die abendländische Christenheit sich über Fragen wie diese hätte spalten müssen. Und das hat sie eigentlich ja auch nicht. Sondern machtpolitische Interessengruppen haben es geschickt verstanden, Theologie und Theologen für ihre Zwecke einzuspannen. Doch das ist eine andere Geschichte.

Eben haben Sie davon gelesen, Gott habe in jedem Menschen etwas angelegt. Das ist ganz christlicher Aristoteles – der Mensch trägt ein Ziel in sich, eine bestimmte Idee, die er verwirklichen kann. Der Prozess, in dem dieses innere Ziel – das „en-telos" – verwirklicht wird, bezeichnet die Philosophie auch als „Entelechie". Doch wie einzigartig ist eigentlich dieses Ziel, diese Idee, die in jedem Menschen steckt? Auch in dieser Frage geht Johannes Duns Scotus einen kühnen, ja verblüffend modernen Schritt über das bisherige scholastische Denken hinaus. Doch wiederum ohne dessen Boden zu verlassen.

Seit Platon und Aristoteles beschäftigt sich Wissenschaft mit dem Allgemeinen. Wie sollte es auch anders sein? Wissen ist immer Wissen von dem, was allgemein gültig ist, sonst wäre es individuelle und einmalige Erfahrung. Habe ich miterlebt, wie ein Mensch stirbt, so weiß ich deshalb noch lange nicht, dass alle Menschen sterblich sind. Dazu brauche ich systematisch gesichertes Wissen über das, was grundsätzlich gilt. Und die Verständigung über dieses Wissen erfolgt über allgemeine Begriffe. Sage ich schließlich: „Menschen sind sterblich", so beziehe ich mich auf gesichertes Wissen, beschreibe aber nicht das geschichtlich einmalige und in der Summe seiner Umstände unwiederholbare Sterben eines einzelnen Menschen. Dieses einmalige Ereignis ist nicht wissenschaftlich beschreibbar, sondern nur erlebbar.

Die Scholastik kann deshalb sagen: Das Individuelle ist nicht rational fassbar – lateinisch: „individuum est ineffabile". Das heißt, auch der individuelle Mensch ist im Hinblick auf das, was ihn einzigartig macht, nicht in allgemeinen Begriffen – nicht „wissenschaftlich" – beschreibbar. Machen Sie einfach selbst den Test. Versuchen Sie, Ihren Partner, Ihren besten Freund oder eines Ihrer Kinder so zu beschreiben, dass Sie die Einzigartigkeit dieses Menschen ausdrücken. Sie werden es nicht schaffen. Wenn ich sage, jemand sei „fröhlich und doch ausgeglichen, ein kreativer Mensch, aber auch zupackend und verlässlich, außerdem ein blonder Typ mit braunen Augen" – dann habe ich nur eine Reihe von allgemeinen Begriffen miteinander kombiniert. Es gibt mit Sicherheit zahlreiche Menschen, auf welche diese Beschreibung zutreffen könnte. Sollte ich einen bestimmten Menschen gemeint haben, dann habe ich seine Einzigartigkeit nicht getroffen.

Die *Einzigartigkeit* jedes Menschen – davon zu sprechen, löst bei uns heute in aller Regel Gefühle der Wertschätzung aus. In der Antike – machen Sie sich das bitte klar – war das nicht so.

Und auch als christliche Denker die Philosophie der Antike für sich entdeckten, zählte das Individuum zunächst nicht übermäßig viel. Erinnern Sie sich daran, dass Platon eine Metaphysik begründet hat, die hinter dem vordergründig Sichtbaren *Ideen* erblickt. Aristoteles hat Platons Ideenlehre so umgebildet, dass die Ideen kein von der materiellen Welt getrenntes „Reich" bilden, sondern der stofflichen Welt als Formprinzip ihre Gestalt geben. Nicht die Eigenschaften des Blechs machen ein Auto zum Auto, sondern die dahintersteckende „Idee" der Ingenieure und Designer, der Konstruktionsplan.

Obwohl nun mit Aristoteles die „Idee in der Welt" war, blieb die Antike doch immer verliebt in die reine Idee, in das „Ideale". Denken Sie nur an griechische Statuen – idealisierte Körper, doch ohne individuellen Ausdruck, ohne Gesichter, die sich dem Betrachter einprägen würden. Und dann vergleichen Sie diese Statuen einmal mit den Meisterwerken der niederländischen Malerei im späten Mittelalter. Betrachten Sie etwa Rogier van der Weydens „Bildnis einer jungen Frau" in der Berliner Gemäldegalerie. Hier wird der individuelle Ausdruck der dargestellten Frau – ihre Persönlichkeit – meisterhaft eingefangen. Dahin, dass dies einen Maler überhaupt interessiert, war ein weiter Weg zu gehen. Und eine der größten Brücken auf diesem Weg hat Johannes Duns Scotus gebaut.

„Duns Scotus bildet die Ideenlehre so um, dass es eine direkte Idee des Individuums gibt" – so bringt der Philosoph Hans-Joachim Werner den zentralen Gedanken auf den Punkt. Eine direkte *Idee des Individuums*. Wie anders dachten da die Griechen! Für Platon und Aristoteles gab es die *Idee des Menschen* – des Menschen an sich. Sie ist ein Ideal. Und wenn alle Menschen in der Realität nun ganz und gar verschieden sind, so erklärten sich die Griechen das mit der Unvollkommenheit der Materie, der Unzulänglichkeit des Stofflichen. Es ist sozusagen das Schicksal des Menschen, dass die endliche, unbefriedigende Welt ihm sein „ideales" Menschsein immer verhagelt. Kein Wunder, dass die

Menschen der späten Antike so anfällig für die Heilslehre der Gnosis waren, die ihnen die Rückkehr zu einem reinen, lichten, unstofflichen Ideal des Menschentums versprach. Eine Utopie, die im Übrigen nie ganz verblasst ist – über die Rosenkreuzer bis hin zu Scientology.

Der Franziskaner Johannes Duns Scotus – dessen Vorbild Franz von Assisi in seinem „Sonnengesang“ die Schönheit der diesseitigen Natur pries und Gott dafür dankte – denkt komplett anders als ein Mensch der Antike. Für ihn ist die Einmaligkeit des Menschen kein Makel, sondern im Gegenteil ein hoher Wert. Denn der Wert einer Sache bemisst sich für Johannes eben nicht nach dem Grad ihrer Allgemeinheit und wissenschaftlichen Beschreibbarkeit. Und so erweitert der franziskanische Denker die platonische Stufenleiter gewissermaßen um eine Sprosse nach unten. Der individuelle Mensch ist zwar keine Wesenheit eigener Art, bildet keine Gattung für sich, aber er ist doch Ausdruck einer *einmaligen Idee*. Damit wird das Individuum enorm aufgewertet – so sehr wie nie zuvor in der Geistesgeschichte.

Und jetzt – anschnallen bitte und die Sitzlehnen in eine aufrechte Position! Denn wir heben wieder ab in die Höhen der Theologie. Die christlichen Theologen vieler Jahrhunderte vor Johannes hatten ja schon die platonischen Ideen mit „Gedanken Gottes“ identifiziert. Sie haben diese Vorstellung bei Johannes Scotus Eriugena näher kennengelernt. Johannes Duns Scotus rückt davon nicht ab und geht sogar einen mutigen Gedankenschritt weiter: Jeder individuelle Mensch ist ein einmaliger Gedanke Gottes. In jedem Einzelnen von uns steckt eine göttliche Idee – und diese Idee zu verwirklichen, die wir zunächst als Potenzial vorfinden, ist Lebensaufgabe des Menschen. Siehe Thomas von Aquin.

Im Gegensatz zu Aristoteles und Thomas sieht es Johannes aber nicht allein als die Aufgabe des Menschen an, sein „Menschsein“ zu verwirklichen. Sondern der Mensch soll ein *individueller* Mensch werden, er soll das entfalten, was in ihm und nur in ihm als besondere göttliche Idee angelegt ist. Johannes kann das Individuum nicht anders denken als so, dass es ein „qualitatives Plus" (Hans-Joachim Werner) gegenüber der allgemeinen Art besitzt. Und in der theologischen Konsequenz bedeutet das: Gott liebt nicht den Menschen an sich, sondern jeden individuellen Menschen, und zwar so, wie er gemeint ist. Wer die Idee Gottes in sich und aus sich heraus verwirklicht, der kann darauf vertrauen, dass Gott auch eine *positive Beziehung* – nichts anderes bedeutet doch all das theologische Reden von „Gnade" und „Rechtfertigung" – mit ihm will.

Als Theologe und um der Glaubwürdigkeit der christlichen Theologie willen entwickelt Johannes Duns Scotus ein stimmiges philosophisches Konzept menschlicher Individualität. Deshalb ist er auch der erste christliche Denker, der, ohne sich in fundamentale Widersprüche zu verwickeln, sagen kann: Jesus Christus war ganz Gott und ganz Mensch. In ihm konnten sich göttliche Wesenheit und menschliche Individualität verbinden, ohne dass er deshalb in zwei Personen gespalten sein müsste. Doch leiten wir den Sinkflug ein. Denn diese hochfliegenden theologischen Gedankengänge lassen noch ein dickes philosophisches Problem übrig. Das Individuum ist doch nach fester scholastischer Überzeugung nicht rational erkennbar! Wie soll dann überhaupt einer merken, ob ein Mensch es geschafft hat, seine einmalige Persönlichkeit zu entwickeln?

Antwort von Johannes Duns Scotus: *intuitiv!* Johannes bezeichnet die „individuelle Idee" des Menschen mit der lateinischen Wortschöpfung „haecceitas" – abgeleitet vom Demonstrativpronomen „haec" (diese) –, wörtlich übersetzt etwa: „Diesigheit". Mit der „Diesigheit" bringt zum ersten Mal ein Denker die Vorstellung von „Individualität" im modernen Sinn auf den Begriff. Aber Individualität ist trotzdem nicht diskursiv, sondern nur intuitiv erkennbar. Machen Sie doch vielleicht selbst den Test. Vergegenwärtigen Sie sich noch einmal Partner, Freund oder Kind, so wie vorhin. Mit abstrakten Begriffen können sie nur umschreiben, was diesen Menschen einmalig macht, ohne es jemals wirklich zu treffen. Aber tief in ihrem Inneren *wissen* Sie doch, was diesen Menschen, den Sie lieben, so besonders macht. Sie haben es *intuitiv* erfasst. Johannes sagt sogar – wiederum im Gegensatz zur Antike – diese intuitive Erkenntnis des Individuellen sei die höchste Form des Erkennens. Sie ist bloß nicht verallgemeinerbar und nicht mitteilbar. Und deshalb bleibt uns doch wieder nur die Philosophie, wenn wir uns über die Grundtatsachen des Lebens verständigen wollen. Wir können gemeinsam philosophieren, aber nicht gemeinsam „intuisieren".

Johannes Duns Scotus weist also einen Weg zum modernen Verständnis – und zur modernen Wertschätzung – von Freiheit und Individualität. Ohne den Boden der christlichen Theologie des Mittelalters zu verlassen. Ohne bei null anzufangen und von Grund auf sein eigenes philosophisches System zu kreieren – wie so viele von ihrem Genie eingenommene Philosophen der Neuzeit. Nebenbei darf Johannes noch als der eigentliche Entdecker der Intuition gelten. „Te Anglia docuit" – die individualistischen und freiheitsliebenden Engländer hatten ihn eben geprägt. Und Franz von Assisi hatte ihm als Vorbild gedient, die diesseitige Welt nicht zu verachten, sondern als Gottes wunderbare Schöpfung zu ehren. Dass Johannes in einer Zeit der Krise, der Unsicherheit und der Angst den dazu notwendigen Mut aufgebracht hat, ist um so bemerkenswerter.

Seit 2006 gibt es an der Kölner Minoritenkirche zwei neue, von einem Bildhauer gestaltete Portaltüren. Auf der einen Tür ist Johannes Duns Scotus dargestellt, auf der anderen Adolph Kolping. Die beiden Männer, die dem ersten Anschein nach nur durch Zufall in derselben Kirche begraben sind, werden durch dieses Portal zueinander in Beziehung gesetzt. Und vielleicht hat ja der Künstler *intuitiv* erfasst, was diese beiden ausgeprägten Persönlichkeiten der Kirchengeschichte geistig verbinden könnte. Auch ich habe da so meine Assoziationen.

Zu einer Zeit, da die mittelalterliche Weltordnung ins Wanken gerät, führt Johannes Duns Scotus dem einzelnen Menschen seine Individualität und seine Freiheit vor Augen. Beides hat der Mensch von einem Gott, der selbst frei, souverän und für den Menschen – einschließlich der Kirche! – unverfügbar ist. Unter den Bedingungen der aufziehenden Moderne wird der Mensch damit leben müssen, dass die Welt weniger berechenbar ist, als er lange dachte. Er wird die Chancen seiner Individualität und Freiheit nutzen – und gleichzeitig mehr als jemals zuvor mit ihren Risiken und Gefahren konfrontiert sein. So wie Adolph Kolping. Auch er lebte in einer Krisenzeit. Während der Industrialisierung ergriffen wenige Privilegierte ihre Chancen, schufen sich erst Machtpositionen und nutzten ihre Macht dann schamlos, um die breite Mehrheit, die nie eine Chance gehabt hatte, auszubeuten.

Adolph Kolping wollte sich damit nicht abfinden. Ihm war klar: Dazu hat Gott den Menschen die Freiheit nicht geschenkt! Freiheit und Solidarität gehörten für ihn untrennbar zusammen. Doch anders als Karl Marx, der die Probleme der Zeit durch einen gewaltsamen Umsturz lösen, der „die Verhältnisse ändern" wollte, sagte Kolping: Es kommt auf den *Einzelnen* an! So entwickelte Kolping sein Ideal der „Tüchtigkeit". Demnach soll ein Christ seine ihm von Gott gegebenen Fähigkeiten und Möglichkeiten in allen Lebensbereichen entwickeln und wahrnehmen. Christsein verwirklicht sich also in der alltäglichen Lebenswirklichkeit, in der Gemeinschaft mit anderen, anhand zu bewältigender Aufgaben.

Kein Zweifel, der Theologe und Priester Kolping hatte seinen Thomas von Aquin gelesen. Aber er interpretierte ihn ganz im Geist des Johannes Duns Scotus. Und blieb dabei nicht stehen, sondern tat etwas. Die von ihm gegründeten Gesellenvereine boten jungen Menschen sowohl praktische Unterstützung als auch spirituellen Halt. Heute hat das Kolpingwerk rund 550.000 Mitglieder – letztlich haben die Idee und die Tatkraft eines einzelnen Menschen sie alle zusammengeführt. Die Amerikaner, die Freiheit und Individualität in aller Regel mehr schätzen als die Deutschen, sagen bei solchen Anlässen gern: „You can make a difference!" Und wer in die Kölner Minoritenkirche eintritt, dem scheint erst von hinten links Scotus zuzurufen: „Du bist ein freies und vernunftbegabtes Individuum!" Und dann scheint von vorne rechts Kolping zu ergänzen: „Also pack an und mach was draus!"

14 *Der christliche Liberale*

Wilhelm von Ockham (um 1285 – um 1349)

Für einige hat der englische Theologe und Philosoph Wilhelm von Ockham das Gesicht des schottischen Filmstars Sean Connery. Im Jahr 1985 verfilmte nämlich Regisseur Jean-Jacques Annaud den Erfolgsroman „Der Name der Rose" des italienischen Geisteswissenschaftlers Umberto Eco. Und Annaud besetzte die Hauptfigur William von Baskerville mit dem als Agent 007 – „My name is Bond. James Bond" – bekannt gewordenen Connery. Romanautor Eco wiederum hatte den Protagonisten seines Mittelalterkrimis bis ins Detail nach dem Vorbild des um 1285 in einem Dorf bei London geborenen Franziskaners William von Ockham gezeichnet. Den Nachnamen seines fiktiven Helden mopste Eco mit der ihm eigenen Ironie aus dem Titel von Sir Arthur Conan Doyles Roman „Der Hund der Baskervilles". Dort bringt ein anderer berühmter Ermittler – Sherlock Holmes – Licht in die Finsternis von Verbrechen und Intrige.

Umberto Eco macht jenen Konflikt, der den echten William von Ockham und seine Ordensbrüder über Jahrzehnte in Atem hielt, zu einem wichtigen Handlungselement seines Romans. Es ist der sogenannte franziskanische Armutsstreit über das Verhältnis der Christen zum Eigentum. Dieser Streit drohte die Franziskaner untereinander zu spalten. Und brachte dann auch noch die Päpste in Avignon gegen sie auf. Im Buch von Umberto Eco trifft im November 1327 in einer Benediktinerabtei eine Delegation der Franziskaner auf eine Gesandtschaft von Papst Johannes XXII. Man diskutiert über Fragen, die sich immer mehr als Zerreißprobe für die abendländische Christenheit entpuppen: Inwiefern sind Lebensstil und Politik der Päpste noch mit dem Evangelium Jesu vereinbar? Wie viel weltliche Macht darf die Kurie haben? Und: Wie „frei" kann und muss Theologie als Wissenschaft sein?

„Frater Ockam iste" – das ist Bruder Ockham – steht auf dieser zeitgenössischen Zeichnung.

Sean Connery wurde im Jahr 1999 vom Gesellschaftsmagazin „People" zum „sexiest man of the century" gekürt. Ich kann das schwer nachempfinden, betrachte die Wahl dieses Hauptdarstellers in Annauds Leinwanderfolg aber doch als Kompliment für den historischen Wilhelm von Ockham. Denn ob dieser das Zeug zum „sexiest man" des 14. Jahrhunderts gehabt hätte, ist mehr als fraglich. Zumindest wenn man das einzige zeitgenössische Porträt, das wir von Wilhelm besitzen, für authentisch hält. Es handelt sich um eine etwas krakelige Zeichnung auf dem Abschlussblatt eines Manuskripts seiner Schrift „Summa logicae" aus dem Jahr 1341. Der unbekannte Kopist – wahrscheinlich selbst Franziskaner – hat neben die Zeichnung geschrieben: „Frater Ockham iste."

„Das ist Bruder Ockham" – nun ja, wenn das einigermaßen hinhaut, dann war dieser so bedeutende Theologe und politische Vordenker ein hageres Männlein, so ein richtiger Asket, mit einem schmalen, konischen Kopf, gekrönt von einer fast zur Glatze ausgewachsenen Tonsur. Auf der Zeichnung hängt seine Kutte labberig an ihm herab, und da man seine Füße nicht sieht, scheint er über das Blatt zu schweben wie ein Gespenst. Doch dieser unscheinbare Mann legte sich um des Evangeliums willen mit der Kurie an, ließ sich vom Papst exkommunizieren, türmte aus der kirchlichen Schaltzentrale Avignon, machte sich halb

Europa zum Feind und hielt dennoch bis zum Schluss an seinem freiheitlichen Verständnis christlicher Theologie fest. Wilhelm von Ockham, „einer der Großen des Mittelalters und zugleich einer der großen Unbekannten“ (Jan P. Beckmann), knüpfte bei Johannes Duns Scotus an und führte dessen am Individuum orientiertes Denken noch einen Schritt weiter. Dieser Schritt war auch ein Schritt ins Politische.

Genau wie sein Ordensbruder Johannes blieb William bei alledem ein philosophierender Theologe. Der Gott der Bibel, das Evangelium Jesu, auch die bisherige Tradition des christlichen Denkens, waren stets seine intellektuellen Bezugspunkte. Moderne, glaubensferne Denker, die in Wilhelm so etwas wie ihren Erzvater entdeckt haben und die Ansicht vertreten, dass „die gesamte moderne Philosophie auf dem Ockhamismus aufbaut“, so der amerikanische Philosoph Charles Sanders Peirce, „exkommunizieren“ ihn gewissermaßen ein zweites Mal, indem sie ihn als Christen nicht mehr ernst nehmen.

Umberto Eco hat sicherlich Wilhelm und seine Zeit immens populär gemacht hat – ein Verdienst, vor dem sich jeder andere Autor nur verneigen kann. Doch der fiktive William dieses Vordenkers der „Postmoderne“ kommt dem historischen Theologen möglicherweise kaum näher als das Gesicht von Sean Connery dessen hagerem Antlitz. Lassen Sie uns also ein wenig Dr. Watson spielen und die historischen Puzzleteile zusammensuchen, um sie dann in kühner Sherlock Holmes'scher Manier zu einem „big picture“ zusammenzufügen. Wie kam der aus kleinen Verhältnissen stammende Oxforder Theologe William überhaupt zu seiner Rolle als intellektueller Gegenspieler der mächtigen Päpste in Avignon?

Die „kleinen Verhältnisse“ sind vielleicht gar kein schlechtes Stichwort, um den Lebensweg dieses unbeugsamen Denkers ein wenig besser zu verstehen. Nach allem, was wir erschließen können, kam William ohne die Privilegien eines Adeligen zur Welt, stammte nicht einmal aus dem niederen Landadel, und trat einem „Bettelorden" deshalb unter ganz anderen Voraussetzungen bei als etwa Albert von Lauingen oder Thomas von Aquin. Für diese und andere Adelssprösslinge war die Mitgliedschaft bei den Mendikanten mit Einschränkungen beim Lebensstandard verbunden und oft auch ein Schock für ihre Herkunftsfamilien. Andererseits konnten sie aber jederzeit auf ihr adeliges Familiennetzwerk zurückgreifen – und erhielten dadurch nicht selten auch in der Kutte eines Dominikaners oder Franziskaners problemlos Zutritt zu den Machtzentralen Europas.

Für William aus dem Dorf Ockham bedeutete der Orden jedoch – sozial gesehen – alles. Die Solidarität seiner Mitbrüder eröffnete ihm den wahrscheinlich einzig möglichen Zugang zu Bildungs- und Berufschancen. Nur als Mitglied eines Ordens, der für seinen Lebensunterhalt aufkam und ihm zu gesellschaftlichem Ansehen verhalf, konnte er studieren und als Wissenschaftler arbeiten. Kein Wunder, wenn so jemand seinen Mitbrüdern gegenüber bedingungslos loyal eingestellt ist. Zumal er mit dem Armutsideal seines Ordens schon deshalb kaum Schwierigkeiten haben konnte, weil er nicht auf ein üppiges Familienerbe verzichtet hatte.

Mit dieser „Armut" – neben Ehelosigkeit und Gehorsam das wichtigste praktische Lebensideal der Mendikanten – ist es aber auch so eine Sache. Heute ist Armut von der Europäischen Union offiziell definiert. Arm ist, wer weniger als 60 Prozent (in der alten Bundesrepublik waren es noch 50 Prozent) des Durchschnittseinkommens zur Verfügung hat. Mit der häufig bemerkten Folge, dass sich der Wohlstand für alle verdoppeln kann, ohne dass die Zahl der „Armen" sinken würde. Im Mittelalter war „Armut" eher in zweiter Linie eine Frage des Einkommens oder des Vermögens. Arm war in erster Linie, wer keine Macht – lateinisch: „potestas" – hatte. Natürlich hing das eine mit dem anderen zusammen. Die Grundherren, Ritter, Grafen, Fürsten, Bischöfe, Könige, Päpste verfügten aufgrund ihrer Macht über Besitz, aus dem sie wiederum wirtschaftliche Vorteile zogen.

Etwa, weil andere ihre Felder bewirtschafteten und die Erträge ablieferten.

Ein wesentliches Merkmal der „Armut" war aber die Erwerbsarbeit! Wer es nötig hatte, mit eigener Arbeit seinen Lebensunterhalt zu verdienen, der war – arm dran. Im Vergleich zu denjenigen, die andere für sich arbeiten ließen. Die Franziskaner erklärten nun aber die so verstandene Armut zu einem Ideal. Sie wollten nicht nur Theologie und Philosophie betreiben, sondern auch für ihren Lebensunterhalt etwas tun. So wie einst der Apostel Paulus, der sich als Zeltmacher sein Brot selbst verdient hatte. Anders als etwa die Zisterzienser – erinnern Sie sich an Bernhard von Clairvaux und seine Wachstumsstrategie –, wollten die Franziskaner mit den Früchten ihrer Arbeit auch keine Imperien bauen. Wirtschaftliche Macht blieb ihnen suspekt.

Trotzdem hatten die Franziskaner Erfolg und gehörten in den Städten längst zur bürgerlichen Mittelschicht. „Bettler" blieben sie allenfalls in dem Sinne, dass sie in großem Umfang Spendengelder einsammelten und verwalteten. Doch gehörte die Rolle des Underdogs immer noch – auch emotional – zu ihrem Selbstverständnis. Dieses Dilemma war eigentlich kaum lösbar. Dauerstreit und Grüppchenbildung innerhalb des Ordens waren die Folge. Hinzu kam dann noch Druck von außen. Einmal gab es da die Dominikaner, den anderen großen „Bettelorden". Wir kennen es ja heute auch, dass idealistische soziale Bewegungen sich trotz ihres vergleichbaren Wertegerüsts untereinander spinnefeind sind. Und ebenso wie heute gab es die „Obrigkeit" – damals Päpste und Bischöfe – als gemeinsamen Lieblingsfeind.

Dabei waren die Päpste den Bettelorden gegenüber grundsätzlich wohlwollend gesinnt, weil die Mendikanten mit ihren Predigten, Bildungsinitiativen und Sozialleistungen wichtige religionspolitische Aufgaben erfüllten. Aber die angeblichen „Bettler" sollten es mit der „evangelischen Armut" auch nicht so weit treiben, dass ein unvorteilhaftes Licht auf den Lebensstil der klerikalen Hierarchen – insbesondere der Kurie – fiel. Ganz am Schluss mischte sich auch noch der in Avignon umstrittene deutsch-römische Kaiser Ludwig IV. in den Streit ein und politisierte ihn endgültig.

Der Armutsstreit könnte noch viele Buchseiten füllen, ohne dass irgendwo Spannung aufkäme oder sich irgendwelche relevanten Erkenntnisse abzeichneten. Aber ein paar Punkte scheinen mir wichtig festzuhalten, um eine Schneise zu Wilhelm von Ockham zu schlagen: Erstens wurde Wilhelm bereits in einer Atmosphäre des Misstrauens und des kirchenpolitischen Streits groß. Es ist unwahrscheinlich, dass dies in seinem Charakter keine Spuren hinterlassen hat. Zweitens drehte sich dieser Streit ganz wesentlich um das Thema Geld. Theologische Fragen im engeren Sinne verloren an Bedeutung, während machtpolitische und fiskalische Probleme immer wichtiger wurden. Drittens schließlich blieb William, der über kein adeliges Familiennetzwerk verfügte, immer darauf angewiesen, Teil eines verlässlichen Freundeskreises zu sein und mächtige Verbündete zu besitzen. Das möge bedenken, wer sich bei William nur dafür interessiert, auf welcher „Seite" er stand.

Freunde finden – das war für Wilhelm gar nicht so einfach. Denn als ob nicht schon genug Streit in der Luft gelegen hätte, war dieser Denker auch noch ein Querkopf, der überhaupt nicht einsah, warum er dem theologischen und philosophischen Mainstream folgen sollte. Als Ausdruck eines gewissen Misstrauens der Mitbrüder und akademischen Kollegen schon gegenüber dem jungen William wird denn auch gedeutet, dass er nie über die Diakonsweihe hinauskam – also kein „richtiger" Priester wurde – und trotz seiner genialen Begabung immer Bakkalaureus blieb – also auch kein Magister, sprich: „richtiger" Professor, wurde.

Im Jahr 1323, nach fast anderthalb Jahrzehnten in Oxford, fanden einige in der englischen Intellektuellenhochburg die Theorien des Bakkalaureus William endgültig *over the top*. Johannes Lutterell, längere Zeit Kanzler der Universität, schwärzte seinen Dozenten bei der Kurie in Avignon an und bat um Aufnahme eines Häresieverfahrens. Die theologischen Magister der franziskanischen Ordensprovinz Anglia schlossen sich der Beschwerde an und gingen ebenfalls gegen Wilhelm vor. Manche stellen sich das spätmittelalterliche Papsttum ja heute wie eine riesige Stasizentrale vor, die alle Christen permanent bespitzelte und jeden bei einem falschen Wort auf den Scheiterhaufen zerrte. Man kommt den Umständen der Zeit näher, wenn man sich klarmacht, dass sich die Theologen gegenseitig angezeigt haben. Irgendwie mussten die gigantischen Aktenberge in Avignon ja zustande gekommen sein, die man über Jahre nicht mehr abarbeiten konnte.

Für William, den sozialen Aufsteiger aus der Armut eines Dorfes, mag besonders bitter gewesen sein, dass es seine Mitbrüder und Theologenkollegen waren, die ihn ans Messer lieferten. Doch sein einmal gewählter Lebensweg war alternativlos, und so folgte Wilhelm im Sommer 1324 der päpstlichen Vorladung nach Avignon. In der Stadt mit dem viel besungenen Nachtleben stand er dann im Franziskanerkloster unter Hausarrest. Der Prozess schleppte sich über Jahre hin, Wilhelms Lehren wurden schließlich für teilweise falsch erklärt, ohne dass es in dieser Sache je zu einer Verurteilung seiner Person gekommen wäre.

In dem Kloster an der Rhône befreundete sich der intelligente Querkopf Wilhelm dann aber mit dem Ordensgeneral der Franziskaner, Michael von Cesena, und anderen papstkritischen Franziskanern. Sie waren nach Avignon zitiert worden, nachdem die Mehrzahl der Ordensmitglieder im Armutsstreit wieder auf eine papsttreue Linie eingeschwenkt war. Der 1270 geborene Michael – ehemals Theologieprofessor in Paris – wollte von seiner radikalen Auffassung einer Nachfolge Jesu im Geist der „Armut" aber nicht abrücken. Der Papst hatte vergeblich auf seine Abwahl gehofft. In Avignon waren die überzeugten Asketen nun mit einem Lifestyle wie im Rom unter Nero konfrontiert. Und kamen endgültig zu dem Schluss: „Der Papst ist selbst zum Ketzer geworden!" In einem offenen Brief bezeichnet Wilhelm Johannes XXII. als „Pseudo-Papst", dessen Verlautbarungen „dem Glauben, den guten Sitten, der natürlichen Vernunft, der sicheren Erfahrung und der brüderlichen Liebe" widersprächen.

Tatsächlich taugte Johannes XXII. für die kritischen Franziskaner und die bürgerliche Oppositionsbewegung innerhalb der Kirche zum Feindbild wie kein Kirchenoberhaupt zuvor. Der gebürtige Franzose, ein studierter Jurist und erfahrener Politiker, war der bislang reichste Papst von allen. Als er mit 72 Jahren gewählt wurde, spekulierten viele angesichts der damaligen Lebenserwartung auf ein kurzes Pontifikat. Doch da hat sich bei Päpsten schon mancher verschätzt. Der Workaholic und Bürokrat Johannes agierte 20 Jahre lang an der Spitze der Kirche. Über 60.000 Aktenstücke von ihm sind bis heute erhalten.

Und es war, als hätten Finanzinvestoren das Unternehmen Kirche übernommen. Ämter wurden in den folgenden Jahrzehnten nicht mehr besetzt, sondern verkauft. Und zwar zu Marktpreisen. Immer neue Gebühren und Abgaben wurden den Gläubigen für die Dienstleistung „Seelsorge" auferlegt, um das Vermögen der Kirche zu vergrößern. Beim Tod von Papst Johannes XXII. verfügte die Kurie über die astronomische Summe von 18 Millionen Gulden in Goldmünzen und 25 Millionen Gulden in Edelmetallen und Edelsteinen. Das war wohlgemerkt nicht das Gesamtvermögen der Kirche mit allen ihren Immobilien und Ländereien, sondern das waren nur die liquiden Mittel. Zum Vergleich: Der Kaiser hatte nur wenige Tausend Gulden in Silbermünzen bar in der Kasse.

Das Finanzgenie Johannes erwies sich auch im Umgang mit seinen Kritikern aus den Reihen der Theologen als cool agierender Manager. Am 18. Juli 1323 sprach er Thomas von Aquin heilig und erklärte kurzerhand alles, was der berühmte Pariser Magister geschrieben hatte, zur offiziellen Lehre der Kirche. Ausgerechnet Thomas, der die gesamte Theologie zu einem Gegenstand wissenschaftlichen Diskurses gemacht hatte und mehrfach wegen Ketzerei angeklagt war, wurde nun zum ideologischen Bollwerk eines Papstes, der sich für nichts weniger interessierte als Theologie. Da Thomas in seinem gigantischen Werk zu fast jeder theologischen Frage Stellung bezieht, war die Botschaft aus Avignon klar: Zum Thema Theologie ist alles gesagt. Ende der Diskussion. Wer noch eine andere Meinung vertritt, ist ein Ketzer und muss mit entsprechenden Konsequenzen rechnen.

Die Fronten hatten sich also verhärtet. Zwischen Papst und Kurie auf der einen Seite und Michael, Wilhelm und ihrem Freundeskreis auf der anderen Seite schien keine Verständigung mehr möglich. Johannes behandelte den Konflikt schließlich so, wie er es gewohnt war. Er schloss die franziskanische Oppositionsgruppe aus der Kirche aus. Und am 26. Mai 1328 taten die Exkommunizierten das aus ihrer Sicht sicherlich Beste – sie verließen Avignon bei Nacht und Nebel. Doch wohin gehen geschasste Theologen, denen keine staatliche Uni ihre Gehälter weiterzahlt? Eigentlich kam jetzt nur eine Anlaufstelle in Frage: Der Hof des deutsch-römischen Kaisers Ludwig IV. Der Wittelsbacher hatte die Kaiserwahl nämlich nur mit Ach und Krach gewonnen und zankte sich nun mit dem Papst um die Macht. Das war die Neuauflage eines politischen Klassikers im mittelalterlichen Europa, der offenbar immer noch nicht langweilig geworden war. Ludwig sorgte immerhin für einen dramatischen Höhepunkt, indem er den Papst für abgesetzt erklärte und durch einen franziskanischen Gegenpapst ersetzte. Doch schon angesichts der in Geldvermögen gemessenen realen Machtverhältnisse war das ein aussichtsloses Unterfangen.

Michael von Cesena, Wilhelm von Ockham und ihre Freunde trafen im September 1328 in Pisa auf Ludwig. Dort hatte sich ihm schon der bekannte Gelehrte Marsilius von Padua angeschlossen. Der Kaiser und Herzog von Bayern holte die ganze Truppe von kritischen Intellektuellen schließlich an seinen Hof nach München. Er ließ „Munichen", wie es damals hieß, zur ersten richtigen Residenzstadt des deutschen Reichs ausbauen. Und er machte den Alten Hof und das Franziskanerkloster für einige Jahre zum vielleicht lebendigsten geistigen Zentrum Europas – bis die Pest dem erbarmungslos ein Ende bereitete und auch Wilhelm dahinraffte. Der ursprüngliche Deal war simpel. Die Franziskaner konnten unbehelligt von päpstlichen Denkverboten wissenschaftliche Theologie und Philosophie betreiben. Im Gegenzug standen sie dem Kaiser als rhetorisch brillante PR-Berater zur Verfügung. Und lieferten ihm die Munition für seine europaweite publizistische Kampagne gegen den Papst.

Die politischen und sozialphilosophischen Texte Wilhelms aus seiner Münchner Zeit sind wohl nur vor dem Hintergrund der komplizierten Vorgeschichte richtig einzuordnen. Seine kritische Haltung gegenüber päpstlicher Autorität und seine Loyalität gegenüber Freunden und Gönnern werden aus seiner Biografie heraus verständlich. Er meinte es gut mit denen, die es auch gut mit ihm meinten. Dazu zählte Ludwig. Trotzdem wäre es zu einfach, in Wilhelm bloß einen kaiserlichen Chefideologen und antipäpstlichen Kampagnenmacher zu sehen. Sicher, er konnte polemisieren. Seine Flugschriften wurden in Paris auf Anordnung des Bischofs öffentlich verbrannt – und das nicht ohne Grund. Doch er gab buchstäblich „dem Kaiser, was des Kaisers ist", tat seine Schuldigkeit als professioneller Autor von Streitschriften und Traktaten, verfasste aber zeitgleich sozialphilosophische Texte, die so nüchtern, sachlich und abwägend waren, wie zu schreiben er in Oxford gelernt hatte.

Wilhelm wurde dabei nie zu einem „Laizisten" im modernen Sinn, der für eine absolute Trennung von Kirche und Staat eingetreten wäre. Auch blieb er ganz auf dem Boden der politischen Philosophie von Aristoteles und Thomas von Aquin. Doch ließ ein Papst wie Johannes XXII. ihn daran zweifeln, ob das Papsttum für die Christenheit jemals eine gute Idee gewesen war. Als einer der ersten formuliert Wilhelm den Gedanken, dass die Kirche doch besser von einem obersten Leitungsgremium geführt werden sollte als von einem einzelnen, mit absoluter Macht ausgestatten Oberhaupt. Marsilius von Padua hatte den päpstlichen Hof in Avignon als „Haus der Händler", als „entsetzliche Räuberhöhle" und als „Schlupfwinkel aller Verbrecher" bezeichnet. Auch der Dichter Francesco Petrarca oder die Mystikerin Katharina von Siena übten heftige Kritik an den Zuständen in Avignon. William von Ockham wollte aber nicht nur kritisieren, sondern vernünftige Vorschläge für einen Ausweg aus der Krise erarbeiten.

Zunächst schlägt er die Einberufung eines allgemeinen Konzils vor, einer großen Versammlung sämtlicher Organisationen und Strömungen der Kirche. Alle sollen sich zusammensetzen und gemeinsam über die Zukunft diskutieren. Und William meint wirklich *alle*. Laien und Frauen zählt er ausdrücklich dazu. Möglicherweise würde man den Papst absetzen, doch die Kirche als Institution soll auf jeden Fall weiter bestehen. Wilhelm beruft sich auf den von Aristoteles und Thomas von Aquin beschriebenen Gedanken des Gemeinwohls, um zu begründen, warum die Botschaft Jesu *auch* von einer durch Regeln und Gesetze strukturierten Gemeinschaft getragen werden müsse.

„Wenn Gesetze die vernünftigen Prinzipien menschlicher Handlungen sein sollen, dann müssen sie sich auf das Wohl der Allgemeinheit richten", hatte Thomas von Aquin gesagt. Dieses Vernunftprinzip gilt laut Wilhelm von Ockham auch für die Kirche als Rechtssubjekt und normsetzende Instanz. Wird die Kirche dieser Forderung gerecht, dann ist ihr Handeln legitimiert. Geht es den Kirchenoberen aber statt um das Wohl aller nur um Geld und Macht, dann gibt es keinen vernünftigen Grund, ihnen zu gehorchen, ja dann hat jeder Christ ein *Widerstandsrecht* gegen die Kurie. Verfällt ein Papst selbst der „Ketzerei", wie Wilhelm formuliert, dann müssen andere Mächtige – Kaiser, Könige, Fürsten – ordnend eingreifen. Hier zeichnet sich der sozialphilosophische Grundsatz ab, dass jeder an seiner Stelle und auf seine Weise für die Gesellschaft Mitverantwortung trägt.

Doch auch die politische Macht der weltlichen Herrscher ist

begrenzt, denn „der Kaiser hat seine Macht vom Volk“, schreibt Wilhelm. Und das Volk kann erstens im Rahmen einer gesellschaftlichen Aufgabenteilung nur so viel Macht an den Kaiser übertragen, wie es selbst besitzt. Und zweitens ist diese Übertragung wiederum nur dann legitim, wenn sie dem Gemeinwohl dient: „Der Zweck der Einsetzung eines Kaisers ist der gemeinsame Nutzen.“ Der Kaiser darf durchaus im Einzelfall positives Recht erlassen – dazu ist er ja da –, aber er darf sich niemals über die Gemeinwohlbindung seiner gesamten Gesetzgebung hinwegsetzen. Zur Not, im Fall des Machtmissbrauchs, muss er abgesetzt werden. Herrschaft – egal ob kirchliche oder weltliche – ist also immer durch ihre *Funktion* legitimiert.

Genau wie Thomas von Aquin geht auch Wilhelm von Ockham von einem „natürlichen“ Recht aus, das notwendig aus den von Gott geschaffenen Gesetzen der Vernunft folgt und an das auch Papst und Kaiser gebunden sind. Es existieren daher bestimmte Grundrechte, „die aus obersten Prinzipien der Vernunft klar und ohne große Überlegung abgeleitet werden können, genau wie sich in der Wissenschaft bestimmte Folgerungen aus obersten Prinzipien der Vernunft klar und ohne große Überlegung ziehen lassen.“ Man spürt deutlich das Bemühen Wilhelms, in einer Zeit der Willkür, der Machtkämpfe und des Machtmissbrauchs, dem Prinzip der *Legalität* Geltung zu verschaffen und diese Legalität an die *Vernunft* zu binden.

Man sollte sich aber hüten, hierin schon die kantische „reine“ Vernunft zu sehen – vielmehr übernimmt Wilhelm von Johannes Duns Scotus die Annahme eines grundsätzlich freien Gottes, der in souveräner Selbstbindung seine absolute Macht einschränkt und eine *Ordnung schafft*, in der Menschen gut leben können. Wilhelm behauptet also nicht, dass eine autonome menschliche Vernunft der Welt ihre Regeln setze, sondern er koppelt jede geschaffene Ordnung an den vernünftigen Willen Gottes. Das bedeutet aber in der Konsequenz: Kein Mensch hat das Recht, „Gott zu spielen“ und eine politische Ordnung zu errichten, die seinen Flausen und seiner Willkür entspringt. Nur die vernunftgemäße Ordnung ist die gute Ordnung.

Interessant ist nun, dass Wilhelm die Kirche – bei aller Legalität und Vernunftbindung – nicht als starres Gebäude, sondern als „lebendigen Organismus" begreift. Mit der Metapher des Organismus will Wilhelm vor allem darauf hinaus, dass Dinge wandelbar und austauschbar sind. Schon Aristoteles hatte erkannt, dass Organismen anpassungsfähige Systeme sind und über die Fähigkeit der Kompensation verfügen. Fällt ein Organ aus, so kann eventuell auch ein anderes Organ dessen Aufgaben übernehmen. In diesem Sinne sieht Wilhelm die Strukturen – die vernünftige Aufgabenteilung – im Organismus Kirche nicht für alle Ewigkeiten als festgelegt an.

Kleriker und Laien sind für Wilhelm von Ockham grundsätzlich gleichberechtigt. Auch Männer und Frauen sind gleichberechtigt. Wer in der Kirche welche Aufgaben übernimmt, hängt von den Umständen der Zeit ab und davon, was nötig ist, um den Organismus als ganzen zu erhalten. Wieder ist das Wohl aller, das Gemeinwohl der „res publica Christiana", der Maßstab – und nicht der Erhalt irgendwelcher Privilegien. Vernünftigerweise sollte es stets ein *Stufensystem der Verantwortlichkeit* geben – denn selbst wenn der Papst abgesetzt und durch ein Konzil ersetzt wäre, könnte auch dieses Konzil sich irren. Niemand außer Gott kennt die ganze Wahrheit. Menschen sind freie Individuen – aber eben deshalb auch fehlbar, verführbar, unsicher in ihrem Urteil.

Keine Frage, es sind die Umrisse einer modernen, liberalen und doch ganz und gar christlichen Gesellschaft, die sich in den politiktheoretischen Schriften des Wilhelm von Ockham abzuzeichnen beginnen. Und was von alledem, so könnten Sie sich jetzt fragen, hat den Geisteswissenschaftler und Ironiker Umberto Eco nun so sehr fasziniert, dass er einen natürlich fiktionalisierten, aber als historische Figur deutlich erkennbaren William zu seinem Romanhelden machte? Antwort: Nichts. Oder jedenfalls nicht viel.

Wer wissen will, wie Wilhelm von Ockham zu einem mittelalterlichen Bannerträger der Postmoderne wurde – und letztlich das Leinwandgesicht von Sean Connery bekam –, der wird in den Schriften der Münchner Zeit kaum fündig werden. Er muss zu dem Oxforder William zurückkehren, jenem misstrauisch beäugten jungen Denker, der sich nicht mit Sozialphilosophie befasste, sondern mit Metaphysik, Erkenntnistheorie und – modern gesprochen – „Fundamentaltheologie". Der Grund, warum Charles Sanders Peirce und andere von Ockham als dem Vater der Moderne sprechen, findet sich bei diesem William.

Bisweilen frustriert Wissenschaftler diese Zweiteilung des Werks in frühe und späte Schriften. Tatsächlich wirft sie im Detail manche Frage auf, manchmal scheinen hier zwei verschiedene Autoren zu schreiben. Geht es allerdings um das „big picture", dann wird durchaus erkennbar, inwiefern die politische Philosophie Wilhelms auf seinen Ansichten zu Metaphysik, Erkenntnislehre und Theologie aufbaut. William radikalisiert die Gedanken des Johannes Duns Scotus, indem er alles Irdische für *absolut kontingent* erklärt. Das heißt, alles, was wir auf der Welt vorfinden, ist zwar so, wie es ist, könnte aber auch ganz anders sein. Der Grund dafür liegt für William aber keineswegs in einem letztlich zufälligen evolutionären Prozess – wir befinden uns im 14. Jahrhundert und nicht im 19. Jahrhundert –, sondern darin, dass ein absolut frei agierender Gott die Welt ganz nach seinem Belieben eingerichtet hat.

Gott ist zwar vollkommen und tut nichts ungeordnet – lateinisch: „inordinate" –, doch dadurch, dass Gott absolut Kontingentes schafft, dieses sich wandelt und weiterentwickelt, ja oft auch wieder vergeht, ist Gott auch *geschichtlich*. Und da gingen in Oxford die ersten Augenbrauen hoch. Ein dermaßen dialektisch erfasster Gott ist nämlich äußerst lebendig, ja erschreckend vital. Und eine dermaßen kontingente Welt ist geradezu furchterregend dynamisch, ja entsetzlich prekär! Wo sollte das hinführen? Man hatte Aristoteles und Thomas von Aquin anders verstanden. Man glaubte an einen ewigen, unwandelbaren, vollkommenen, rein geistigen Gott auf der einen Seite und eine endliche, vergängliche, unvollkommene materielle Welt auf der anderen Seite. Das Beste, was einem Menschen auf der Welt passieren konnte, war die reine Anschauung ewiger Wahrheit. Und das Beste, worauf Menschen für das Jenseits hoffen konnten, war die „beseligende Schau" des vollkommenen Gottes. Da ist er nun, der ewige, unveränderliche Gott, man schaut ihn an und ist selig.

Noch konsequenter als Johannes Duns Scotus stellt sich Wilhelm einen Gott der Freiheit vor, der immer auch anders kann, der immer Alternativen hat. Wenn aber bei Gott alles in Bewegung ist, dann ergibt das mit der „beseligenden Schau" keinen rechten Sinn mehr. Ist Gott dynamisch, dann hat die Dynamik ihren tieferen Sinn, und der Mensch ist damit beschenkt, an ihr Anteil zu haben. Warum sollten Menschen sich nach Stillstand, nach einer philosophisch begründeten „Glückruhe" sehnen, wenn Gott – der ja wissen muss, was gut ist – selbst niemals ruht? Wilhelm treibt den Gedanken noch weiter. Wenn die Welt absolut kontingent und voller Möglichkeiten ist, dann müssen sowohl Gott als auch die Menschen zukünftige Möglichkeiten geistig vorwegnehmen können. Strebte die Scholastik bisher nach der zwingenden Erkenntnis der unveränderlichen Wahrheit, so interessiert sich Wilhelm nun viel mehr für das Mögliche.

Nach Johannes Duns Scotus ist das Individuelle, Zufällige, Nichtnotwendige nur intuitiv erkennbar. Wilhelm spricht deshalb von einer „cognitio intuitiva de rebus non existentibus", einem „intuitiven Erkennen noch nicht existierender Dinge". Sowohl Gott als auch die Menschen haben die Möglichkeit, sich Dinge auszudenken, die es noch nicht gibt. Wilhelms metaphysisches Interesse verlagert sich somit von dem, *was ist*, zu dem, *was möglich ist*. Vielleicht geht man nicht zu weit, in Wilhelm den eigentlichen Entdecker menschlicher *Kreativität* zu sehen. Und das ist, nebenbei bemerkt, auch eine der vielen Brücken zu seinem späteren politischen Denken. Wilhelm ruft den kirchenpolitischen Kontrahenten mit ihren festgefahrenen Positionen zu: „Lasst euch etwas einfallen!" Doch es geschah das Gegenteil. Man erhob die Texte des Thomas von Aquin quasi zum Dogma und erklärte die ewige Wahrheit für endgültig „geschaut". Thomas war mit seinem Werk nicht einmal fertig geworden? Seine „Summa theologiae" war Fragment geblieben? Egal. Andere hatten sie ja ergänzt. Es war alles gesagt, so oder so.

Nicht für Wilhelm von Ockham. Er ging den eingeschlagenen Weg weiter – und merkte, welches erkenntnistheoretische Problem es einem einbringt, wenn man Freiheit und Dynamik radikal ernst nimmt. Wenn die Welt nämlich absolut kontingent ist, inwiefern ist dann sichere Erkenntnis überhaupt noch möglich? Wenn alles aus lauter Einzeldingen besteht, wie erfasst sie der menschliche Geist? Hier gab es nun schon einen erbitterten akademischen Streit, den „Universalienstreit", der sich durch die ganze Geschichte des mittelalterlichen Denkens zog. Mit „Universalien" sind die Allgemeinbegriffe gemeint.

Sie erinnern sich doch bestimmt an Ibn Sina und seine Antwort auf die Frage aus der Isagoge des Porphyrios. Die Frage hatte gelautet: Was ist die Natur der Allgemeinbegriffe? Und weiter: Sind sie von unserem Denken abhängig oder sind sie unabhängig? Wenn sie von unserem Denken unabhängig sein sollten, existieren sie dann als wirkliche Dinge? Und wenn es wirkliche Dinge sind, sind sie dann von der Materie getrennt oder mit ihr verbunden? Ibn Sina hatte geantwortet: Das Allgemeine ist „vor" den Dingen als Idee in Gottes Geist, „in" den Dingen als deren Substanz und „nach" den Dingen als vom menschlichen Intellekt geistig erfasste Substanz. Diese Position hatte Thomas von Aquin von Ibn Sina, genannt Avicenna, direkt übernommen – und die Worte des mittlerweile „heiligen Thomas" waren ja zu Lebzeiten Wilhelms von Ockham unantastbar geworden.

Wilhelm vertritt trotzdem eine andere Position. Und er erklärt seine Auffassung am Beispiel einer Rose. Wenn wir eine Rose betrachten, dann sehen wir ein nicht nur wunderschönes, sondern auch einmaliges und unverwechselbares Seiendes. Wir erfassen diesen Gegenstand spontan, intuitiv. Aber wenn wir eine zweites solches Seiendes sehen und ein drittes und viertes – alle einmalig –, dann kann unser Verstand auch abstrahieren, das Gemeinsame erkennen, einen Gattungsbegriff bilden. In unserer Seele – und nur hier – bildet sich jetzt etwas Universales, ein Bedeutungsgehalt – lateinisch: „intentio". Wir haben also etwas „begriffen", und wenn wir uns über diesen „Begriff" austauschen wollen, dann müssen wir dafür ein *Zeichen* – lateinisch: „signum" – verwenden. Diese Zeichen sind „Fiktion" – „fictum" –, sie haben mit dem Gegenstand oder dem Begriff oder der Idee Gottes dahinter im Grunde nichts zu tun. Sie sind gültig und verstehbar aufgrund von Absprache, aus sozialer Konvention – „ex institutione". Sagen wir also: „Das ist eine Rose", dann erfassen wir damit nicht ihr Wesen, sondern wir verwenden einen Namen. Es ist – der Name der Rose.

Nach Wilhelm von Ockham ist also zu trennen zwischen dem Gegenstand selbst, unserer Vorstellung von diesem Gegenstand und der allgemein üblichen Bezeichnung des Gegenstands. Die moderne Sprachwissenschaft spricht hier von „Signifikat", „Referent" und „Signifikant". Und die „Postmoderne" macht nun nichts anderes, als alles das weitgehend zu entkoppeln. Für Umberto Eco und die Anhänger einer postmodernen Zeichentheorie – der „Semiotik" – ist nicht nur die Welt radikal kontingent. Das sagte ja schon Ecos mittelalterlicher *cultural hero* William von Baskerville, pardon: von Ockham. Nein, für die Postmoderne ist auch die Beziehung zwischen Signifikat und Signifikant radikal kontingent. Was immer die Welt wirklich sein mag, ob sie überhaupt existiert – wir wissen es nicht. Aber unsere Vorstellung von der Welt ist ein freies Spiel der Zeichen. Bei Eco ist das ein ironisches Spiel, ein Nexus aus Anspielungen und Zitaten von Zitaten. In diesem Sinn gibt Eco am Beginn seines Romans „Der Name der Rose" dem Leser zu bedenken, der vorliegende Text sei „die italienische Übersetzung einer obskuren neugotisch-französischen Version einer im 17. Jahrhundert gedruckten Ausgabe eines im 14. Jahrhundert von einem deutschen Mönch auf Lateinisch verfassten Textes".

Man hat die spätmittelalterlichen Vorläufer der modernen Zeichentheoretiker als „Nominalisten" bezeichnen, weil sie nur die „Namen" der Dinge als Realität im menschlichen Intellekt angenommen haben. Doch darf man William zu den Nominalisten zählen? Kaum. Jedenfalls nicht, wenn man ernst nimmt, dass er immer als Theologe spricht. Und als solcher kann er einfach nicht akzeptieren, dass die Idee der Rose „vor" ihr im göttlichen Geist war, jetzt „in" der Rose ist und am Ende – „nach" dem Erkenntnisprozess – in unserem Verstand. Denn sonst wäre ja die Idee von Gott in den Menschen gewandert. Wir sollen uns doch bloß nicht einbilden, mit einem Begriff wie „Rose", „Baum" oder „Mensch" schon das Wesen dieser Dinge erfasst, schon Gottes Ideen erkannt zu haben, die in diesen Dingen stecken.

Nur Gott erkennt das Wesen der Dinge, nur er durchschaut die Schöpfung ganz. Dem Menschen ist das verwehrt. Ihm bleibt „der Name der Rose", ihm bleiben die Zeichen, die zwar etwas *bedeuten,* aber nicht ein *tatsachengetreues inneres Abbild* der Dinge erzeugen. Denn hätte der Mensch das Wesen der Dinge wirklich erfasst, dann könnte er sie auch so beherrschen, wie Gott sie beherrscht. Dann könnte er selbst Schöpfer sein. Aber der Mensch muss die Dinge nehmen, wie sie sind. Er kann sie „nur" neu kombinieren – das aber auf schier unendliche Art und Weise. Ja, der Mensch besitzt Kreativität, aber metaphysisch gesehen innerhalb eines vorgegebenen Baukastensystems. Die Welt ist veränderlich und unveränderlich zugleich. Sie ist ein Abbild derselben Dialektik, die William auch bei Gott erkennen will.

Anders als Empirismus und Positivismus, anders als Umberto Eco und die Postmoderne, kennt William nach wie vor eine objektive Wahrheit. Auch gibt es für ihn weiterhin Substanzen – doch sind sie *transzendent,* für den Menschen nicht erfassbar. Wilhelm sieht die Erkenntnismöglichkeiten des Menschen viel enger und begrenzter als die meisten seiner Vorläufer in der Scholastik. In der Skepsis Wilhelms „wird Peter Abaelard wieder lebendig“ (Johannes Hirschberger). Und nicht zuletzt aufgrund *dieser* erkenntnistheoretischen Skepsis möchte William keinen einzelnen, allmächtigen Papst an der Spitze der Kirche sehen. Doch um William zum Vater der modernen Philosophie oder gar der „Postmoderne“ zu machen, muss man ihn noch ein ganzes Stück radikalisieren. Man muss die schwierige Balance einseitig auflösen, in der er Wandelbares und Bleibendes, Absolutes und Kontingentes, Gott und Mensch sieht.

Die „Postmoderne“ ist indessen beileibe nicht nur von christlichen Theologen kritisiert worden. Auch in der Tradition des Rationalismus der „Aufklärung“ stehende Denker, wie etwa Jürgen Habermas oder Karl-Otto Apel, haben dem ironischen Spiel der Zeichen in dessen ethischer Konsequenz Verantwortungslosigkeit vorgehalten. Wo nichts mehr ernst zu nehmen ist und alles Zitat eines Zitats eines Zitats ist, wird die Welt zu einem Spielplatz für Menschen, die sich weigern, erwachsen zu sein. Und da wir hier von jener Welt sprechen, die auch Auschwitz und den Gulag hervorgebracht hat, sehen manche in einer Philosophie des radikalen Unernstes die Grenze zum Zynismus überschritten.

Das mag sein. Aber wissen Sie was: Um ein richtig gutes Buch zu schreiben, ist spielerische Leichtigkeit manchmal nicht verkehrt. Und ist Ihnen eigentlich was aufgefallen? Ich habe den Denker dieses Kapitels vollkommen willkürlich mal „Wilhelm“ und mal „William“ genannt. Ich habe zwei unterschiedliche Zeichen verwendet. Hatten Sie trotzdem jemals Zweifel, ob hier von *einer* Person die Rede ist? Ich an Ihrer Stelle hätte diese Zweifel jedenfalls nicht gehabt. Und ich verrate Ihnen auch, warum nicht: Weil ich Vertrauen in die Welt habe. Die Scholastik ist gescheitert mit allen ihren „Gottesbeweisen“, allen ihren anderen Versuchen, irgendetwas als wesensnotwendig und rational unbezweifelbar von irgendwoher abzuleiten. Aber der postmoderne Zynismus ist nicht die einzige Alternative, die uns bleibt. Sondern wir haben die Freiheit, zu vertrauen. Zu vertrauen, dass die Dinge wirklich sind und dass sie gut sind und dass Gott die Welt so eingerichtet hat, dass wir etwas aus uns machen können. Wir haben die Wahl. Immer.

15 *Der evangelikale Reformer*
John Wyclif (um 1330–1384)

Brügge im Spätsommer. Wir schreiben das Jahr 1988. Die westflandrische Stadt gehört zu den größten Touristenattraktionen Europas und zieht jährlich über eine Million Besucher an. Sie kommen wegen des mittelalterlichen Stadtkerns, spazieren durch Gassen mit spätgotischen Kaufmannshäusern, lassen sich in offenen Kutschen über den Marktplatz fahren oder bewundern die Werke altniederländischer Malerei im Groeningemuseum. Doch an diesem Septembertag endet so mancher Spaziergang vor einer Absperrung. Dunkel uniformierte Beamte der „Rijkswacht" geben in scharfem Ton vor, wer sich wie zu bewegen hat. Dann donnern gepanzerte Oberklasselimousinen in abenteuerlichem Tempo über das Kopfsteinpflaster. Ihr Ziel ist die Tuchhalle aus dem 13. Jahrhundert. Es ist Abend, als die mächtigste Frau Europas dort ihren Vortrag beginnt. Die britische Premierministerin Margaret Thatcher spricht zu Studenten des Europakollegs, einer 1949 gegründeten Hochschule. Aber auch die Kommissare der Europäischen Gemeinschaft, samt ihres Vorsitzenden Jacques Delors, sind erschienen.

Langatmig beschwört Thatcher eine große europäische Vergangenheit, deren Teil Großbritannien immer gewesen sei. Alle Zuhörer wissen: Das ist bloß Vorgeplänkel. Gleich wird die „Eiserne Lady", die sich vor vier Jahren mit den Worten „I want my money back" erfolgreich gegen Brüsseler Geldforderungen wehrte, zur Sache kommen. „Mein oberstes Prinzip ist das der Kooperation unabhängiger, souveräner Staaten", sagt sie dann. „Jeder Versuch, die Nation zu unterdrücken, wäre höchst schädlich", fährt die Regierungschefin fort und ergänzt: „Europa wird stärker werden, gerade weil es Frankreich als Frankreich, Spanien als Spanien, Britannien als Britannien hat, alle mit eigenen Sitten, Traditionen und Identitäten."

Nach der Rede zitiert die Zeitung „The Guardian" einen europäischen Kommissar mit den Worten: „Ganz ehrlich, ich bin schockiert. Es war noch viel negativer, als ich erwartet hatte." Indessen gründen Politiker in London wenige Monate später eine neue Lobby. Sie nennt sich „The Bruges Group" – Brügge-Gruppe –, und ihre Mitglieder bezeichnen sich als „Euroskeptiker". Im Geiste der Rede Margaret Thatchers sehen sie sich als Opposition gegen die europäischen Einigungspläne von Jacques Delors. Dieser Mann, so raunt man in London, sei im Übrigen nicht nur Franzose und Sozialist, sondern auch noch römisch-katholisch!

Brügge im Sommer. Wir schreiben das Jahr 1374. Die westflandrische Stadt gehört zu den wichtigsten Handelsmetropolen Europas. Hierher kommen Geschäftsleute aus Essex und Burgund, aus Lübeck und Hamburg, aus Genua, Venedig und Florenz, aus Katalanien, Kastilien und der Algarve. Sie kommen wegen des Tuchhandels, dessen europäische Drehscheibe Brügge ist, aber sie handeln eigentlich mit allem, was sich kaufen und verkaufen lässt. So mancher Kaufmann, der ursprünglich aus Kent, der Gascogne oder aus Ligurien stammte, hat hier ein Haus gebaut und sich mit seiner Familie niedergelassen. Auf den Straßen hört man Deutsch, Englisch, Französisch, Spanisch und Italienisch. Doch die Gebildeten sind alle auch des Lateinischen mächtig und verwenden es als Schriftsprache.

In diesem Sommer wird der eine oder andere Kaufmann von Söldnern angeherrscht, Platz zu machen und den Weg freizugeben. Hochrangige Delegationen sind in der Stadt, um über heikle finanzpolitische Fragen zu verhandeln. Da sind einmal die päpstlichen Legaten aus Avignon. Die Kurie hat nicht nur überall in Europa weitgehende Bestimmungsrechte, wenn es um die Besetzung kirchlicher Ämter geht, sondern sie will auch immer dann, wenn irgendwo in der Kirche Geld fließt, möglichst üppig beteiligt werden. Das gilt insbesondere, seitdem sich die Machtzentrale der europäischen Christenheit in der Provence befindet und unter der Schirmherrschaft der französischen Könige steht.

Die zweite Delegation kommt aus dem Königreich England und vertritt dessen nationale Interessen. Die Regierung in London ist zu der Auffassung gelangt, die Kurie habe überhaupt kein Recht, vom Kontinent aus über die Angelegenheiten der englischen Kirche zu bestimmen. Zumal sie den Papst als vom französischen König – ihrem Erzfeind – ferngesteuert ansieht. Beim Geld hört der Spaß endgültig auf. Die Einnahmen der englischen Kirche sind englisches Geld, das ausschließlich den Engländern zusteht. König Eduard III. hatte eine Kommission einberufen, um über die Ansprüche des Papstes zu diskutieren. Gleichzeitig hatte das Parlament klare Beschlüsse gefasst. Alle waren sich schließlich einig: Der Papst treibt England in die Armut!

Der runde Tisch in Brügge ist schon das zweite Treffen dieser Art. Diesmal gehört der englischen Delegation unter der Leitung von Bischof Gilbert von Bangor auch ein diplomatischer Neuling an. Der anderen Seite ist er sofort aufgefallen, weil sein Ton so scharf ist, seine Argumente so spitzfindig ausfallen und er einen unversöhnlichen Konfrontationskurs eingeschlagen hat. Das kann nur ein Theologe sein! Und tatsächlich, der Mann ist sogar „Doctor" der Theologie. Aber dieser Oxforder Professor und Landpfarrer in einem Kaff namens Lutterworth ist auch Politiker. Seit 1371 sitzt er im Parlament. Die englische Krone habe das Recht auf „Selbstverteidigung", hatte er in London erklärt, wenn auf päpstliche Anordnung der „Abfluss von Vermögen ins Ausland" drohe. Jetzt reibt er den Legaten aus Avignon seine Position unter die Nase. Die Verhandlungen scheitern. Zur nächsten Runde schickt seine Majestät diesen Mann nicht mehr mit. Sein Name ist Wyclif. John Wyclif.

Der Provokateur von Brügge blickte zu dieser Zeit auf glänzende wissenschaftliche Erfolge zurück, ja man geht wohl nicht zu weit, in John Wyclif ein sortenreines Gewächs des akademischen Betriebs von Oxford zu erkennen. Er war ein hochproduktiver Autor, sowohl im Bereich philosophischer Disziplinen, wie Logik und Erkenntnislehre, als auch auf dem Gebiet der christlichen Theologie, insbesondere der Bibelauslegung. Aber auf seinem Karriereweg hatte er immer wieder Enttäuschungen erlebt. Mächtige Zirkel innerhalb der Kirche hatten gegen ihn intrigiert, seine Entlassung aus Ämtern betrieben, ihn sogar in Avignon wegen Ketzerei angezeigt. Und nicht immer hatte er die Stellen, die er gerne gehabt hätte, auch bekommen. Aus undurchsichtigen Gründen. Außerdem erregten die Missstände in der Kirche seinen Unmut. Es gab sie überall in Europa, nicht nur in England. Aber in England schienen sich die Probleme dramatisch zu verschärfen. Konnte ein einflussreicher Theologe angesichts all dessen unparteiisch bleiben? Oder unpolitisch?

Der aus einer angesehenen und begüterten Familie stammende Wyclif studierte als Jugendlicher zunächst für gut ein Jahrzehnt die „Artes", also die Geistes- und Naturwissenschaften. In Oxford begann man damals im Alter von 14 oder 15 Jahren mit dem Studium. Wyclif war 1356 Bakkalaureus, 1360 Magister und im selben Jahr Vorsteher des Balliol College. Erst danach widmete er sich dem Theologiestudium und wurde als Theologe Ende 1365 Vorsteher des Canterbury College. Mittlerweile war er auch zum Priester geweiht worden. Die fundierte – von der Studiendauer her aber nicht ungewöhnlich lange – geisteswissenschaftliche Ausbildung, insbesondere seine philosophische Schulung, sollte auch seine theologischen Äußerungen immer prägen.

Doch schon bald zeigt sich, dass Wyclif mehr sein möchte als wissenschaftlicher Theologe. Mehr auch als einfacher Seelsorger in der Gemeinde. Er entwickelt Sendungsbewusstsein. Er tastet sich zu jener Grenzlinie vor, an der der Theologe zum Propheten, der Autor zum Demagogen wird. Dabei entwickelt Wyclif seine ganz eigene Vorstellung von der Zukunft der Kirche. Arm soll sie sein, sozial eingestellt und dem Evangelium treu. Aber auch staatstragend, politisch engagiert, dem König und der englischen Nation verpflichtet – nicht dem Papst. Wyclifs reformatorische Gesinnung war dabei an Voraussetzungen geknüpft, die in vielen Einzeltatbeständen spezifisch englisch erschienen, sich auf einer allgemeineren Ebene betrachtet aber ebenso im übrigen Europa fanden.

Da waren zunächst die „Bettelorden", die Dominikaner und Franziskaner. Fast von Anbeginn ihres Bestehens – nämlich seit 1221 beziehungsweise 1225 – gab es sie auch in England. In Oxford hatten sie bedeutende Denker hervorgebracht, wie Johannes Duns Scotus und Wilhelm von Ockham, deren Schriften Wyclif genau kannte. Die Mendikanten waren aber nicht nur einflussreiche Wissenschaftler, sondern auch leidenschaftliche Prediger, vor allem Volksprediger. Insbesondere die Franziskaner fanden mit ihren Moral- und Strafpredigten großen Zulauf. Denn sie predigten gerne gegen „die da oben". Sie lobten den Anstand der kleinen Leute und geißelten den Sittenverfall der Kleriker. Wyclif sah in den Franziskanern zunächst seine intellektuellen und politischen Verbündeten. Erst als er gegen Ende seines Lebens immer radikaler wurde, überwarf er sich mit ihnen und zählte auch sie zu seinen Feinden.

Zu Moralpredigten gab die englische Kirche reichlich Anlass. Die Mönche der alten Orden lebten wie Laien – mit Konkubine, Kind und Kapital –, während ihre Äbte den Lifestyle adeliger Großgrundbesitzer imitierten. Es gab einen gewaltigen Priesterüberschuss – über 10.000 geweihte Geistliche bildeten ein „arbeitsloses Klerikerproletariat" (Kurt Kluxen) –, während gleichzeitig für die Gläubigen in den Pfarreien Messen ausfielen und Sakramente nicht gespendet wurden. Denn die Klöster, Kathedralkapitel und Universitäten hatten sich zahllose finanziell ertragreiche Pfarreien gesichert, ohne dass sie bereit gewesen wären, diese personell entsprechend auszustatten. Sie wollten nur das Geld der Gläubigen abgreifen.

Wohlhabende Londoner Handwerkerzünfte und Kaufmannsgilden bauten deshalb eigene Kapellen, stellten Priester ein und zahlten ihnen ein festes Gehalt. Auf diese Weise bestand für die Kleriker Anwesenheitspflicht. Messen konnten regelmäßig stattfinden und die allfälligen Sakramente wurden gespendet. Das einfache Volk musste sich hingegen damit abfinden, dass die Kirche zwar gern ihr Geld nahm, jedoch ohne Verpflichtung zu seelsorgerischer Gegenleistung. Wer aufmuckte und nicht mehr zahlen wollte, dem drohte die Kirche mit Zwangsmaßnahmen, bis hin zur Exkommunikation. Für so etwas war dann immer ganz schnell jemand zur Stelle. Kein Wunder, dass sich unter den Gläubigen allmählich eine *individuelle Frömmigkeit* herauskristallisierte. Wo kein Priester hinkam, wuchs die Überzeugung, auch keinen mehr zu brauchen. Und unter den Intellektuellen hatten Theologen wie Scotus und Ockham ohnehin eine Diskussion über das Individuum angestoßen. Musste dieses Individuum jetzt auch seine ganz private Beziehung zu Gott finden?

Vom Papst jedenfalls war in Europa keine geistige Orientierung mehr zu erwarten. Seit dem überdrehten Machtgetöse der Bulle „Unam Sanctam" von 1308, dem anschließenden Umzug der Kurie nach Avignon und der unverhohlenen Parteinahme des Papstes für die nationalen Interessen Frankreichs, hatten sich große Teile der Gläubigen von der Spitze der Kirche innerlich abgewandt. Das städtisch geprägte Bürgertum dachte immer weniger europäisch und „katholisch", dafür zunehmend landsmannschaftlich und an den eigenen wirtschaftlichen Interessen orientiert. Am stärksten spürbar war dies vielleicht in Böhmen und in England.

Trotzdem bedeutete es für alle einen Schock, als das abendländische Christentum sich im Jahr 1378 spaltete. Bei der letzten Papstwahl hatten die französischen Kardinäle nicht mitgespielt. Sie waren gegen die Rückkehr der Kurie nach Rom gewesen und wählten schließlich ihren eigenen Papst. Nach diesem großen „Schisma" – das griechische Wort bedeutet „Abspaltung" – residierte ein Papst in Avignon und ein Papst in Rom. Zwei

„Gegenpäpste“ gab es jetzt also. Und die sich langsam zu frühen Formen des Nationalstaats mausernden europäischen Mächte bildeten daraufhin zwei Lager. Frankreich, Schottland und Spanien unterstützten Avignon. England, das Deutsche Reich und die Nordeuropäischen Mächte hielten zu Rom. Zum ersten Mal gab es im christlichen Europa so etwas wie „Machtblöcke“ im modernen Sinn.

Spätestens ab 1380 gibt John Wyclif die etablierte Kirche verloren. Unverhohlen sagt der Theologe und Priester jetzt: Das ist nicht mehr die Kirche Jesu Christi! Und er rechnet ab. Erst vorsichtig, dann immer radikaler. Das jahrzehntelange Wettern der Franziskaner gegen Avignon hat ihm in der englischen Öffentlichkeit den Boden bereitet. Doch kein Franziskaner wird je so weit gehen wie Wyclif. Ämter und Sakramente seien samt und sonders wirkungslos, behauptet dieser jetzt. Beichte und Sündenvergebung durch einen Priester könne sich der Gläubige komplett sparen, da würden ihm für nichts und wieder nichts die Gebühren aus der Tasche gezogen. Priesterweihe, Ordenswesen und Zölibat seien schlicht verwerflich. Dementsprechend sei auch jede Exkommunikation seitens der Kirche wirkungslos. Bei all diesen Aussagen ist natürlich viel Polemik im Spiel. In seinen theoretischen Schriften äußert sich Wyclif differenzierter. Doch kein Zweifel, er will die Öffentlichkeit aufrütteln, vielleicht sogar aufwiegeln.

Wyclifs zentrales Thema ist die Kirche. Sein Ziel ist ihre fundamentale Erneuerung. Mit der Zeit entwickelt er ein vollkommen anderes Verständnis von „Kirche“, als es allgemeiner Konsens war. Die *eigentliche* Kirche ist für ihn unsichtbar. Es ist die *spirituelle Gemeinschaft* der von Gott zu einem seligen Leben – über den irdischen Tod hinaus – Bestimmten. Kirche im engen Sinn besteht aus der „Zahl der Erwählten“ – lateinisch: „numeris praedestinatorum“. Diese Auserwählten brauchen keine Priester, um bei Gott zu sein. Während die „Verworfenen“ – lateinisch: „reprobi“ und entsprechend englisch: „reprobate“ – gewissermaßen inkognito der Kirche zwar äußerlich angehören, aber die Seligkeit nicht erlangen werden.

Von dieser Unerkennbarkeit gibt es allerdings eine Ausnahme: Es ist „die sichtbare Sekte des Antichrist in Avignon und in Rom". Dass es sich bei der Kurie um eine vom Glauben abgefallene Verbrecherbande handelt, darüber kann es für Wyclif nicht den geringsten Zweifel geben. Und das erklärt, nebenbei bemerkt, auch sein äußerst undiplomatisches Auftreten als Diplomat in Brügge. Für alle übrigen Gläubigen gilt: Keiner kann wissen, ob er überhaupt im strengen Sinn zur „Kirche" gehört. Gott hat alles von Ewigkeit her vorbestimmt. Der eine ist zur ewigen Seligkeit, der andere zur ewigen Verdammnis *prädestiniert*. Niemand darf als Christ sicher sein, ob er überhaupt eine Chance auf ein glückliches Leben bei Gott hat. Er kann das nur „mit Furcht und Zittern glauben", so Wyclif.

Aber Moment mal – hatten nicht die Oxforder Theologen gerade eben noch den Menschen als freies und eigenverantwortliches Individuum beschrieben? So wie vielleicht nie zuvor in der Geistesgeschichte? Hatten Johannes Duns Scotus und Wilhelm von Ockham nicht sinngemäß gesagt, Gott wende sich in freier Selbstbindung jedem einzelnen Menschen zu, und der Mensch wiederum sei frei, sich für oder gegen Gott zu entscheiden? Jetzt kann doch nicht auf einmal wieder alles von Ewigkeit vorherbestimmt sein! Nun, es ist aber so. Die Freiheit soll wieder abgeschafft werden? Ja, genau. Man kann John Wyclifs Denken kaum verstehen, wenn man es nicht als Reaktion auf den akademischen Geist seiner Zeit begreift.

Die erkenntnistheoretische Skepsis, der „Nominalismus", Kontingenz, Freiheit und Individualität – das waren die intellektuellen Herausforderungen des 14. Jahrhunderts. John Wyclif begegnet ihnen auf seine Weise. Er ist ein radikaler Kirchenreformer und insofern, in modernen Begriffen gesprochen, „progressiv". Aber er will gleichzeitig zurück zu den alten Glaubensgewissheiten. Eine Welt der Dynamik, der Kontingenz und

Freiheit, ist überhaupt nicht nach dem Geschmack des Professors und Landpfarrers. Er will klare Verhältnisse. Was ihm vorschwebt, ist eine „neue" Kirche, aber aus einem „alten" Geist. Er will zurück zu einer Philosophie *vor* der Wiederentdeckung und Neuinterpretation des Aristoteles. Er will zurück zu Augustinus und zum spätantiken Neuplatonismus. Zurück schließlich auch zur Bibel als letztlich einzig autoritativer Grundlage des christlichen Glaubens.

Mit John Wyclif entwirft also jemand ein philosophisches und theologisches Programm, der reformerisch, ja revolutionär daherkommt und zugleich zutiefst konservative, ja reaktionäre Auffassungen vertritt. Man kann das als inkonsequent empfinden. Aber für uns ist so etwas heute eigentlich eher der Normalfall. So war beispielsweise auch Margaret Thatcher als Regierungschefin in wirtschaftspolitischen Fragen liberal bis an die Grenze der Anarchie, hingegen beim Thema Bürgerrechte repressiv bis an die Grenze des Totalitären. Die „Eiserne Lady" hat das Vereinigte Königreich politisch in zwei Lager gespalten – und doch lässt sich so leicht nicht bestreiten, dass sie eine der markantesten politischen Persönlichkeiten der zweiten Hälfte des 20. Jahrhunderts ist.

Zum Wagnis der Individualität gehört eben auch, dass sich unter den Bedingungen der Freiheit sehr eigenwillige Persönlichkeiten entwickeln. Charaktere, die durchaus voller Widersprüche sein können. Und so ist auch John Wyclif einerseits jemand, der sich gegen den individualistischen Zeitgeist auflehnt – und anderseits ein Denker, der ohne den Geist wachsender Individualität in seiner Eigenwilligkeit gar nicht vorstellbar wäre. Dieser Dialektik kann er sich selbst kaum bewusst gewesen sein. Aber im Rückblick trägt eine solche Betrachtungsweise vielleicht zum Verständnis seines Werks bei. Hier durchforstet ein Hochgebildeter die Theologiegeschichte und bastelt sich daraus, wie mit einem Baukasten, seine Vorstellung von Kirche. In einem Kloster des 11. Jahrhunderts wäre so etwas ganz und gar undenkbar gewesen.

Zwei Steine aus dem Baukasten der Pfarrers von Lutterworth wurden für die spätere Kirchengeschichte besonders bedeutsam. Sein erkenntnistheoretisches Urvertrauen allein in die Heilige Schrift, das später mit dem lateinischen Schlagwort „sola scriptura" belegt wurde. Und nicht viel weniger seine kritische Auseinandersetzung mit der „Eucharistie", dem Abendmahl als spirituellem Mittelpunkt des christlichen Gottesdienstes. Beide Deutungen Wyclifs – die der Wahrheit der Bibel und der Bedeutung der Eucharistie – ergeben sich unmittelbar aus seiner philosophischen Position zum „Universalienstreit", jener akademischen Debatte über die Natur der Allgemeinbegriffe, die das ganze Mittelalter durchzieht.

Im 14. Jahrhundert war Paris zu einer Hochburg der „Nominalisten" geworden. Diese Philosophen, zu denen etwa Nikolaus von Autrecourt oder Peter von Ailly gezählt werden können, radikalisierten die erkenntnistheoretische Skepsis des Wilhelm von Ockham. Für sie ist der Name der Rose wirklich nichts außer dem Namen der Rose. Das Wesen der Dinge ist für den Menschen nicht erkennbar. Wir können die Natur beobachten, aus der Beobachtung der Natur Begriffe bilden und aus diesen Begriffen dann Theorien oder Modelle formen. Zu irgendeiner metaphysischen Gewissheit gelangt der Mensch so allerdings nicht. Bestenfalls zu logischer Widerspruchsfreiheit. Das sollte ihm – bitte – auch genügen. Auf dieser theoretischen Basis entwickelte sich die neuzeitliche Naturwissenschaft als reine „Empirie", als strenge „Erfahrungswissenschaft".

Auf lange Sicht ging die Reise also in Richtung Säkularisierung, in Richtung Locke und Newton, in Richtung der Priorität des Materiellen vor dem Geistigen. In der Neuzeit würde die Physik – nicht mehr die Metaphysik – die „erste Wissenschaft" sein. Eine Reihe von Theologen wollte diese Reise nicht mitmachen. Sie wollten aber auch nicht auf den Wagen eines Albert, eines Scotus oder eines Ockham aufspringen. Die hatten ja alle jeweils auf ihre Art versucht, Materie und Geist, Gott und Welt,

Immanenz und Transzendenz, Freiheit und Notwendigkeit in eine diffizile Balance zu bringen. Nein, diese Theologen wollten sich einmal mehr für Gott und gegen alles Weltliche entscheiden.

Die Welt war nun wieder schlecht – Belege dafür gab es ja zuhauf –, und allein Gottes Gnade die Hoffnung für den Menschen. Im Grunde geht der intellektuelle Trip zurück in die Welt des Klosters, zurück zum Geist eines Bernhard von Clairvaux und seiner Weltflucht um der „höheren Güter" willen. John Wyclif bekommt diese Rolle rückwärts philosophisch vor allem dadurch hin, dass er den Nominalismus in sein Gegenteil verkehrt und aus ihm einen radikalen *Begriffsrealismus* macht. Der „Universalienstreit" war schließlich noch nicht vorbei, und auch der „Realismus" hatte nach wie vor Anhänger. Man nannte die Anhänger des Begriffsrealismus in den Universitätsstädten „antiqui" – die „Alten" –, während man die Nominalisten als „moderni" bezeichnete.

Wyclifs radikaler Realismus bedeutet also – an Ockhams Beispiel verdeutlicht –, dass wir mit dem Begriff „Rose" tatsächlich die reale Wesenheit der Rose erfasst haben. Die Idee der Rose kommt in unseren Geist. Der Erkenntnisprozess ist eine reale Begegnung mit den ewigen göttlichen Ideen in den Dingen. Warum ist das so wichtig? Nun, wenden Sie es auf die Bibel an. Dann sind die Worte der Bibel nicht bloß ein „signum", ein Zeichen, oder gar ein „Windhauch", wie die Nominalisten sagten. Sondern jedes einzelne Wort der Bibel ist reale, tatsächliche Manifestation des göttlichen Geistes.

Die Bibel ist „Wort für Wort" die Wahrheit Gottes. Daran ändert auch eine Übersetzung nichts – denn natürlich wusste Wyclif, dass die Vulgata auf seinem Tisch eine lateinische Übertragung aus dem Hebräischen und dem Griechischen war. Aber hinter jedem Wort steckt ja eigentlich ein Begriff als reale Manifestation einer Wesenheit. Deshalb – und nur deshalb – kann Wyclif sagen, dass der Gläubige keinen Priester braucht, um zu

Gott zu finden, sondern ihm die Bibel genügt. Denn indem der Christ die Bibel liest, decodiert er nicht bloß irgendwelche Zeichen, sondern begegnet real dem Ausfluss göttlicher Wesenheit. So kommt er durch die Bibel *unmittelbar* zum Glauben an Jesus Christus.

Wenn er die Bibel denn lesen kann. Die Vulgata jedenfalls war nur den Gebildeten zugänglich – das einfache Volk konnte kein Latein, ja beherrschte meist nicht einmal die englische Schriftsprache. Auf Wyclifs Anregung geht deshalb die erste komplette volkssprachliche Bibelübersetzung zurück. Einzelne Teile der Bibel waren schon ins Altenglische übersetzt worden, vor allem die Psalmen und die Evangelien. Von den Evangelien und den Briefen der Apostel gab es auch verschiedene mittelenglische Prosafassungen. Doch die ganze Bibel in der Landessprache gab es nach wie vor nicht. Wyclifs Freunde und Schüler John Purvey, Nicolas Hereford, John Trevisa und einige andere veröffentlichten eine erste Version des als „Wyclif Bible" bekannt gewordenen Buches um 1382. Im Jahr 1390 erschien eine spätere Version, die sich schnell im ganzen Land verbreitete. So schnell, dass die Amtskirche 1408 auf die Bremse trat. In den „Konstitutionen von Oxford" wurde sowohl die Übersetzung als auch die Lektüre der Bibel ohne Erlaubnis des Erzbischofs untersagt. Die Bibel und ihre verbindliche Auslegung sollten unbedingt das Vorrecht der Kleriker bleiben.

Was aber hat ein Mensch vor sich, der in der Wyclif-Bibel auf die Worte Jesu stößt? Umberto Eco würde vielleicht sagen: Die mittelenglische Übersetzung einer lateinischen Übersetzung eines griechischen Textes auf der Grundlage einer ungesicherten mündlichen Überlieferung aus dem Aramäischen. Doch John Wyclif war überzeugt: Er hält Gottes Wort in Händen. Und begegnet während der Lektüre real seinem „Herrn". Mehr noch: Er hält alles in Händen, was er zum Leben braucht. Denn die Bibel ist so umfangreich, Gottes Wort umfasst eine solche Fülle, dass alle Lebensfragen damit eigentlich geklärt sind. Wenn man die

Bibel nur richtig auslegt. Und dazu braucht man keinen Aristoteles! Auch ein Thomas von Aquin eignet sich nur bedingt, weil er vieles viel zu heidnisch versteht. Besser man hält sich an die Kirchenväter, allen voran Augustinus, der natürlich auch Philosoph war, aber noch versucht hat, die Bibel wirklich wörtlich zu verstehen. Wegen dieser Vorliebe für Augustinus gaben Wyclifs Schüler ihm den Spitznamen „John Augustine".

Lassen Sie uns das mal festhalten. Die Bibel enthält für Wyclif alles, was ein Mensch zum Leben braucht. Mit Christus, dem anfänglichen und ewigen „Wort" des Johannesevangeliums, ist sie „identisch", sagt Wyclif. Die Bibel ist ihrer Substanz nach die „Erstwahrheit" – lateinisch: „prima veritas" – und enthält absolut nichts Kontingentes, Zufälliges, Wandelbares. Man könnte auch sagen, wie Wyclif die Bibel in seinem Traktat „De veritate sacre scripture" – „Von der Wahrheit der Heiligen Schrift" – aus dem Jahr 1378 beschreibt, enthält sie nichts „Menschliches". Sie ist als „Buch des Lebens" absolut wahr, damit aber in der Konsequenz auch absolut transzendent.

Diese Verengung der Wahrheit auf die Bibel ist schon starker Tobak, nachdem man jahrhundertelang versucht hatte, alles verfügbare Wissen zu durchleuchten, jeder intellektuellen Spur nachzugehen, um zu neuen wissenschaftlichen Erkenntnissen zu gelangen. Und woher, so könnte man fragen, hatte Wyclif denn seine philosophische Ausbildung, die ihn überhaupt zu diesen Erkenntnissen führt? Allein aus der Bibel? Oder war da nicht auch ein bisschen aristotelische Logik mit im Spiel gewesen? So heiß, wie es theologisch gekocht wurde, konnte das „sola scriptura" also vielleicht doch nicht gegessen werden. Wyclif gab denn auch ohne Umschweife zu, dass die Bibel unterschiedliche Interpretationen erlaube. Aber diese unerschöpfliche Fülle, diese unauslotbare Vieldeutigkeit sei gerade der beste Beweis für die Wahrheit des göttlichen Wortes!

Also was denn nun, Herr Professor? Kann man ernsthaft aus einem Text, der in christlichen Gemeinden einige Jahrzehnte nach dem Tod Jesu von Menschen geschrieben wurde, über die wir fast nichts wissen und die Jesus überhaupt nicht persönlich gekannt hatten, *vorgefertigte Lösungen* für die drängenden politischen Probleme des 14. Jahrhunderts entnehmen? Oder irgendwann einmal für die Politik des 21. Jahrhunderts? Ja, könnte John Wyclif antworten. Denn: „Vergangenes und Zukünftiges sind in Gott ewige Gegenwart." Aber – mit Verlaub – ist das nicht sprachlicher Blödsinn, wenn die Begriffe „Vergangenheit", „Gegenwart" und „Zukunft" noch irgendeinen unterscheidbaren Sinn haben sollen? Nein, denn in der Ewigkeit Gottes ist eben alle irdische Beschränkung überwunden.

Was ist Ihr Eindruck? Vielleicht geht es dem einen oder anderen ja ähnlich wie mir. Wyclif macht sich mit seiner hermetischen Argumentation letztlich genauso unanfechtbar wie die Päpste in Avignon. Das ist mein Eindruck. So wie der Papst Thomas von Aquin versteht, ist nach ihm keine sinnvolle philosophische Diskussion mehr möglich. Und so wie Wyclif die Bibel versteht, ist nach ihr keine sinnvolle philosophische Diskussion mehr möglich. Zugespitzt ausgedrückt: Zum Gegenpapst in Rom gesellt sich der intellektuelle Gegenpapst von Lutterworth. Was dessen Theologie für Konsequenzen hat? Am besten sehen wir uns einmal ein konkretes Beispiel an.

Nehmen wir doch das, worum es bei den Verhandlungen in Brügge eigentlich ging. Es ging um das leidige Thema Geld. Man stritt sich über die finanziellen Ansprüche der Kirche. Und sowohl die Franziskaner als auch Wyclif sagten: Die Kirche muss „arm" sein. Wyclif und seine späteren Anhänger verstanden das aber nicht im Sinne mangelnder Macht – „potestas" –, sondern als tatsächliche materielle Armut. Ihre Begründung: Auch Christus und die Apostel besaßen kein Eigentum! So steht es eindeutig in der Bibel. Siehe etwa Lukas 9,58. Und die Bibel ist Gottes Wort und Gottes Wahrheit.

Also, schlagen wir mal nach. Im neunten Kapitel der Schrift eines unbekannten Autors, dem die spätere Tradition den Namen

„Lukas" gegeben hat, kommt auf dem Weg zwischen zwei Orten irgendjemand zu Jesus und sagt, dass er ihm folgen wolle, wo auch immer er hingehe. In modernen deutschen Übersetzungen lesen Sie, dieser Jemand sei ein „Schriftgelehrter" gewesen, aber in der Vulgata, der lateinischen Bibel des Mittelalters, steht tatsächlich nur „in via dixit quidam" – auf dem Weg sagte irgendjemand etwas. Es scheint keine Rolle zu spielen, wer das war. Wichtiger ist auch wohl die Antwort, die Jesus gibt. Er sagt, hier wiederum mit seiner mittelalterlich-lateinischen Synchronstimme: „Vulpes foveas habent et volucres caeli nidos" – die Füchse haben Höhlen und die Vögel haben Nester im Himmel – „Filius autem hominis non habet ubi caput reclinet" – doch der Menschensohn hat nichts, worauf er sein Haupt zur Ruhe legen kann.

Das ist eine schöne Metapher, ein Aphorismus, wahrscheinlich sogar ein authentisches Wort Jesu – der aramäisch gesprochen hat –, das über Jahrzehnte weitererzählt worden ist. Man kann es als ein Bild für Ruhelosigkeit deuten, als Ausdruck der rastlosen Mission Jesu, für die ihm nicht viel Zeit bleibt. Man könnte auch an Heimatlosigkeit denken. Jesus ist nirgendwo wirklich zu Hause, deshalb aber auch von niemandem für seine Zwecke zu vereinnahmen. Interessant ist das Bild der Füchse und der Vögel. Warum gerade diese beiden Tiere? Die einen leben tief in der Erde, die anderen haben Nester „im Himmel" – „caeli nidos" –, wie es in der Vulgata heißt. In modernen Bibelübersetzungen wird der Zusatz „im Himmel" als sprachliche Redundanz aufgefasst und einfach weggelassen. Aber in gewisser Weise ist das ja der Clou der Metapher: Das eine Tier hat seine Heimat im Himmel, das andere ist nicht nur auf der Erde, sondern sogar in der Erde zu Hause. Jesus sieht seine Heimat weder allein im Himmel noch allein auf der Erde, ließe sich folgern. Und wenn „irgendjemand" an der Landstraße meint, er könne Jesus einfach überallhin folgen, ihm alles nachmachen, dann bekommt er die knappe Auskunft: Das kannst du gar nicht. Ich bin nicht so wie du. Ich stehe zwischen Himmel und Erde.

So jedenfalls verstehe ich den Text. Sie dürfen selbstverständlich anderer Meinung sein. Mir scheint es bloß einigermaßen problematisch, aus einem Text wie diesem ableiten zu wollen: „Christus und die Apostel hatten kein Eigentum." So aber interpretiert Wyclif die Bibel. Das ist auch sein gutes Recht. Aber in diesem Geist fährt er dann nach Brügge, wo sein Verhandlungsziel bereits feststeht: „I want my money back." Und es scheint ebenfalls festzustehen, dass die Gegenseite die reine Mafia ist, mit der man eigentlich nicht verhandeln kann. Tatsächlich waren die Zustände in Avignon bestürzend. Aber kann jemand, dem es um die gemeinsame Zukunft der Christen geht, sich allein auf *seine* Interpretation der Bibel berufen? Und dann sagen: Es gibt nur eine Lösung. Meine. Unsere. Gott ist auf unserer Seite. Er hält fest zur englischen Krone. *Rule Britannia!* Wilhelm von Ockham hatte vorgeschlagen, dass sich alle zusammensetzen und offen diskutieren. Doch jetzt stehen die Zeichen erst einmal auf Konfrontation. Und das Evangelium wird von einer „guten Botschaft" zu einer rhetorischen Waffe.

Doch es gibt bei Wyclif immer die andere Seite. Letztlich kann er doch nicht aus seiner Haut und bleibt auch als Theologe immer Philosoph. Und so erklärt sich auch seine Position im „Abendmahlsstreit" – der für die weitere Kirchengeschichte ebenso bedeutsam wurde wie die Frage nach dem richtigen Verständnis der Bibel – aus seinem strengen Begriffsrealismus. Anknüpfend an die aristotelische Substanzmetaphysik hatte die mittelalterliche Kirche definiert, dass in der Eucharistiefeier Brot und Wein „substanziell" verändert und in Leib und Blut Christi verwandelt werden. Wer nun wie Wyclif von einem strengen „Realismus" ausgeht, mag sich nicht recht vorstellen, wie das Wesen einer Sache ausgetauscht werden kann. Was eben noch „Brot" war, ist jetzt „Leib", und was eben noch „Wein" war, ist jetzt „Blut". Trotzdem hält Wyclif daran fest, dass Jesus im Gottesdienst tatsächlich gegenwärtig ist, so wie er es dem Neuen Testament zufolge seinen Freunden versprochen hat: „Das ist mein Leib." Und: „Das ist mein Blut."

Wie kann Wyclif das Problem philosophisch lösen? Die exakteste Lösung bietet sein „Trialogus“ von 1383. Die folgende Erklärung der Eucharistie offenbart einen Denker auf der Grenze zwischen radikaler Reformation und philosophischer Tradition des Mittelalters:

> *Brot und Wein bleiben in der Messe auch nach der Wandlung ihrer Natur nach erhalten, während sie gleichzeitig auf sakramentale Weise real und wahrhaft Leib und Blut Christi sind, dies jedoch nicht ihrer Natur nach, sondern figurativ und habituell. Der im Himmel verklärte Leib Christi wandert dabei nicht in die Hostie auf Erden, sondern bleibt im Himmel. Sein Dasein in der Hostie ist vielmehr ein geistiges Sein, Kraft dessen Christus, der Herr über die Welt, an jedem Ort seiner Herrschaft zugegen ist.*

Sicher, man kann solche Definitionen spitzfindig nennen, eine Sache für Oxforder Theologen, überflüssig im seelsorgerischen Alltag. Aber beeindruckend ist doch, wie Wyclif sich hier einer wesentlichen geistigen Herausforderung seiner Zeit stellt. Es gilt, die jahrhundertealten Gewissheiten der Christen mit einer anbrechenden neuen Weltsicht, mit dem modernen Denken zu verbinden. Wyclif will das Abendmahl weder einem volkstümlichen Wunderglauben anheimstellen, der auf dem Altar tatsächliches „Blut“ Jesu fließen sieht, noch will er den Mittelpunkt des Gemeindelebens den „Nominalisten“ überlassen, für die Brot und Wein nur noch Zeichen sind, für die es keinen Gehalt mehr gibt außer dem Symbolgehalt. Wyclif sucht die Balance. Und er sucht die Lösung so, wie Philosophen sie immer gesucht haben – durch möglichst genaue Differenzierung.

Und ist das alles nur akademisch? Betrifft das nur die Frömmsten unter den Christen? Nun, immerhin muss heute auch jeder, der einen Homöopathen aufsucht, eine ganz ähnliche Frage, wie die von Wyclif diskutierte, für sich beantworten. Denn auch da sagen die einen: Die Kügelchen, die du da schluckst, können unmöglich auch nur ein Molekül von dem enthalten, was diese Scharlatane dir da versprechen. Und die anderen sagen: Die Kügelchen wirken aber! Deshalb muss irgendeine Information in ihnen enthalten sein, während gleichzeitig die Trägersubstanz noch da ist. Mit den Instrumenten der mittelalterlichen Philosophie ließe sich diese Sache nun herrlich ausdiskutieren. Die moderne Philosophie muss da wohl eher passen.

And now for something completely different. Noch ein letztes Mal zurück zum Dauerkrach zwischen England und den Päpsten. Was ist ein noch ergiebigeres Streitthema als *money*? Richtig: *sex and money*. Und so überwarf sich Heinrich VIII. im Jahr 1534 endgültig mit Rom, nachdem Papst Clemens VII. sich geweigert hatte, die Ehe des Königs zu annullieren, damit dieser seine Geliebte, die wiederum die Schwester seiner ursprünglichen Geliebten war, heiraten konnte. *Henry the Eighth* machte die englische Kirche zu einer Staatskirche, die schließlich die Theologie Martin Luthers übernahm.

Da Wycliff bei seiner Verurteilung als Ketzer bereits gestorben war, grub man seine Gebeine aus, um diese postum zu verbrennen.

Bis dahin hatte eine Sekte in England großen Zulauf gehabt, die man „Lollarden" oder auch „Wyclifiten" nannte. Sie beriefen sich auf die theologischen Schriften John Wyclifs, die sie allerdings radikalisierten. Die Wyclifiten lehnten jede Amtskirche ab. Auch Abendmahl, Sakramente, Beichte, Wallfahrten, Zeremonien waren ihnen nichts wert. Die „Kirche" besteht bei ihnen allein aus den Gläubigen, die – ohne Priester – in ihren Wohnhäusern zusammenkommen und der Bibel alles entnehmen, was sie zum Leben brauchen. Und wer unterstützt diese letztendlich bitterarme und vollkommen unorganisierte „Kirche"? Antwort: Der Staat. Er ist der neue Hoffnungsträger in der Sehnsucht nach mehr sozialer Gerechtigkeit. Und Loyalität zu Parlament und Königsthron ist dementsprechend erste Christenpflicht.

Die Lollarden machten die Amtskirche nervös. Einen makaberen Beschluss des Konzils von Konstanz, das zwischen 1414 und 1418 am Bodensee tagte, kann man auch als Warnschuss gegen sie verstehen. Man verurteilte den dreißig Jahre zuvor verstorbenen John Wyclif wegen Ketzerei und ordnete an, dass seine Überreste ausgegraben und postum verbrannt werden. Das geschah – noch einmal fast anderthalb Jahrzehnte später – tatsächlich. Doch die Lollarden ließen sich davon nicht abschrecken. Und auch nach der englischen Reformation bildeten sich bald neue Gruppierungen im Geiste Wyclifs und ähnlich denkender Theologen. Einige davon wurden Teil der „puritanischen" Bewegung, die schließlich ihren Weg über den Großen Teich fand und dort erst so richtig einflussreich wurde. Die Angelsachsen scheinen eben eine Vorliebe für Sekten zu haben. Kein Wunder, dass es sogar die „Brügge-Gruppe" immer noch gibt, obwohl Margaret Thatcher schon ewig nicht mehr Premierministerin ist.

16 *Der papsttreue Humanist*

Nikolaus von Kues, auch Cusanus genannt (1401–1464)

Wie weiter? So knapp, so schlicht lässt sich die Leitfrage des 15. Jahrhunderts formulieren. Sie betrifft zunächst die Zukunft der christlichen Kirche. Sie betrifft sodann und untrennbar davon die Zukunft Europas als sozialer und politischer Einheit. Und sie betrifft schließlich die Zukunft von Philosophie und Theologie, zweier miteinander verwobener Disziplinen also, die mittlerweile – schon allein, was den realen Output an Texten angeht – eine kaum mehr überschaubare Fülle bieten. An der Kreuzung aller drei Aspekte steht Nikolaus von Kues, Sohn eines Schiffers von der Mosel, am Ende seines Lebens Kardinal in Rom. Sein Jahrhundert ist das letzte des Mittelalters, einer Epoche, die nun ausschwingt wie eine verlassene Schaukel. Voller Energie hat ein lebenshungriger kleiner Junge die Schaukel eben noch bewegt – immer höher, immer schneller –, um sich dann, plötzlich, für Außenstehende ohne erkennbaren Grund, anderen Dingen zuzuwenden.

Nikolaus von Kues war Kirchenjurist und als solcher jahrzehntelang an den innerkirchlichen Reformdebatten nach dem Ende des abendländischen Schismas beteiligt. Er war zudem kurialer Diplomat und stand als Deutscher immer wieder in Verhandlungen mit den weltlichen Machthabern des deutsch-römischen Reiches. Und er war außerdem pastoraler Theologe, Mystiker und Mathematiker, Philologe und Astronom, nicht zuletzt scharfsinniger Philosoph. Doch wie anders gestrickt ist dieser Karrierejurist im kirchlichen Dienst als die großen Denker der Bettelorden! Als Albert und Thomas, Scotus und Ockham, diese mittelalterlichen Kommunarden, die ganz wie moderne „Alternative“ hin- und hergerissen waren zwischen Idealismus und ersehnter Nähe zur Macht.

„Humanisten" hat man die anderen, die Späteren irgendwann genannt, jene wie Nikolaus „Cusanus", die Bildungsaristokraten des 15. Jahrhunderts. Unendlich belesen sind sie, mit der Antike jetzt auch ästhetisch bestens vertraut, Mathematik und Naturforschung zugetan, ehrgeizig und eloquent, dabei bis in die Fasern ihrer gediegenen Kleidung auf Haltung und Stil bedacht. Die Humanisten eint keine feste philosophische oder religiöse Überzeugung, so wie die „Ockhamisten" oder die „Wyclifiten", sie gehen nicht ins Feuer für ihre Ansichten, sondern ändern gerne und oft ihre Meinung. Eher ist es ein neues Selbstbewusstsein, das sie verbindet. Es ist das Lebensgefühl der Erfolgreichen, die sich ihrer Bildungsschätze sicher fühlen, die den angenehmen Seiten des Lebens zugeneigt sind und die sich schließlich in ihrem Denken als originell, ja als echte „Kulturschaffende" empfinden. Trotz alledem bevölkern auch sie nicht unbedingt blühende Landschaften, sondern sind Kinder der „Krise des Spätmittelalters" – so wie alle anderen auch.

Wie weiter? Seit Jahrzehnten zerbricht man sich die Köpfe über die Zukunft der Kirche, ohne dass ein Ende in Sicht wäre. Im Sommer 1437 sitzt Nikolaus von Kues im Basler Münster, einer schmucken, wenn auch im Vergleich zu den großen Kathedralen Frankreichs etwas mickrigen Bischofskirche. Seit sechs Jahren tagt hier ein Konzil, zu dem insgesamt über 3500 Teilnehmer aus allen kirchlichen Kreisen erscheinen werden. Allerdings ist die Fluktuation hoch, und an den Plenarsitzungen nehmen jeweils kaum mehr als 200 Personen teil. Das ist praktisch, denn das Kirchenschiff ist kein allzu geräumiger Tagungsort. Nach einigen Konzilsjahren versteht man sich hier als Institution, hat sich eine eigene Behördenorganisation gegeben, deren Struktur dem Vorbild der römischen Kurie folgt. In Rom wiederum sitzt der Papst, er heißt Eugen, hält das Gerede in Basel eigentlich für überflüssig, hatte aber am Anfang auch nichts dagegen. Eugen wird sich hier nicht blicken lassen und das Konzil irgendwann wieder auflösen.

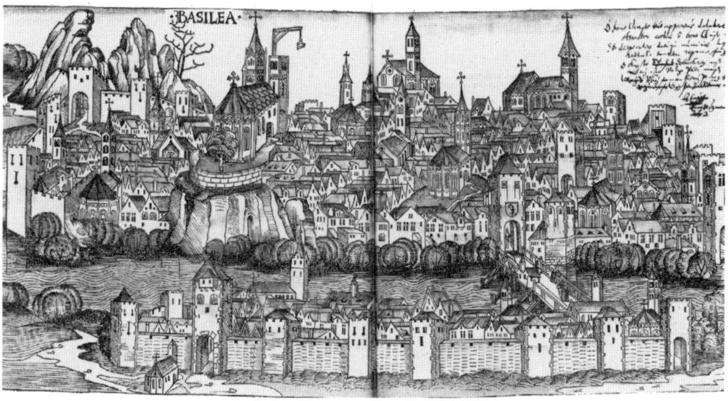

Nikolaus von Kues war einer der Wortführer auf dem Konzil von Basel, dem letzten großen Versuch einer gesamtkirchlichen Reform.

Nikolaus von Kues, der in Padua Kirchenrecht studiert hat und zu dieser Zeit noch kein geweihter Priester ist, vertritt in Basel quasi als Rechtsanwalt die Interessen seines Auftraggebers, des umstrittenen Ulrich von Manderscheid, der das Amt des Bischofs von Trier für sich beansprucht. Doch kaum war das Konzil richtig in Fahrt gekommen, hatte es sich schon in zwei Lager gespalten. Das war nicht die erste Grüppchenbildung in der Kirche und würde lange nicht die letzte bleiben. In Basel gab es jetzt die Mehrheitspartei der „Konziliaristen". Sie sahen im Konzil die oberste rechtliche Instanz der Kirche überhaupt. Das heißt, sie betrachteten sich als über dem Papst stehend. In der Minderheit war die Partei der Papsttreuen. Ihre Mitglieder beobachteten mit zunehmendem Unbehagen, wie das Konzil Beschlüsse fasste, die dem Papst langsam aber sicher den Geldhahn zudrehten. Die konziliaristische Mehrheit war sich indessen einig, dass Bischöfe frei gewählt statt vom Papst ernannt werden sollten. Diese „freie" Wahl konnte aber in der Realität nur darauf hinauslaufen, dass hier nun weltliche Politiker über die Kirche bestimmen, letztlich der Staat das Sagen haben würde.

Im Sommer 1437 wechselt Nikolaus von Kues die Seiten. Er verlässt die Konzilspartei und tritt zur Papstpartei über. Das heißt nicht, dass er keine Reformen mehr will. Im Gegenteil, Nikolaus und sein humanistischer Freundeskreis sehen sich mehr und mehr berufen, konkrete Pläne für eine Reform der Kirche auszuarbeiten. Aber er sieht nun doch den Papst als einen Garanten der inneren Einheit, auf den die Kirche nicht verzichten kann. Und er will die große Chance einer Einigung mit der byzantinischen Kirche nutzen, statt hier in Basel über Geld zu diskutieren. Diese „Ostkirche" hatte sich schon Mitte des 11. Jahrhunderts mehr oder minder von Rom losgesagt. Doch jetzt sieht sich Konstantinopel von den Türken militärisch bedroht, und der Patriarch hat Gesprächsbereitschaft mit dem Papst signalisiert. Also macht sich Nikolaus auf den Weg zum Papst nach Rom, um in den Dienst der Kurie einzutreten.

Aber jetzt mal der Reihe nach. Wieso sitzt der Papst überhaupt wieder in Rom und nicht in Avignon? Wie ist der Streit zwischen den „Gegenpäpsten" ausgegangen? Und warum tagt da in Basel so ein eigenartiges christliches Parlament, das sich ganz furchtbar wichtig vorkommt, aber in Rom nicht wirklich ernst genommen wird? Wenn Sie Nikolaus von Kues und seine Zeit verstehen wollen, sollten wir hier noch ein paar historische Fäden zusammenknüpfen. Das Konzil von Basel war nämlich nach Pisa und Konstanz schon das dritte der großen Reformkonzilien in der ersten Hälfte des 15. Jahrhunderts.

Um die Jahrhundertwende waren die Einigungsverhandlungen zwischen den Gegenpäpsten Benedikt XIII. aus Avignon und Gregor XII. aus Rom endgültig gescheitert. Welchen Ausweg gab es jetzt noch, angesichts der völligen Erstarrung an der Spitze und des totalen Chaos an der Basis der Kirche? Die europäischen Kardinäle, bisher in ein avignonesisches und ein römisches Lager gespalten, gaben sich schließlich einen Ruck und beschlossen mehrheitlich, den Weg des Konzils – die „via concilii" – zu gehen. Franziskaner wie Wilhelm von Ockham oder Marsilius von Padua hatten ja schon vor einem halben Jahrhundert gefordert, dass sich alle zusammensetzen sollen. Doch erst jetzt war der Leidensdruck groß genug, um für vernünftige Gespräche wenigstens offen zu sein.

Für das Jahr 1409 riefen die reformbereiten Kardinäle ein Konzil nach Pisa ein. Eine Minderheit der Kardinäle blieb jedoch einem der beiden Gegenpäpste treu. Und Benedikt und Gregor versuchten ihrerseits, den Erfolg von Pisa zu torpedieren, indem sie eigene Konzilien in Avignon respektive Rom ankündigten. Die europäischen Spitzenpolitiker brachte diese Entwicklung in die Bredouille – hatte man es sich in dem neuen System der Machtblöcke doch schon recht gemütlich gemacht. Die meisten Staatsoberhäupter warteten also erst mal ab, als in Pisa tatsächlich Bischöfe und Äbte, Ordenschefs, Länderfürsten, Stadtoberhäupter und nicht zuletzt Gesandte der bedeutenden Universitäten zusammenkamen.

Die rund 500 Teilnehmer des Konzils von Pisa kamen aus allen europäischen Regionen. Das Stimmrecht eines einzelnen Teilnehmers wurde interessanterweise nie zum Thema gemacht. Stattdessen bereiteten landsmannschaftliche Zusammenschlüsse die Plenarsitzungen vor. Die Engländer, Franzosen, Deutschen oder Spanier wurden sich also erst untereinander einig und gingen dann ins Plenum, wo man sich wiederum mit den anderen verständigen musste. Gültig war am Ende nur der einstimmige Beschluss. Das Prinzip der „nationes", der Zusammenschlüsse nach Herkunftsländern, gab es ja an den Universitäten schon lange.

Nach gewissenhaften Verhandlungen bezeichnete ein Konzilsbeschluss am 5. Juni 1409 beide Gegenpäpste als „notorische Häretiker" und erklärte sie für abgesetzt. Es geschah damit genau das, was Wilhelm von Ockham vor über 50 Jahren gefordert hatte: Wenn ein Papst durchdreht, muss es möglich sein, dass andere gesellschaftliche Gruppen die Verantwortung übernehmen und ihn absetzen. In Pisa wählte man nun den Franziskaner, ehemaligen Pariser Theologieprofessor und jetzigen Kardinal von Mailand, Peter Philargi, zum neuen Papst Alexander V. Die anschließende Diskussion über eine weitgehende Reform der Kirche kam jedoch mangels ausreichender Vorbereitung nicht recht voran. Man beschloss, in drei Jahren das nächste Konzil abzuhalten und in der Zwischenzeit in den einzelnen Ländern Reformvorschläge zu erarbeiten.

Der neue Papst Alexander wurde von den meisten Klerikern und Laien in Europa bald anerkannt. Doch die Gläubigen hatten die Rechnung ohne die europäischen Großmächte gemacht. England und Frankreich befanden sich im Krieg, und auch andere europäische Könige bangten um die politische Stabilität. Wenn man einen Papst so einfach absetzen konnte – wer weiß, vielleicht würde das Volk auf dumme Gedanken kommen und bald auch einen König vom Thron stürzen wollen? In den Palästen war das eine absolute Horrorvorstellung. Deshalb hatten die beiden bisherigen Gegenpäpste leichtes Spiel, die Unterstützung ihres jeweiligen Machtblocks vorerst zu behalten. Und so gab es nun drei Päpste, in folgender Mannschaftsaufstellung: Nummer 1, Benedikt, Avignon. Nummer 2, Gregor, Rom. Nummer 3, Alexander, Pisa.

Allerdings sah Alexander sich eindeutig als die Nummer eins. Das galt auch für Johannes XXIII., der zum Nachfolger des schon ein Jahr später verstorbenen Franziskaners gewählt wurde. Johannes war nun kein Theologieprofessor, sondern ein ehemaliger Armeegeneral, und außerdem eng befreundet mit dem Banker Giovanni di Medici. Wie ein kleiner Bismarck wusste Johannes, dass man einen politisch-religiösen Machtkampf nur gewinnen kann, wenn man genug Geld und starke Verbündete hat. Das Geld liehen ihm die Medici. Sein engster Verbündeter wurde der einflussreiche König Siegmund von Ungarn und Böhmen, ein ehemaliger Brandenburgischer Kurfürst, der jetzt auch römischer König war und Jahre später einmal deutsch-römischer Kaiser werden würde. Mit seiner Hilfe schaffte es Johannes, trotz des englisch-französischen Konflikts, den größten

Kongress des Mittelalters einzuberufen. Am 5. November 1414 nahm das Konzil von Konstanz seine Arbeit auf.

Das Konstanzer Konzil hatte drei Hauptziele, die jeweils mit einem lateinischen Schlagwort belegt wurden. Da war zunächst und vor allem anderen die „causa unionis", die Sache der Einheit der Kirche. Das Schisma sollte überwunden werden, und man musste sich endlich zwischen mittlerweile drei Päpsten – und eventuell der Alternative „null Papst" – entscheiden. Wobei Johannes natürlich hoffte, das Rennen zu machen. Dann war da die „causa reformationis", die Sache der Reformation der Kirche, über deren Art und Umfang man sich noch nicht einmal ansatzweise einig war. Doch die „Wyclifiten" in England und die „Hussiten" in Böhmen preschten vor mit ihrer neuen Theologie und ihren alternativen Gemeindemodellen. Es war nur eine Frage der Zeit, bis sich weitere „Sekten" bilden würden. Deshalb hing die „causa fidei", die Sache des rechten Glaubens, eng mit der reformatorischen Frage zusammen. Man wollte die Lehre der christlichen Kirche klar herausstellen und gegen „Ketzer" entschieden einschreiten. Die Kirche wollte sich durchaus erneuern, aber es sollte nicht jeder seinen eigenen Laden aufmachen dürfen.

Das Problem der drei Päpste und der mangelnden organisatorischen Einheit der Kirche löste das Konzil noch vergleichsweise gut, wenn auch nicht so, wie Johannes sich das erhofft hatte. Hatten Papst Johannes und König Siegmund zunächst große Töne gespuckt, so wurden sie zum ersten Mal geschwächt, als vor allem Engländer und Deutsche die Ausweitung des Kreises der Stimmberechtigten über die Bischöfe hinaus sowie die Abstimmung nach Nationen statt nach Köpfen durchsetzten. Jede Nation hatte jetzt, unabhängig von ihrer Größe, nur eine Stimme. Damit war die Hausmacht der italienischen Kardinäle dahin. Doch damit nicht genug. Das dermaßen stimmberechtigte Konzil kam zu der Überzeugung, dass weder Papst 1 noch Papst 2 noch Papst 3 sich berechtigterweise als Oberhaupt der Kirche ansehen dürften. Der „Stuhl Petri" sei vielmehr leer. Vakant. Neu zu besetzen.

Johannes, der Papst der Pisaner und eigentlich so eine Art Gastgeber des Konzils, war bitter enttäuscht, akzeptierte aber den Beschluss. Feierlich erklärte er seine Bereitschaft, abzudanken, sobald es seine beiden Gegenspieler in Avignon und Rom auch täten. Die dachten aber erst mal überhaupt nicht daran. Machtverzicht? Das war wohl ein Scherz! Johannes wird nun immer mulmiger bei dem Gedanken an das, was sich hier zusammenbraut. Schließlich verlässt er Konstanz fluchtartig – und ist damit aus dem Rennen. Es wird aber noch bis Ende des Jahres 1417 dauern, bevor auch die Päpste in Avignon und Rom ihren Widerstand aufgeben und das Konzil von Konstanz mit Martin V. einen unangefochtenen neuen Papst wählen kann.

Um sich zu dieser Vorgehensweise überhaupt zu legitimieren, erlässt das Konzil im Jahr 1415 ein bemerkenswertes Dekret, das unter katholischen Theologen und Kirchenjuristen bis heute heiß umstritten ist. Die einen sagen, das Konzil habe sich durch dieses Schriftstück nur situativ ermächtigt, um in einer Krisensituation agieren zu können. Dagegen vertreten andere – unter ihnen der bekannte Theologe Hans Küng – den Standpunkt, seit 1415 sei das Konzil die oberste Entscheidungsinstanz der katholischen Kirche und stehe über dem Papst. Dementsprechend meinen die einen, das Konstanzer Konzil habe die drei Päpste von der Bühne der Geschichte geholt, während die anderen sagen, es habe bloß die Tatsache festgestellt, dass es gerade keinen rechtmäßigen Papst gebe.

Interessant ist in diesem Zusammenhang auch, dass nicht alle Konzilsteilnehmer die P-Frage als die wichtigste einschätzten. Tatsächlich gab es einen heftigen Streit, ob man zuerst einen neuen Papst wählen oder zunächst eine radikale Reform der Kirche aushandeln und beschließen sollte. König Siegmund und die Nationalfraktionen von England und Deutschland setzten sich massiv dafür ein, zunächst die Kirche zu reformieren und erst dann einen neuen Papst zu wählen. Doch diejenigen, die die Krise der Kirche vor allem als Führungskrise begriffen und deshalb einen neuen starken Mann an der Spitze weitgehend als die Lösung ansahen, setzten sich schließlich durch. Die eigentlichen Reformbeschlüsse des Konzils bleiben somit schwach und betrafen vor allem Finanzfragen. Immerhin wurde beschlossen, nach fünf Jahren, dann nach sieben Jahren und für alle Zukunft im Abstand von zehn Jahren Konzilien mit dem Ziel weiterer Reformen abzuhalten. Als Nikolaus von Kues sich drei Jahrzehnte später Gedanken über Reformen in der Kirche machte, würde allerdings noch nicht viel geschehen sein.

Umso rigoroser ging das Konzil von Konstanz gegen die neuen christlichen Sekten vor. In England fanden die Lollarden immer mehr Zulauf. Doch statt sich mit ihrem Anliegen inhaltlich auseinanderzusetzen und die dahinter stehenden sozialen Bedürfnisse ernst zu nehmen, fiel dem Konzil nichts besseres ein, als jedem Christen die Lektüre der Schriften des Lollardengurus John Wyclif zu verbieten sowie die Exhumierung und postume Verbrennung von dessen Leiche anzuordnen. Mehr Sorgen als die Lollarden machten den Konzilsteilnehmern ohnehin die böhmischen Hussiten. Die waren nämlich keine staatstragenden Biedermänner wie die Briten, sondern galten als politische Brandstifter.

Der geistige Vater und Namensgeber der Hussiten war der Prager Priester und Theologieprofessor Jan Hus. Er hatte die Bücher von John Wyclif gelesen und dessen Theologie fast eins zu eins übernommen. Insbesondere Wyclifs Gedanken von der alleinigen Autorität der Bibel, der eigentlich „unsichtbaren" Kirche und der „Prädestination" – also der unausweichlichen göttlichen Vorherbestimmung jedes Menschen zum Heil oder zur Verdammnis – machte Jan Hus sich zu eigen. Doch während Wyclif zur Freude seiner königlichen Gönner das Böse in der Welt vor allem in „Europa" – sprich: *on the continent* – angesiedelt sah und von dort englisches Geld zurückwollte, machte der leidenschaftliche und moralisch rigorose Hus im eigenen Lande Ärger.

Prag galt als „deutsche" Stadt, war eine Lieblingsresidenz des deutsch-römischen Kaisers und beschäftigte an seiner Universität mehrheitlich deutschstämmige Dozenten. Die tschechische Bevölkerungsmehrheit fühlte sich nun von den Deutschen zunehmend dominiert und unterdrückt. So kam eines zum anderen. Und Jan Hus wurde sowohl zum Reformator als auch zum Helden einer frühmodernen ethnischen Autonomiebewegung. Theologie und nationalistische Politik waren in Böhmen bald nicht mehr voneinander zu trennen.

Das Konstanzer Konzil, auf dem kirchliche und weltliche Macht ebenfalls kaum voneinander zu trennen waren, machte mit Jan Hus kurzen Prozess. Er wurde als Ketzer verurteilt und auf dem Scheiterhaufen hingerichtet. Gegen die alleinige Autorität der Bibel bekräftige man die Autorität der kirchlichen Lehre. Es wurde untersagt, dass Laien – wie es bei den Hussiten üblich war – während der Messe nicht nur das gewandelte Brot empfangen, sondern auch aus dem Kelch trinken durften. Die „Kelchkommunion" sollte Privileg der Kleriker bleiben. Alles das waren in erster Linie Machtdemonstrationen, die weitgehend ohne Diskussion auskamen und bei denen sachliche Argumente kaum eine Rolle spielten.

Als Nikolaus von Kues 1437 von der Konzilspartei zur Papstpartei wechselte und sich auf den Weg nach Rom machte, war also in der Kirche viel passiert und wenig geschehen. Das alte Papsttum war wiederhergestellt, was allgemein als Beitrag zur Stabilität begrüßt wurde, wie marode das europäische Haus insgesamt auch sein mochte. Einig war man sich letztlich weder über die „richtige" Theologie noch darüber, was gegen die drängenden sozialen Probleme in Europa – die nicht nur, aber auch Missstände der Kirche waren – unternommen werden konnte. Immer mehr Menschen suchten ihr Heil in ausschließlich privater Frömmigkeit, bei moralisch rigorosen Sekten oder im Glauben an eine metaphysische Dimension ihrer Nation.

Wie weiter? Man kann Wilhelm von Ockham, John Wyclif und Nikolaus von Kues durchaus als Repräsentanten dreier unterschiedlicher Lösungsansätze in der Krise der spätmittelalterlichen Kirche und Gesellschaft sehen. Ockhams Ansatz ist der breite Diskurs über die philosophischen Grundlagen eines christlichen Europa. Er glaubt unbeirrt an rationale Lösungen und damit an das Erfolgsrezept der mittelalterlichen Universität. Alle Argumente auf den Tisch, und dann gemeinsam denken, denken, denken! Auch wenn es noch so anstrengend ist. Und gemeinsam beten. Wenn vom Erfolg der mittelalterlichen Universität die Rede ist, sollte nicht vergessen werden, dass sie von Geistlichen, von Ordensleuten getragen wurde, die regelmäßig gemeinsam beteten und täglich die Messe feierten.

Der Ansatz von John Wyclif und anderer Reformatoren in seiner geistigen Gefolgschaft lautet: Zurück zur absoluten Gewissheit im Glauben! Zurück zur Bibel und zu den Kirchenvätern! Auch dieser Ansatz ist im Prinzip durchaus Erfolg versprechend. Wenn soziale Systeme in eine Krise geraten, dann müssen sich ihre Akteure wieder auf das besinnen, was sie ursprünglich wollten, was eigentlich der Kern des Systems ist und sein Daseinszweck. Moderne Unternehmensberater empfehlen Führungskräften eines Handelskonzerns, die sich verzettelt haben, nichts anderes: Ihr müsst neu entdecken, was eure „Mission" ist! Problematisch ist allerdings, wenn dann doch wieder nur ein neuer Vorstandsvorsitzender kommt und die Mission nach seinem Geschmack definiert. Ganz ähnlich war das bei Wyclif, der auf die Bibel pochte, aber die alleingültige Interpretation gleich mitlieferte. Dabei war vielleicht tatsächlich die Frage, ob man in der Kirche noch oft genug an Jesus dachte, ob man von seinem Geist die im Neuen Testament versprochene Führung erwartete und ob man an seine „Wiederkunft" glaubte.

Der Ansatz des Nikolaus von Kues lautet schließlich: Recht und Ordnung. Es ist die Lösung des Juristen, der als Ursache einer Krise vor allem fehlerhafte Prozesse, mangelhafte Strukturen vermutet. Es gilt, die Kirche zum Abbild einer harmonischen, gottgewollten Ordnung, einem „Leib Christi auf Erden" zu machen. Ist das gewährleistet, ist Rechtssicherheit und organisatorische Klarheit gegeben, dann ist auch Raum für private Frömmigkeit, wie Nikolaus sie schon früh als Christusfrömmigkeit der „Devotio moderna" kennengelernt hatte. Und dann ist auch Gelegenheit zu ganz eigenwilligen Formen mystischer Spekulation und Versenkung, wie Nikolaus sie bei dem von ihm bewunderten Meister Eckhart fand. Vieles ist möglich. Wenn nur das System funktioniert, wenn nur alles seine Ordnung hat!

Bemerkenswert ist allerdings, dass der philosophierende Jurist Nikolaus von Kues sich unendlich viele Gedanken über die strukturelle Reform der Kirche einerseits und den Sinn des Weltalls andererseits macht – aber beides nur höchst selten zusammenbringt. Zumindest nicht in einer Form, die seinen Gedanken zu breiter Wirkung verholfen hätten. Thomas und Albert, Scotus und Ockham, Wyclif und Hus – sie alle finden auf ihre Art viele Anhänger. Sie begeistern Menschen, die ihre Philosophie und Theologie als Denkanstoß begreifen, um ihr eigenes Leben und die Situation der Gesellschaft vielleicht auch nur ein kleines bisschen zu verbessern. Die Bettelorden – lassen Sie mich daran erinnern – waren ja Anfang des 13. Jahrhunderts ausdrücklich mit diesem Programm angetreten. Theologie und Philosophie betreiben, aber dann die Ergebnisse in Predigten so verkünden, dass auch die weniger Gebildeten etwas damit anfangen können. In die Städte gehen und dort zur Lösung der sozialen Fragen genauso konkret etwas beitragen wie zu einer Antwort auf die offenen Fragen aus der Isagoge des Porphyrios.

Der „humanistischen" Bildungsaristokratie der nun anbrechenden großen kulturellen und ästhetischen „Renaissance" dagegen kommt es auf eine Breitenwirkung ihres Denkens und Schreibens überhaupt nicht an. Im Gegenteil, populär zu sein und populär wirken zu wollen, wird in Klerus und Adel sowie im gehobenen Bürgertum an der Schwelle zur Neuzeit allmählich zum Stigma. Bücher zu *veröffentlichen*, statt als Manuskript in kleinen Zirkeln umgehen zu lassen, gilt bald als anstößig. Man gibt sich schöngeistigen Betrachtungen hin, liest die Klassiker, interessiert sich für Mathematik und Astronomie, philosophiert und theologisiert – doch man bleibt dabei unter sich, tauscht sich nur in erlesenen Freundeskreisen aus. Jeder denkt und schreibt dabei für sich allein. Später, im bürgerlichen Zeitalter, wird der ideale Gelehrte endgültig ein Einzelgänger sein – Haus mit Garten, fernab der Großstädte, dort Rosen schneiden, spazieren gehen, grübeln, schreiben und irgendwann – vielleicht – die Ergebnisse der Welt verkünden.

Nikolaus von Kues ist gewiss nicht *dieser* Typus des Intellektuellen, aber er ist doch ein *neuer* Typus, wenn man die vergangenen Jahrhunderte zum Maßstab nimmt. Und statt eines Ordens wird nun der Freundeskreis zum wesentlichen sozialen Bezugspunkt für Philosophen und Theologen. Ein Beispiel. Im Jahr 1448 kommt mit dem Humanisten Nikolaus V. nicht nur ein Namensvetter, sondern auch ein enger Freund des Nikolaus von Kues auf den Stuhl Petri. Sofort macht der eine Nikolaus den anderen Nikolaus zum Kardinal – doch interessanterweise zunächst geheim und ohne Bistum. Erst zwei Jahre später wird Nikolaus von Kues öffentlich zum Kardinal erhoben und erhält das Bistum Brixen in Südtirol. Dort wird es in den nächsten Jahren immer wieder erheblichen politischen Widerstand gegen Kardinal Nikolaus geben, doch das Netzwerk jener hochgebildeten, schöngeistigen Kleriker, die ihn „Cusanus" nennen, trägt ihn jederzeit.

Als Nikolaus von Kues 1464 stirbt, hat fast 25 Jahre lang ein brillanter Kopf in der Schaltzentrale der Kirche gesessen, der dennoch als Denker öffentlich kaum Wirkung entfaltet hat. Und das auch gar nicht wollte. Dass er heute so bekannt ist, liegt vor allem daran, dass ein anderer Philosoph – Giordano Bruno – seine Schriften im 16. Jahrhundert entdeckt und seine Gedanken der eigenen Naturphilosophie einverleibt hat. Giordano Bruno wiederum, der Vordenker einer „Metaphysik des Diesseits" ohne den christlichen Gottesbezug, wirkte stark auf die deutsche Philosophie des 19. Jahrhunderts, insbesondere auf Georg Wilhelm Friedrich Hegel. Heute, in der langen Rückschau, ist dieser gesamte Zusammenhang erkennbar.

Wie weiter? Halten wir fest: Als Kirchenmann und Jurist sucht Nikolaus von Kues – durchaus öffentlich – nach „systemischen" Lösungen für die Krise der Kirche. Es gelingt ihm allerdings kaum, hier etwas zu bewirken. Als Gelehrter und Philosoph ist Nikolaus dagegen bekennender Hermetiker. Das heißt, er beabsichtigt weder eine öffentliche Wirkung seiner Gedanken, noch hält er Philosophie überhaupt für einem breiten Publikum vermittelbar. Dazu passt, dass sein meistgelesener Denker – oder jedenfalls derjenige, von dem er die meisten Bücher besaß – Ramon Llull war. Der Katalane Llull, der latinisiert auch Raimundus Lullus genannt wurde, ist der vielleicht exzentrischste und abgedrehteste Denker des Mittelalters, ein Logiker, der von einer Art Weltformel träumte und über Algorithmen nachdachte, die philosophische Probleme gewissermaßen automatisch lösen könnten. Dazu passt ebenfalls, dass Nikolaus die Verbannung der Schriften des Meister Eckhart aus öffentlichen Bibliotheken verlangte – und gleichzeitig die Werke dieses als Ketzer verurteilten Mystikers akribisch studierte, mit Anmerkungen versah und im Freundeskreis über den grünen Klee lobte.

„Sag es niemandem, nur dem Weisen" – unter dieses Motto stellt Nikolaus von Kues sein philosophisches und theologisches Denken. Höheres philosophisches Wissen ist für den Juristen von der Mosel immer „Geheimwissen". Seine Gewährsleute für dieses esoterische Verständnis von Philosophie sind Platon und die spätantiken Neuplatoniker. Damit ist nun auch ganz klar, wohin die philosophische Reise geht: Weg von Aristoteles und hin zu Platon. Damit auch weg von einem Denken „von unten nach oben", immer vom Konkreten, auch gesellschaftlich Relevanten ausgehend, und zurück zu einem Denken „von oben nach unten". Mystische, hochspekulative Gedankengänge über die „ultima", die „letzten Dinge", faszinieren Nikolaus. Er lässt seine

Gedanken immer wieder in die Unendlichkeit schweifen. Gleich dem späten Platon ist er zudem von kaum etwas so angetan wie von Zahlen, ja seine Gedanken gehen zum Schluss in eine Art „mathematische Theologie" über. Doch – noch einmal – er leitet nichts oder fast nichts daraus ab, was den Christen seiner Zeit weitergeholfen hätte. Dazu schreibt der Philosoph und Cusanus-Experte Kurt Flasch:

> *Er schrieb für seine Freunde, die in Wien studiert hatten und ihren Weg suchten, aber er dachte wohl auch an eingefleischte Aristoteliker. Ihnen sagt er: Mein Thema sind mystica, das heißt: symbolisch zu lesende Behauptungen; es sind göttliche Dinge (divina), das heißt: Es geht um das Ganze der Realität; das einzig angemessene Verfahren hierfür ist die Erhebung des Geistes (elevatio intellectualis). Es braucht einen Aufschwung der Seele, und es braucht Übung in der Spekulation.*

Das ist ein Aufschwung zum Höheren genau wie bei Platon. Dort war der Mensch ein Gefesselter in einer dunkeln Höhle, der nur Trugbilder sieht, diese aber für die Wirklichkeit hält. Doch die Seele des Menschen ist göttlichen Ursprungs und in der Lage, sich auf einen langen spirituellen Rückweg zu den höheren Dingen zu begeben. Im spätantiken Neuplatonismus wurde daraus die berühmte platonische Stufenleiter. Das alles kommt jetzt wieder in Mode, und zwar, nebenbei bemerkt, auch in der Kunst und Literatur der großen europäischen „Renaissance". Der humanistische Neuplatonismus – der ja eigentlich ein Neo-Neo-Platonismus ist – prägt Dichter von Petrarca bis Shakespeare. Wobei Shakespeare sich über den Platonismus eher schon wieder lustig macht, etwa in seinen Sonetten, die er teils an einen unerreichbaren blonden Dreamboy, teils an eine zwar unattraktive, aber für Bettgeschichten umso offenere dunkelhaarige Lady richtet. Tatsächlich war das Programm der Liebesdichtung der Renaissance, nämlich von der Anschauung des sinnlich schönen Körpers „aufzusteigen" zum Ideal des rein geistig Schönen, für Normalsterbliche nicht immer leicht zu erfüllen. Die Abstürze von der platonischen Leiter sind ebenso berühmt wie die Aufstiege.

Durch und durch platonisch mutet auch die Metapher an, die Nikolaus von Kues für eine gewissermaßen gesunde und erfolgreich reformierte Kirche verwendet. In seiner noch zu Zeiten des Basler Konzils verfassten Schrift „De concordantia catholica" – Von der allumfassenden Einigkeit – zeichnet er die Kirche als einen geistigen Idealkörper. Wie Platon den Menschen als Geist, Seele und Leib begriffen hatte, und zwar „absteigend" von der Idee des Guten her, so sieht nun Nikolaus die Kirche in der absteigenden Sortierung Gott, Priester, Gläubige. Ganz oben Christus als verklärter Geistleib, dann die Kleriker, unterwegs auf der langen Stufenleiter zur Vergeistigung, und schließlich ganz unten, der Erde, dem Körperlichen, dem Schmutzigen verhaftet, das einfache Volk Gottes.

So ist die Welt des Elitejuristen Nikolaus in Ordnung, so herrscht vollkommene Harmonie. Es ist ein vertikales Weltbild. Je weiter nach oben man kommt, desto mehr Reinheit, Klarheit, Geistigkeit. Je weiter nach unten man kommt, desto mehr Niedrigkeit und Körperlichkeit. In einer solchen Vorstellung von Kirche weiß jeder, wo sein Platz ist. Und der Platz, den Nikolaus für sich selbst ausrechnete, mag nicht der billigste gewesen sein. Welch ein Kontrast zu Wyclif und Hus! Für die lebt ein Christ immer in der totalen Unsicherheit über sein Heil, ja kann nicht einmal wissen, ob er überhaupt zur Kirche gehört, selbst wenn er einen Kardinalshut aufhat. Was für extreme Positionen! Welche Spaltung des Geistes lange vor der endgültigen Spaltung der Kirche!

Doch Nikolaus sucht einen philosophischen Ausweg aus der Zerrissenheit seiner Zeit, aus der zunehmenden Polarisierung auf allen Ebenen – und er findet ihn. Sein erster Gedankenschritt dazu lautet: „Je besser jemand weiß, dass man etwas nicht wissen kann, umso wissender wird er sein." Das hat man irgendwo schon einmal gehört. Richtig, das ist im Grunde nichts anderes als das berühmte Wort des Sokrates: „Ich weiß, dass ich nichts weiß." Nikolaus erhebt die sokratische Skepsis nun zu einem philosophischen Grundprinzip, das er „wissendes Nichtwissen" – lateinisch: „docta ignorantia" – nennt.

Das ist nun eigentlich nichts Neues, zumal eine gemäßigte erkenntnistheoretische Skepsis zuletzt noch von Johannes Duns Scotus und Wilhelm von Ockham vertreten worden war. In der Praxis bedeutet das Prinzip des Nikolaus von Kues aber nicht weniger als den Abschied von der „scholastischen Methode" gemeinsamer, diskursiver Wahrheitssuche. Und in der Konsequenz bedeutet es ebenso die Abkehr von Anselms Motto des „fides quaerens intellectum" – der Befragung des Glaubens mit den Mitteln der Vernunft – und die Hinwendung zu einer Befragung der *Vernunft* mit den Mitteln der *Vernunft*. Philosophie wird nun immer stärker Erkenntnisskepsis, Vernunftkritik, Wissenschaftstheorie. Wenn ich „weiß", dass ich eigentlich nichts sicher wissen kann, was kann ich dann überhaupt noch wissen? Von Descartes über Kant bis zu Wittgenstein und Derrida werden die kommenden Jahrhunderte darauf die unterschiedlichsten Antworten geben.

Auf der Basis dieser Skepsis formuliert Nikolaus seinen philosophischen Hauptgedanken. Es ist die „coincidentia oppositorum", der Zusammenfall der Gegensätze. In der Unendlichkeit fallen alle Gegensätze zusammen. In der Ewigkeit wird alles Getrennte eins. Auf der höchsten geistigen Ebene gibt es keine Vielheit mehr, sondern nur noch Einheit. Nikolaus verdeutlicht das an einem geometrischen Beispiel. Das Runde und das Eckige, Kreis und Quadrat, sind Gegensätze, keine Frage. Nun mache man aber aus einem Quadrat ein Fünfeck. Dann ein Sechseck, ein Achteck, ein Zehneck, und so weiter. Treibt man das ins Unendliche, dann hat man in der Unendlichkeit ein n-Eck. Das ist aber identisch mit dem Kreis. Die Gegensätze sind im Unendlichen aufgehoben. Anderes Beispiel: Der unendliche Kreis ist so unendlich wenig gekrümmt, dass die Kreislinie zur Geraden wird.

Was aber in der Geometrie gilt, das gilt überall. Alles menschliche Gegeneinader hebt sich in der Unendlichkeit auf. Und die Unendlichkeit ist für Nikolaus – Gott. In Gott ist alles eins, das in der Welt „entfaltet" ist. Und wer jetzt die Mystik des Meister Eckhart kennt, der ahnt, warum sich jeder Denker erst seines „Nichtwissens" bewusst werden sollte. Richtig, man muss erst ganz „leer" werden, um irgendwann mit Gott ganz „eins" zu sein. Nikolausens Rechenexempel sind letztlich Mystik in Reinkultur. Das Ziel ist einmal mehr der Abschied vom „aristotelischen Denken" in Gegensätzen, von diskursiven Problemlösungen. Hier steht wieder echte Wesensschau und intuitive Wahrheitsschau auf dem Programm, wie bei allen Platonikern. Und da ist auch wieder das große mystische Ganze: „Jedes ist in jedem, weil Gott in allem ist", sagt Nikolaus. Und das Individuum? Es hat „Anteil" am Höchsten und Ewigen, genau wie bei Platon. Aber die Welt der Gegensätze, die hiesige Welt, ist gleichzeitig auch ein *unendliches Vieles*. Was damit anfangen? Antwort: Tragt ein Teil des Höchsten, die wunderbar reine, geistige und exakte Mathematik an die unvollkommene Welt heran! Zählt und wägt und messt!

Diese Aufforderung zur „Vermessung der Welt" wird der Neuzeit Programm sein. Aber „Cusanus" als Priester wird man auch nach seinem Gottesbild fragen dürfen. Gott, die „Ewigkeit", das „unsichtbare Eine", in dem „alle Gegensätze zusammenfallen" und „alles aufgehoben ist" – dieser Gott ist doch unendlich weit weg, unfasslich abstrakt und so statisch wie eine mathematische Formel. Ist das noch der Gott der Bibel, der lebendige, der liebende Gott? Nikolaus von Kues ist einer der letzten Philosophen, die überhaupt im herkömmlichen Sinn von „Gott" sprechen. Gleichzeitig sagt er übrigens: „Der Mensch ist das Maß aller Dinge." Auch das ist ein alter Hut – Protagoras, fünftes vorchristliches Jahrhundert –, aber ein Thomas von Aquin hätte sich diesen anthropozentrischen Hut niemals aufgesetzt. Kant wird auch von „Gott" sprechen, aber er meint damit eine „Idee", eine „Setzung" des Menschen (dem Maß der Dinge). Hegel schließlich wird den

Gedanken des Zusammenfalls der Gegensätze im Unendlichen begierig aufgreifen, aber an der Aufprallstelle lieber „das Absolute" sagen als „Gott". Auch vom „Weltgeist" wird er sprechen, doch anders als in der katholischen Kirche ist der Geist hier keineswegs eine Person.

Wie weiter? Für Nikolaus von Kues ist der Mensch ein Nichts und gleichzeitig ein kleiner Gott, ein „zweiter Schöpfer". Der Löffelschnitzer stehe über dem Maler, schreibt Nikolaus einmal, weil er tatsächlich – gottgleich – etwas Neues schaffe, während der andere die vorhandene Natur nur abbilde. Nicht nur unser heutiger Kunstmarkt sieht das anders. Nikolaus von Kues wollte als Philosoph tatsächlich „originell" denken, *Schöpfer* geistiger Realitäten sein, Neues und Ungewohntes sagen und schreiben. Die *Einsicht* in das Gegebene genügte seinen Ansprüchen nicht. Und dennoch erscheint mir etwas anderes bemerkenswerter als alle seine Spekulationen über Wissen und Nichtwissen, Zeit und Ewigkeit, Gott und Welt. Es ist der ebenso kühne wie kühle Abschied von der „scholastischen Methode".

Nikolaus betrachtet die Welt durch eine andere Brille, nicht umsonst nennt er eine späte Essenz seiner Philosophie „De beryllo" – frei übersetzt: Über die Brille. Eine Brille verhilft dem Einzelnen zu seinem Bild der Welt. Jedes Erkennen, hatte Thomas von Aquin gesagt, ist individuell *gefärbt*. Aber es ist doch ein verschiedenes Anschauen eines *gegebenen* Gegenstands. Nach „Cusanus" sind so viele Weltbilder möglich, wie es Menschen gibt, die sich Brillen aufsetzen können. Und in der Unendlichkeit wird dann alles wieder eins. Das ist die Privatisierung der Wahrheit – ob Gewinn bringend oder nicht, entscheide der Markt, aber bitte auf lange Sicht. Es ist damit auch das vorläufige Ende der diskursiven Wahrheitsfindung in einer „universitas magistrorum et scholoarium", einer Gemeinschaft von Lehrenden und Lernenden – und ja, auch Betenden –, die in ständiger Rede und Gegenrede jedem Gedanken auf den Grund geht, alles prüft, über alles diskutiert, schließlich entscheidet, aber nur vorläufig, bis neue Argumente auftauchen und alles von vorn losgeht. Das *gemeinsame Denken* – vielleicht ist dies das Geheimnis des Mittelalters, und ein Teil der Erklärung vielleicht auch, warum uns eben dieses Mittelalter in einer Zeit der Multiplikation minimaler Erkenntnis, im Zeichen von Talkshow und Promikult, so fremd geworden ist.

„Geist", so schreibt der Philosoph Helmuth Plessner in seinem 1928 erschienenen Hauptwerk „Die Stufen des Organischen und der Mensch", ist in einer „Wirsphäre" angesiedelt. Es gibt nichts Geistiges, das ein Mensch ganz für sich allein beanspruchen könnte. „Wir, das heißt nicht eine aus der Wirsphäre ausgesonderte Gruppe oder Gemeinschaft, die zu sich Wir sagen kann, sondern die damit bezeichnete Sphäre als solche ist das, was allein in Strenge Geist heißen darf", so Plessner. Geist hat der Mensch „nicht in derselben Weise, wie er einen Körper und eine Seele hat. Diese hat er, weil er sie ist und lebt. Geist dagegen ist die Sphäre, kraft derer wir als *Personen* leben, in der wir stehen."

Ein schwieriger Text, ich weiß. Aber es ist der beste, den ich kenne, über den Zusammenhang zwischen Individuum, Gemeinschaft und Erkenntnis. Forschergemeinschaften von Naturwissenschaftlern arbeiten heute ganz selbstverständlich in diesem „Geist". Wenn hochspezialisierte Forscherteams den ganzen Tag nur sagen würden „Mein Gedanke – dein Gedanke", wenn sie es nicht schafften, ihre „gemeinschaftliche Intelligenz" zu mobilisieren, dann wäre auf dem inzwischen erreichten Komplexitätsniveau wissenschaftlicher Fortschritt gar nicht mehr möglich. Seit dem Ende des Mittelalters ziehen es die Philosophen dagegen mehrheitlich vor, auf ihr alleiniges Genie zu vertrauen. Ihr Arbeitsplatz ist nicht der Marktplatz, nicht das Konzil, nicht der Konferenzraum, sondern das stille Kämmerlein. Von dort steigt dann irgendwann Rauch auf, und ein neues philosophisches „System" ist geboren.

So also weiter. Aber nicht in diesem Buch. Das macht hier einen Punkt.

Personenregister

a

Aelbert von York *28*
Albertus Magnus. Siehe Albert von Lauingen
Albert von Lauingen *48, 81, 113, 168,* ***173****, 202, 203, 205, 206, 231, 251, 277*
Alexander V. (Gegenpapst) *292*
Al-Farabi, Abu Nasr Muhammad *70, 71, 72, 161*
Al-Juzjani, Abu Ubaid Abd al-Wahid ibn Muhammad *74*
Alkuin ***27****, 51, 53, 58, 60*
Amalrich von Bènes *65*
Ambrosius von Alexandrien *15*
Andronikos von Rhodos *76*
An-Natili, Abu Abdallah *66, 70*
Annaud, Jean-Jacques *248*
Anno II. von Köln *173*
Anselm von Canterbury ***82****, 112, 114, 303*
Apel, Karl-Otto *266*
Aristoteles *54, 60, 67, 69, 74, 75, 78, 97, 113, 123, 143, 161, 164, 166, 181, 186, 190, 194, 206, 232, 235, 243, 258, 276, 280, 300*
Arius aus Alexandria *16, 61*
Arno von Salzburg *41*
Augustinus von Hippo *15, 35, 62, 64, 86, 112, 204, 207, 211, 276, 280*
Averroës . Siehe Ibn Ruschd
Avicenna. Siehe Ibn Sina

b

Baumgartner, Hans Michael *98*
Beckmann, Max *99*
Benedikt von Nursia *11, 41, 128, 130*
Benedikt XIII. (Gegenpapst) *290*
Benedikt XII. (Papst) *219*
Ben Haylan, Yuhanna *71*
Bernhard von Clairvaux ***118****, 143, 150, 153, 207, 252, 278*
Bismarck, Fürst Otto von *292*
Bonaventura von Bagnoregio *204*
Bonifaz VIII. (Papst) *214*
Botticelli, Sandro *44*
Braulio von Saragossa *21*
Bruno, Giordano *299*

c

Caesar, Gaius Iulius *50*
Cassiodor, Flavius Magnus Aurelius *35, 60*
Chlodwig (Fränkisches Reich) *27*
Cicero, Marcus Tullius *206*
Cisneros, Jiménez de *171*
Clemens VII. (Papst) *285*
Clemens V. (Papst) *214*
Connery, Sean *248*
Curtius, Ernst Robert *13, 24*
Cusanus. Siehe Nikolaus von Kues
Cyprian von Karthago *15*

d

Darwin, Charles *167*
Dawkins, Richard *167*
Delors, Jacques *268*
Derrida, Jacques *303*
Descartes, René *303*
Dettloff, Werner *238*
d'Alembert, Jean *22*
Diderot, Denis *22*
Dietrich von Echternach *145*
Disibod *145*
Doyle, Arthur Conan *248*
Drewermann, Eugen *200*
Duns Scotus. Siehe Johannes Duns Scotus

E

Eadmer *89*
Eckhart von Hochheim ***213***, *298, 300, 304*
Eco, Umberto *248, 264, 279*
Eduard III. (England) *270*
Egbert von York *28*
Einstein, Albert *56, 77*
Eugen III. (Papst) *150, 153*
Eugen IV. (Papst) *288*

F

Felix von Urgel *43*
Ferdinand II. (Aragón) *171*
Ferdinand III. (Spanien) *171*
Forschner, Maximilian *211*
Franz von Assisi *243*
Friedrich I. (Heiliges Römisches Reich) *150*
Friedrich II. (Heiliges Römisches Reich) *174, 201, 214*

G

Gerhard von Cremona *74*
Gilbert von Bangor *270*
Gilbert von Poitiers *122*
Giorgio Vasari *118*
Giraldus Cambrinus *105*
Goldschmidt, Herrmann *158*
Gordon, Noah *70*
Gottfried von Auxerre *127*
Gottschalk von Orbais *56, 113*
Gregor VII. (Papst) *92*
Gregor XII. (Gegenpapst) *290*
Grün, Anselm *135*

H

Habermas, Jürgen *266*
Hasenhüttl, Gotthold *200*
Haskins, Charles *45*
Hauser, Kaspar *210*
Hegel, Georg Wilhelm Friedrich *65, 98, 121, 300, 304*
Heinrich IV. (Heiliges Römisches Reich) *93*
Heinrich VIII. (England) *285*
Heinrich von Cigno *215*
Heinrich von Virneburg (Bischof) *215*
Heisenberg, Werner *77*
Heloisa *102, 116*
Herberger, Josef *137*
Hereford, Nicolas *279*
Herminigild (Westgotisches Reich) *16*
Hildegard von Bingen ***137***
Hinkmar von Reims *56*
Honnefelder, Ludger *227, 232*
Honorius III. (Papst) *65*
Humboldt, Alexander von *188*
Häusel, Hans-Georg *167*
Hus, Jan *295, 302*

I

Iber, Gerhard *83*
Ibn Gabriol, Salomon *157*
Ibn Ruschd *205*
Ibn Sina ***66***, *161, 204, 263*
Ibn Yunus, Abu Bisr Matta *72*
Innozenz II. (Papst) *129*
Innozenz IV. (Papst) *174*
Isabella I. (Aragón) *171*
Isidor von Sevilla ***8***, *34, 35, 43, 54, 71, 111, 157, 193*
Ives, Charles *82*

j

Jobs, Steve *131*
Johannes Duns Scotus *47, 205,* ***230****, 261, 262, 272, 277*
Johannes (Evangelist) *83*
Johannes Lutterell *253*
Johannes Scotus Eriugena ***47****, 83, 86, 89, 112, 113, 243*
Johannes XXIII. (Gegenpapst) *292, 294*
Johannes XXII. (Papst) *219, 255*
Juda Hakohen Ibn Sussan *159*
Justinian I. (Byzanz) *11, 156*
Jutta von Sponheim *145*

k

Kant, Immanuel *98, 151, 167, 184, 303, 304*
Karl der Große (Fränkisches Reich) *27, 42, 92, 118*
Karl der Kahle (Fränkisches Reich) *51, 59*
Katharina von Siena *258*
Kluxen, Kurt *272*
Küng, Hans *200, 294*
Kolping, Adolph *230, 245*
Konrad von Hochstaden *173, 175*

l

Lanfranc von Bec *91*
Leander von Sevilla *13, 14*
Le Goff, Jacques *45, 71, 200*
Leonardo da Vinci *44*
Leowigild (Westgotisches Reich) *16*
Locke, John *277*
Ludwig IV. (Heiliges Römisches Reich) *253, 256*
Luther, Martin *48, 54, 122, 233, 238, 285*

m

Maimon ben Josef *159*
Maimonides. Siehe Mose ben Maimon
Marc Aurel *52*
Marsilius von Padua *256, 258, 291*
Martianus Capella *54*
Marx, Karl *37*
Meister Eckhart. Siehe Eckhart von Hochheim
Michelangelo Buonarroti *44*
Migetius *43*
Mose ben Maimon *154, 228, 235*

n

Nehberg, Rüdiger *210*
Newton, Isaac *277*
Nietzsche, Friedrich *98*
Nikolaus von Autrecourt *277*
Nikolaus von Kues ***287***
Nikolaus V. (Papst) *299*

o

Omar Ibn al-Khattab *171*
Origenes *132*

p

Paulus *157, 171, 252*
Peter Abaelard ***100****, 119, 135*
Peter von Ailly *277*
Petrarca, Francesco *44, 167, 258, 301*
Petrus Lombardus *116, 197*
Petrus Venerabilis *136*
Petrus von Hibernia *202*
Philipp der Kühne (Burgund) *49*
Philo von Alexandria *166*
Pilatus. Siehe Pontius Pilatus
Platon *11, 36, 51, 59, 60, 63, 64, 77, 79, 114, 138, 142, 182, 185, 207, 300, 302*
Plessner, Helmuth *306*
Pontius Pilatus *82*

Porphyrios *67, 79, 263*
Protagoras *304*
Pseudo-Dionysios Areopagita *59, 60, 63, 96*
Purvey, John *279*

r

Rabanus Maurus *41*
Raimundus Lullus. Siehe Ramon Llull
Ramon Llull *300*
Reginald von Piperno *197*
Rekkared (Westgotisches Reich) *16*
Richardis von Stade *149*
Robert von Molesme *128*
Rogier van der Weyden *242*
Roscelin von Compiègne *101*
Roth, Norman *170, 171*
Rudolf von Habsburg *177*

s

Saladin. Siehe Salah ad-Din
Salah ad-Din Yusuf bin Ayyub *162*
Seneca, Lucius Annaeus *15*
Shakespeare, William *36, 301*
Siegmund von Luxemburg *292*
Siger von Brabant *204*
Sigismund. Siehe Siegmund
Sisebuth (Westgotisches Reich) *20*
Sokrates *59, 303*
Spinoza, Baruch *56*
Steiner, Rudolf *37*
Stephan Harding *128*

t

Thatcher, Margaret *268, 276*
Thomas von Aquin *48, 62, 64, 75, 81, 97, 113, 135, 168, 185, 187,* ***192****, 224, 230, 234, 238, 243, 251, 255, 258, 263, 280, 304, 305*
Trevisa, John *279*

u

Ulrich von Manderscheid *289*
Ussher, James *47*

v

Volmar (Disibodenberg) *146*

w

Welsh, Jack *131*
Werner, Hans-Joachim *242*
Wilhelm der Eroberer *92*
Wilhelm von Champeaux *101, 128*
Wilhelm von Ockham *216,* ***248****, 272, 277, 283, 290, 297*
Wittgenstein, Ludwig *303*
Wyclif, John ***268****, 295, 297, 302*

Auswahlbibliographie

Allgemeines

Bautier, Robert-Henri et al. (Hg.): *Lexikon des Mittelalters.* Artemis/LexMA-Verlag, 1980-1999

Craig, Edward (Hg.): *Routledge Encyclopedia of Philosophy.* Routledge, 1998

Demas, Jan: *Philosophisches für Führungskräfte.* Haufe, 2006

Dinzelbacher, Peter: *Europäische Mentalitätsgeschichte. Hauptthemen in Einzeldarstellungen.* Kröner, 1993

Greschat, Martin (Hg.): *Das Papsttum.* Kohlhammer, 1985

Heimann, Heinz-Dieter: *Einführung in die Geschichte des Mittelalters.* 2. Aufl., Eugen Ulmer, 2006

Hirschberger, Johannes: *Geschichte der Philosophie.* 10. Aufl., Herder, 1980

Hügli, Anton und Paoul Lübke (Hg.): *Philosophielexikon. Personen und Begriffe der abendländischen Philosophie von der Antike bis zur Gegenwart.* Rowohlt, 1991

Iber, Gerhard et al.: *Neues Testament. Einführung, Texte, Kommentare.* Piper, 1985

Kluxen, Kurt: *Geschichte Englands. Von den Anfängen bis zur Gegenwart.* Kröner, 1991

Le Goff, Jacques: *Les intellectuels au Moyen Age.* Editions du Seuil, 2. Aufl., 1985

Le Goff, Jacques: *Pour l'amour des villes.* Editions textuels, 1997

Lexikonredaktion des Verlages F. A. Brockhaus (Hg.): *Der Brockhaus Philosophie. Ideen, Denker und Begriffe.* F. A. Brockhaus, 2004

Lutz, Bernd (Hg.): *Metzler Philosophen Lexikon.* 3. Aufl., J. B. Metzler, 2003

Ulfig, Alexander: *Lexikon der philosophischen Begriffe.* 2. Aufl, Fourier, 1999

Weimar, Peter (Hg.): *Die Renaissance der Wissenschaften im 12. Jahrhundert.* Artemis, 1981

Zu den einzelnen Denkern

Aicher, Otl, Gabriele Greindl und Wilhelm Vossenkuhl (Hg.): *Wilhelm von Ockham. Das Risiko, modern zu denken.* Callwey, 1986

Anzulewicz, Henryk und Joachim R. Söder (Hg. u. Übers.): Albertus Magnus: *Über den Menschen.* Meiner, 2004

Beckmann, Jan P.: *Wilhelm von Ockham.* C. H. Beck, 1995

Bertolacci, Amos: *The Reception of Aristotle's „Metaphysics" in Avicenna's „Kitab al-Sifa". A Milestone of Western Metaphysical Thought.* Brill, 2006

Betz, Otto: *Hildegard von Bingen. Gestalt und Werk.* Mit einem Beitrag von Felicitas Betz. Kösel, 1996

Bratton, Fred Gladstone: *Maimonides. Medieval Modernist*. Beacon Press, 1967

Brower, Jeffrey E. und Kevin Guilfroy (Hg.): *The Cambridge Companion to Abaelard*. Cambridge University Press, 2004

Craemer-Ruegenberg, Ingrid: *Albertus Magnus*. Neuaufl. hg. v. Henryk Anzulewicz. Benno, 2004

Davies, Brian und Brian Leftow (Hg.): *The Cambridge Companion to Anselm*. Cambridge University Press, 2004

Dechant, Friedrich: *Die theologische Rezeption der Artes liberales und die Entwicklung des Philosophiebegriffs in theologischen Programmschriften des Mittelalters von Alkuin bis Bonaventura*. EOS Verlag, 1993

Diesner, Hans-Joachim: *Isidor von Sevilla und seine Zeit*. Calwer Verlagsverein, 1973

Finnis, John: *Aquinas. Moral, Political and Legal Theory*. Oxford University Press, 1987

Flasch, Kurt: *Meister Eckhart. Die Geburt der „Deutschen Mystik“ aus dem Geist der arabischen Philosophie*. C. H. Beck, 2006

Flasch, Kurt: *Nikolaus Cusanus*. C. H. Beck, 2001

Forschner, Maximilian: *Thomas von Aquin*. C. H. Beck, 2006

Fries, Albert (Hg. u. Übers.): *Albertus Magnus*. Ausgewählte Texte. Mit einer Kurzbiographie von Willehad Paul Eckert. Wissenschaftliche Buchgesellschaft, 1981

Gasper, G. E. M. und H. Kohlenberger (Hg.): *Anselm and Abaelard. Investigations and Juxtapositions*. Pontifical Institute of Mediaeval Studies (Toronto), 2006

Gersh, Stephen und Dermot Moran (Hg.): *Eriugena, Berkeley and the Idealist Tradition*. University of Notre Dame Press, 2006

Gestrich, Helmut: *Nikolaus von Kues 1401–1464. Der große Denker an der Schwelle des Mittelalters zur Neuzeit*. Verlag H. Schmidt, 1990

Honnefelder, Ludger: *Duns Scotus*. C. H. Beck, 2005

Horst, Eberhard: *Hildegard von Bingen*. Claassen, 2000

Hudson, Anne und Michael Wilks (Hg.): *From Ockham to Wyclif. Oxford Scholarship in the later Fourteenth Century*. Basil Blackwell, 1987

Kandler, Karl-Herrmann: *Nikolaus von Kues. Denker zwischen Mittelalter und Neuzeit*. Vandenhoeck & Ruprecht, 1995

Kerner, Max: *Karl der Große. Entschleierung eines Mythos*. Böhlau, 2001

Kletler, Paul: *Johannes Eriugena. Eine Untersuchung über die Entstehung der mittelalterlichen Geistigkeit*. Gerstenberg, 1971

Köpf, Ulrich (Hg.): *Theologen des Mittelalters. Anselm von Canterbury. Abaelard. Bernhard von Clairvaux. Hugo von St. Victor. Bonaventura. Thomas von Aquin. Meister Eckhart. Duns Scotus. Ockham. Gerson. Wyclif. Hus*. Eine Einführung. Wissenschaftliche Buchgesellschaft, 2002

Kotzur, Hans-Jürgen (Hg.): *Hildegard von Bingen (1098–1179)*. von Zabern, 1998
Kraml, Hans und Gerhard Leibold: *Wilhelm von Ockham*. Aschendorff, 2003
Küllig, Heinz: *Wahrheit als Richtigkeit. Eine Untersuchung zur Schrift „De Veritate" von Anselm von Canterbury*. Peter Lang, 1984
Levy, Ian Christopher: *A Companion to John Wyclif. Late Medieval Theologian*. Brill, 2006
Markstein, Heinz: *Der zweite Moses. Leben und Werk des Moses ben Maimon, auch Maimonides genannt*. Edition Splitter, 1995
Miethke, Jürgen: *Ockhams Weg zur Sozialphilosophie*. de Gruyter, 1969
Ormsby, Eric L. (Hg.): *Moses Maimonides and His Time*. The Catholic University of America Press, 1989
Pérez de Urbel, Justo: *Isidor von Sevilla. Sein Leben, sein Werk und seine Zeit*. J. P. Bachem, 1962
Ranff, Viki: *Wege zu Wissen und Weisheit. Eine verborgene Philosophie bei Hildegard von Bingen*. Frommann-Holzboog, 2001
Ruh, Kurt: *Meister Eckhart. Theologe, Prediger, Mystiker*. C. H. Beck, 1985
Schrimpf, Gangolf: *Das Werk des Johannes Scottus Eriugena im Rahmen des Wissenschaftsverständnisses seiner Zeit. Eine Hinführung zu Periphyseon*. Aschendorff, 1982
Senner, Walter (Hg.): *Albertus Magnus. Zum Gedenken nach 800 Jahren. Neue Zugänge, Aspekte und Perspektiven*. Akademie-Verlag, 2001
Steger, Philipp (Hg. u. Übers.): *Peter Abaelard: Scito te ipsum*. [Ethica] Meiner, 2006
Stehkämper, Hugo: *Albertus Magnus*. Ausstellung zum 700. Todestag. Historisches Archiv der Stadt Köln, 1980
Strohmaier, Gotthard: *Avicenna*. C. H. Beck, 1999
Verbeke, Gerard: *Avicenna. Grundleger einer neuen Metaphysik*. Rheinisch-Westfälische Akademie der Wissenschaften/Westdeutscher Verlag, 1983
Verweyen, Hansjürgen (Hg.): *Anselm von Canterbury. Wahrheit und Freiheit*. Johannes Verlag, 1982
Wallach, Luitpold: *Alciun and Charlemagne. Studies in Carolingian History and Literature*. Cornell University Press, 1959
Werner, Hans Joachim: *Die Ermöglichung des endlichen Seins nach Johannes Duns Scotus*. Peter Lang, 1974
Wullen, Moritz und Bernd Ebert (Hg.): *Der Ball ist rund. Kreis Kugel Kosmos*. Staatliche Museen zu Berlin Stiftung Preußischer Kulturbesitz, 2006

Bildnachweis

S. 41
© Kaiserpfalz Ingelheim, M. Schlotterbeck
Generaldirektion Kulturelles Erbe Rheinland-Pfalz, Direktion Archäologie

S. 154
www.sxc.hu

S. 220
© Oliver Kurmis

Alle weiteren Abbildungen Archiv Herder und public domain / GNU

Hinweis und Dank

Das Manuskript zu diesem Buch ist zwischen August 2007 und Januar 2008 entstanden. Gemessen an der Tragweite des Themas und dem selbst gesetzten Anspruch ist das eine recht kurze Zeit, auch für jemanden, der sich seit beinahe 20 Jahren mit Philosophie beschäftigt. Ich bin mir bewusst, dass dieses Buch auch Mängel haben muss. Hinweise auf eventuelle sachliche Fehler oder Ungereimtheiten, die bei weiteren Auflagen korrigiert werden können, sind mir deshalb stets willkommen. E-Mail: demasdenker@t-online.de

Danken möchte ich an dieser Stelle der Staatsbibliothek zu Berlin, insbesondere den kompetenten und stets freundlichen Mitarbeiterinnen und Mitarbeitern des Hauses an der Potsdamer Straße. Nur weil sie es täglich schaffen, jedes beliebige aus Millionen von Fachbüchern meist innerhalb von weniger als vier Stunden bereitzustellen, konnte ich ein Projekt wie dieses überhaupt bewältigen. Wie viele Bücher in den letzten Monaten durch meine Hände gegangen sind, habe ich nicht gezählt – es müssen Hunderte gewesen sein. Die wichtigsten sind in der Auswahlbibliographie genannt.

Der Autor

Jan Demas, geboren 1969 in Iserlohn, studierte englische und amerikanische Literatur, Philosophie und Staatsrecht. Autor, Übersetzer und (unerkannter) Geburtshelfer zahlreicher Bücher. Bei Herder zuletzt „60 Minuten deutsche Geschichte“ (2007). Er lebt und arbeitet in Berlin – angeregt, ermutigt und unterstützt von Menschen, ohne die er nichts zu sagen hätte.

www.herder.de

Satz: Weiß-Freiburg GmbH – Graphik & Buchgestaltung
Herstellung: fgb · freiburger graphische betriebe
www.fgb.de

Gedruckt auf umweltfreundlichem, chlorfrei gebleichtem Papier
Printed in Germany
ISBN 978-3-451-29160-9